Ausführliches Verzeichnis der

Guttentag'schen Sammlung

Deutscher Reichs- und Preußischer Gesetze

Textausgaben mit Anmerkungen — Taschenformat

welche alle wichtigeren Gesetze in unbedingt zuverlässigen Gesetzestexten und in mustergültiger Weise erläutert enthält, befindet sich hinter dem Sachregister.

Guttentag'sche Sammlung
Nr. 14. Preußischer Gesetze. Nr. 14.
Textausgaben mit Anmerkungen.

Kommunalabgabengesetz

vom 14. Juli 1893

und

Gesetz wegen Aufhebung direkter Staatssteuern

vom 14. Juli 1893.

Textausgabe mit Anmerkungen und Sachregister

von

Dr. F. Adickes,
Oberbürgermeister in Frankfurt a. M., Mitglied des Herrenhauses.

Fünfte, erweiterte Auflage

bearbeitet von

Dr. W. Woell,
Stadtrat in Frankfurt a. M.

Berlin 1911.
J. Guttentag, Verlagsbuchhandlung,
G. m. b. H.

Vorwort zur ersten Auflage.

Auf den Wunsch der Verlagsbuchhandlung hat der Verfasser sich der Bearbeitung dieser Textausgabe des Kommunalabgabengesetzes unterzogen, um das erste Studium dieses so außerordentlich wichtigen und eingreifenden Gesetzes durch eine kurzgefaßte Einleitung und eine Anzahl erläuternder Bemerkungen zu erleichtern. Die weitere Ausführung derselben hofft er in Bälde in einem in gleichem Verlage erscheinenden Kommentar des Gesetzes geben zu können.

Frankfurt a. Main, im Juli 1893.

Vorwort zur zweiten Auflage.

Der vorgenannte, 1894 in gleichem Verlage erschienene Kommentar verfolgte insbesondere den Zweck, das Verständnis der leitenden Gedanken des KAG. über die Stellung der Realsteuern im Kommunalsteuersystem durch eingehende historische Darlegungen zu fördern und die zum ersten Male von der Gesetzgebung versuchte Formulierung von Bestimmungen über Gebühren und Beiträge mit ausführlichen, zum Teil auch kritischen Bemerkungen zu begleiten, um hierdurch die Verbindung zwischen Wissenschaft und Praxis zu einer tunlichst innigen und fruchtbaren zu gestalten.

Gleichzeitig war von mir in den „Studien über die weitere Entwicklung des Gemeindesteuerwesens. Auf Grund des Preuß. KAG. vom 14. Juli 1893"[1]) der Versuch gemacht, der Ausbildung einiger indirekten Steuern, insbesondere der Umsatzsteuer, sowie besonderer Grundbesitzsteuern, durch eingehende Erörterungen die Wege zu ebnen.

Die Textausgabe war dagegen nur mit einer geringen Zahl kurzer erläuternder Bemerkungen ausgestattet.

Nachdem das Gesetz nunmehr seit mehr als zwei Jahren in Geltung ist, erschien es angemessen, in dieser zweiten Auflage der Textausgabe den Umfang der Erläuterungen weiter auszudehnen, insbesondere auch aus den Ausführungsbestimmungen, den anderweit ergangenen Ministerialerlassen und den Entscheidungen des Oberverwaltungsgerichtes das Wichtigste mitzuteilen.

Frankfurt a. M., im April 1897.

Vorwort zur fünften Auflage.

Seit der letzten, im Jahre 1906 erschienenen Auflage hat die weitere praktische Handhabung des Kommunalabgabengesetzes, namentlich die fortschreitende Ausnutzung der besonderen kommunalen Besteuerungsmöglichkeiten, dazu geführt, daß zu einer Reihe bisher nicht oder weniger

[1]) Zuerst in der Tübinger Zeitschrift für die gesamte Staatswissenschaft, herausgegeben von Dr. A. Schäffle, 1894, S. 410—452, 583—658, dann auch in besonderer Ausgabe bei H. Laupp, Tübingen 1894, erschienen; mit Anhang 124 S.

hervorgetretener Fragen Stellung genommen werden mußte. Dies ist teils im Wege der Gesetzgebung, teils durch die Rechtsprechung und Verwaltungspraxis geschehen. Außerdem ist das Gemeindebesteuerungsrecht durch die sonstige staatliche Gesetzgebung und besonders durch die neueste Steuergesetzgebung des Reichs beeinflußt worden. Diesen veränderten Verhältnissen will die neue Auflage Rechnung tragen, bei der tunlichst auch das noch in den letzten Monaten bekanntgewordene Material berücksichtigt worden ist. Auch sie bezweckt, wie die früheren, über den Zusammenhang des Gesetzes wie über die Auslegung und Anwendung der Einzelbestimmungen möglichst rasch Aufschluß zu geben.

Frankfurt a. M., im August 1911.

Die Verfasser.

Inhaltsverzeichnis.

Abkürzungen.

A. = Anmerkung.

AA. = Anweisung zur Ausführung des KAG. vom 10. Mai 1894. (Berlin 1894, R. v. Deckers Verlag.)

Abs. = Absatz.

AH. Kom. red. Pl. II. III. = Haus der Abgeordneten, Kommission, redaktionelle Änderung, Plenum 2., 3. Lesung.

BGBl. S. = Bundes-Gesetzblatt, Seite.

Friedrichs = Das Gesetz betr. die Anlegung und Veränderung von Straßen und Plätzen . . . vom 2. Juli 1875 von Friedrichs. 5. Aufl. von Dr v. Strauß und Torney. 1905. Berlin, Guttentag.

GS. S. = Gesetzsammlung, Seite.

HH. KomBer. = Herrenhaus, Kommissionsbericht.

Jebens = Verwaltungsrechtliche Aufsätze von J., Berlin, 1899.

KAG. = Adickes, Kommentar zum KAG. 1894, Berlin, Guttentag.

MBl. = Ministerialblat der gesamten inneren Verwaltung.

ME. = Ministerialerlaß.

Mot. = Motive zum Entwurf des Kommunalabgabengesetzes.

Noell = Das KAG. vom 14. Juli 1893. Erläutert v. F. Noell, Wirkl. Geh. Ober-Reg.-R. 4. Aufl. Berlin. 1902. 7. Aufl. 1910 bearbeitet von Geh. O.-R.-R. Dr. Freund.

OVG. = Oberverwaltungsgerichts-Entscheidungen. Bd. 1 bis 57. 1911.

Oertel = Die Städteordnung für die sechs östlichen Provinzen vom 30. Mai 1853 mit Ergänzungen und Erläuterungen. 5. Aufl. 1910.

PVBl. = Preußies schVerwaltungsblatt.

R. = Regierungsentwurf.

Studien = meine im Vorwort angeführte gleichnamige Schrift. Die Seitenzahlen sind diejenigen der besonderen Ausgabe, in welcher S. 1—43 = S. 410—452 der Tüb. Zeitschrift und S. 44—119 = 583—658 sind.

Die Zeichen R., AH., HH. unter den einzelnen Paragraphen verweisen auf den Regierungsentwurf und die Landtagsverhandlungen, durch welche der Entwurf Veränderungen erfahren hat.

Einleitung.

Das Kommunalabgabengesetz vom 14. Juli 1893 steht im engsten Zusammenhang mit dem Gesetz wegen Aufhebung direkter Staatssteuern vom 14. Juli 1893 und bildet mit diesem zusammen einen Teil des in den Jahren 1891—1893 durchgeführten großartigen Werkes einer vollständigen Umgestaltung der Gesamtheit der preußischen Staats- und Kommunalsteuern.

Den ersten Schritt des großen Reformwerkes, dessen Notwendigkeit von Wissenschaft und Praxis übereinstimmend schon seit Jahren anerkannt war[1]), bildete der Erlaß der die staatliche Gewerbe- und Klassen- und klassifizierte Einkommensteuer durchaus umgestaltenden beiden Gesetze vom 24. Juni 1891: des Einkommensteuergesetzes und des Gewerbesteuergesetzes. Während das letztere nur die Aufgabe hatte, die veralteten und mit der wirtschaftlichen Entwicklung unverträglich gewordenen Bestimmungen der Gewerbesteuer-

[1]) Über die Geschichte der dem KAG. zugrunde liegenden Gedanken, Ideen und theoretischen Erörterungen, deren Zusammenhang mit den wechselnden wirtschaftlichen und politischen Strömungen sowie die parlamentarischen Kämpfe und Arbeiten vgl. meinen Kommentar (Guttentag 1894) S. 1—109.

gesetzgebung durch neue, den jetzigen wirtschaftlichen Verhältnissen besser angepaßte zu ersetzen, und so insbesondere die kleineren Betriebe durch schärfere Heranziehung der größeren entsprechend zu entlasten, ohne jedoch den Gesamtertrag der Gewerbesteuer zu erhöhen (§ 81 des Gewerbesteuergesetzes), hatte das Einkommensteuergesetz eine doppelte Aufgabe zu lösen: nämlich einerseits durch Einführung der Selbstdeklaration das gesamte, bisher in weitem Umfange der Besteuerung entzogene Einkommen zur Steuer heranzuziehen und zugleich die größeren Einkommen ihrer größeren Leistungsfähigkeit entsprechend stärker zu belasten, und andererseits durch die gesteigerten Erträgnisse der so verbesserten Einkommensteuer die Mittel „zur Durchführung der Beseitigung der Grund- und Gebäudesteuer als Staatssteuer, bzw. der Überweisung derselben an kommunale Verbände" — wenigstens teilweise — zu gewinnen. Der § 82 des Einkommensteuergesetzes bestimmte in dieser Richtung, daß, wenn die Einnahme an Einkommensteuer für das Jahr 1892/93 den Betrag von 80 000 000 M. und für die folgenden Jahre einen um je 4 % erhöhten Betrag erreichte, die diese Summe übersteigenden Überschüsse zu dem eben genannten Zweck verwandt werden sollten.

Nachdem die erste Einkommensteuerveranlagung für 1892/93 ein gesamtes Veranlagungssoll von 124842848 Mark gegenüber einem gesamten Hebungssoll der Klassen- und klassifizierten Einkommensteuer für 1891/92 von 79558827 Mark ergeben hatte, schien der Augenblick zur Fortführung der Steuerreform gekommen. In welchem Sinne freilich die Aufhebung oder Überweisung der staatlichen Grund- und Gebäudesteuer an Kommunalverbände geschehen, ob insbesondere die Überweisung als Dotierung der Verbände nach dem Maßstab der in ihnen aufkommenden Realsteuern oder nach irgendeinem anderen Maßstab bewirkt werden sollte, oder ob die Überweisung einen Verzicht des Staates auf diese Steuern bedeuten und inwieweit in diesem Falle die Verbände zur Forterhebung dieser Steuern verpflichtet sein sollten; alle diese und andere Fragen, insbesondere auch die der Rückwirkung dieser sog. Überweisung auf das gesamte Ertragssteuersystem des Staates, waren durch die bisherigen Diskussionen noch keineswegs geklärt. „Die Forderung der Überweisung von Grund- und Gebäudesteuer an Kommunalverbände hatte sich im Laufe der Jahre mehr zu einem die allgemeinere Richtung der Reform andeutenden Schlagworte als zu einem klaren und fruchtbaren Grundgedanken auf dem Gebiete der Steuerreform entwickelt." (Denkschrift S. 7.)

Die mit Allerhöchster Ermächtigung vom 2. November 1892 dem Landtag vorgelegten Entwürfe

eines Gesetzes wegen Aufhebung direkter Staatssteuern,

eines Ergänzungssteuergesetzes und

eines Kommunalabgabengesetzes

geben nebst der dazu gehörigen Denkschrift auf alle diese Fragen eine bestimmte, aus einem großgedachten Plan mit Notwendigkeit sich ergebende Antwort. (Drucksachen des Hauses der Abg. Nr. 5, 6, 7, 8 nebst Anlagen.)[1])

---

[1]) Abgedruckt in dem Beilageheft zum Verwaltungsarchiv von Schultzenstein und Keil, Die Preußischen Steuergesetze von 1892 nebst Denkschrift und Begründungen. Berlin. Heymann 1893.

Die Grundzüge dieses Planes sind folgende:

1. Das gesamte Ertragssteuersystem ist nach dem Gange der Entwicklung für den Staat unhaltbar geworden, während seine weitere Ausbildung innerhalb der Gemeinden eine Voraussetzung gerechter Gemeindesteuerverteilung bildet (Denkschrift S. 8—29); es sind daher nicht nur die Grund- und Gebäudesteuer, sondern auch die Gewerbesteuer und die Bergwerksabgaben aus den staatlichen Steuern auszuscheiden.

2. Für die dem Staate hierdurch erwachsenden Ausfälle, nämlich (nach dem Voranschlag für 1892/93 und der Kontingentierung der Gewerbesteuer in § 81 des GewStG.)

an Grundsteuer	39907000 M.
„ Gebäudesteuer . . .	35086000 „
„ Steuer vom stehenden Gewerbebetriebe . . .	19811000 „
„ Bergwerksabgaben . .	6926000 „
zusammen	101730000 M.

ist dem Staate Ersatz zu gewähren. Derselbe wird zum Teil durch den Mehrertrag der Einkommensteuer von rund 40000000 M. gegeben, zu einem anderen Teile kann er durch Aufhebung des Gesetzes vom 14. Mai 1885 (der sog. lex Huene), welche dem Staate im Durchschnitt etwa 24 Millionen erspart, gewonnen werden; es kommt ferner in Betracht, daß eine Beseitigung der den Gemeinden für Veranlagung und Erhebung von Staatssteuern zurzeit staatsseitig gezahlten Vergütungen für den Staat eine Minderausgabe von etwa 2940000 M. herbeiführen würde. Es bliebe also noch zu decken ein Ausfall von rund 35000000 M., zu dessen Ausgleich die Einführung einer die Einkommensteuer ergänzenden Vermögenssteuer (Ergänzungssteuer) vorgeschlagen wird: eine Steuer, deren Einführung nach Ablehnung der im Jahre 1891 von der Regierung vorgeschlagenen, aber vom Hause der Abgeordneten abgelehnten Erbschaftssteuer auch an und für sich eine Notwendigkeit ist, um durch eine verschiedene Besteuerung fundierten und unfundierten Einkommens dem Grundsatz der Besteuerung nach der Leistungsfähigkeit gerecht zu werden. (Denkschrift S. 15, 33—40.)

3. Behufs Durchführung dieses Reformplanes hatte das Kommunalabgabengesetz eine doppelte Aufgabe zu lösen. Indem nämlich der Staat auf die Realsteuern verzichtete und diese Steuerquellen ausschließlich den Gemeinden überließ, bedurfte es vor allem einer neuen Rechtsordnung, welche eine sachgemäße Bewirtschaftung dieser zur Verfügung gestellten Steuerquellen sicherte und Anordnungen darüber traf, in welchem Umfange und unter welchen Voraussetzungen die vom Staate aufgegebenen Realsteuern künftig von den Gemeinden weiter erhoben werden müssen. (Denkschrift S. 40.)

Zugleich wurde aber durch die Neugestaltung der Einkommensteuer und deren Ausbildung zu der fundamentalen direkten Staatssteuer eine Umgestaltung des bisherigen Kommunalsteuerwesens in der Richtung bedingt, daß es nicht mehr zulässig erschien, die kommunalen Haushalte in dem bisherigen Umfange (Denkschrift S. 42 bis 44. Mot. S. 33—37) auf Zuschläge zur Einkommensteuer aufzubauen, da dieselben die dringende Gefahr einer Untergrabung der Einkommensteuer durch Anreiz zu falschen Deklarationen begründen. (Denkschrift S. 17, 18.)

Demgemäß geht das Kommunalabgabengesetz wesentlich von folgenden Grundgedanken[1]) aus:

a) Der im Wege der direkten Besteuerung aufzubringende Gemeindebedarf ist tunlichst zu beschränken, indem die gewerblichen Gemeindeanstalten (§ 3) möglichst wirtschaftlich verwaltet und in Gemäßheit des Grundsatzes von Leistung und Gegenleistung für Benutzung gemeindlicher Veranstaltungen Gebühren (§ 4) erhoben, sowie zur Errichtung und Unterhaltung von Anstalten, welche einzelnen zum besonderen Vorteile gereichen, besondere Beiträge (§ 9) eingezogen oder Mehrleistungen (§ 20) auferlegt werden. (Denkschrift S. 44, 47, Mot. 40.)

„Soweit die Reichsgesetze nicht entgegenstehen, ist ferner eine weitere Pflege zweckmäßiger indirekter Steuern angezeigt.“ (Denkschrift S. 44, vgl. Mot. S. 39, 40.)

b) Der hiernach verbleibende Bedarf an direkten Steuern ist zwischen Real- und Einkommensteuern angemessen zu verteilen, und zwar dergestalt, daß Grundbesitz und Gewerbebetrieb nach Beseitigung der staatlichen Realsteuern zu den

---

[1]) Ausführlicher dargelegt in meinem Kommentar S. 165 bis 180, 323.

kommunalen Lasten stärker als bisher und nach bestimmten, wenn auch elastischen Normen (§§ 54 bis 58), heranzuziehen sind.

„Die Realsteuern sollen den Grund und Boden und die Gewerbebetriebe für die ihnen vorzugsweise zugute kommenden oder durch sie veranlaßten Ausgaben nach dem Grundsatz der Leistung und Gegenleistung in Anspruch nehmen, während die Aufwendungen für allgemeine öffentliche Zwecke allen Einwohnern zur Last fallen und von denselben auch innerhalb der Gemeinde nach Maßgabe der persönlichen Leistungsfähigkeit, also im Wege der Einkommenbesteuerung, aufzubringen sind." (Denkschrift S. 44, vgl. S. 15—18.) Zuschläge zur Ergänzungssteuer sind ausgeschlossen, weil „der Gemeinde zur Deckung des Steuerbedarfs Realsteuern bereitgestellt sind und die von den letzteren getroffenen Objekte nicht noch einmal — nach dem Maßstabe des Nettoertrages — besteuert werden können". (Mot. zu § 30, jetzt 36.)

c) Während die Gemeindeeinkommensteuer nur in engstem Anschluß an die Staatseinkommensteuer erhoben werden darf (§§ 36, 37), liegt die Umgestaltung der bisherigen Grund-, Gebäude- und Gewerbesteuern zu besonderen Realgemeindesteuern geradezu in der Absicht des Gesetzes. „Die Freigabe dieser Steuerquellen von seiten des Staates erhält erst dadurch ihre volle Bedeutung für die Gemeinden, daß dieselben an die bisherigen Steuerformen nicht gebunden, sondern in der Lage sind, ihr Steuersystem nach den besonderen Verhältnissen der Gemeinde auszugestalten. Nach dieser Richtung eröffnet sich ein neues und fruchtbares Feld für die Betätigung der Selbstverwaltung. Solange aber besondere Steuern vom Grundbesitz oder Gewerbebetriebe nicht eingeführt sind, hat die Realbesteuerung der Gemeinden in Form der vom Staate auch nach dem Verzicht zu veranlagenden Grund-, Gebäude- und Gewerbesteuer zu erfolgen. (§§ 3, 4 des Gesetzes wegen Aufhebung direkter Staatssteuern.) Der allmähliche Übergang zu der anderweiten Einrichtung ihres Steuerwesens wird hierdurch den Gemeinden wesentlich erleichtert werden." (Denkschrift S. 45.)

Bei der Ausgestaltung der besonderen Realsteuern „wird vor allem auf die Vermeidung derjenigen Mängel Gewicht zu legen sein, welche den staatlich veranlagten Steuern vom Grundbesitz anhaften und auch deren Wert als kommunale Besteuerungsformen beeinträchtigen. Insbesondere werden die Gemeinden, gegenüber der völligen Starrheit und Unveränderlichkeit der staatlichen Grundsteuer sowie gegenüber der Bemessung der staatlichen Gebäudesteuer nach weit zurückliegenden Zeiträumen und ihrer Festlegung für je 15jährige Perioden auf Einrichtungen hinzuwirken haben, welche hinsichtlich der Höhe der Besteuerung eine, dem wechselnden Steuerbedarfe entsprechende, volle Beweglichkeit und rücksichtlich der Veranlagung die tunlichste Anpassung an die Gegenwart gewährleisten". (Mot. S. 51, 52.) Insbesondere wird in der Bauplatzsteuer (§§ 27, 54 A. 2, 58) den Gemeinden eine neue Steuerquelle eröffnet, welche ohne empfindlichen Druck eine billige und gerechte

Vorbelastung bewirkt und einen vorzugsweise kommunalen Charakter trägt". (Mot. S. 53 zu § 22, jetzt 27)[1]).

d) Charakteristisch sind endlich die Bestimmungen, welche den staatlichen Behörden, und insbesondere auch der Ministerialinstanz, weitgehende Rechte in bezug auf die Durchführung der Grundgedanken des Gesetzes geben. (§§ 2 A. 3, 4, 9, 77, 78, 96.) Die Erhebung von Zuschlägen zur Staatseinkommensteuer in Höhe von mehr als 100% soll ebenso wie jede Abweichung von den Grundsätzen über die Verteilung des Steuerbedarfs (§§ 54—58) ministerieller Zustimmung bedürfen, „um eine den Grundsätzen des Gesetzes entsprechende gleichmäßige Ausführung desselben in diesen besonders wichtigen Beziehungen sicherzustellen", mit dem Vorbehalt jedoch, demnächst, „wenn die Auffassung, auf der das Gesetz beruht, Boden gewonnen haben wird", das ministerielle Zustimmungsrecht auf die untergeordneten Aufsichtsbehörden zu übertragen. (Mot. zu § 62, jetzt §§ 77, 78, S. 66, 67.)

„Dem Staate müssen ... Garantien geboten werden, welche die wirkliche Umwandlung der von ihm aufgegebenen Realsteuern in Kommunalsteuern gewährleisten. Wenn der Staat sich der bisher von ihm ausgeübten Besteuerung der Güterquellen begibt, um den Gemeinden allein die Ausnutzung dieser, für die kommunale Besteuerung besonders geeigneten Steuer-

[1]) Vgl. jedoch unten S. XXVIII und 47.

quellen zu ermöglichen, so muß ihm auch die Möglichkeit einer entsprechenden Einwirkung auf die Gemeinden eröffnet werden. Nur unter dieser Voraussetzung verzichtet der Staat seinerseits auf die Realsteuern." (Mot. a. a. O.)

Das auf diesen Grundlagen aufgebaute Kommunalabgabengesetz mußte sich von den früheren Versuchen einer Regelung des Kommunalsteuerwesens, welche unabhängig von einer gleichzeitigen Neugestaltung der staatlichen direkten Steuern in den Jahren 1877 bis 1880 unternommen waren, wesentlich unterscheiden. Immerhin konnte in vielen Einzelheiten an diese früheren Entwürfe[1]), in welchen die stärkere Hervorkehrung des Grundsatzes der Besteuerung nach Leistung und Gegenleistung gleichfalls bereits hervortritt, angeknüpft werden. Auch konnten die Bestimmungen des Gesetzes vom 27. Juli 1885 — des sogenannten Kommunalsteuer-Notgesetzes — mit den bei der Handhabung desselben als notwendig erkannten Klarstellungen und Ergänzungen im wesentlichen Aufnahme in dem neuen Gesetze finden. (Vgl. übrigens § 33 A. 9.)

Die Verhandlungen des Hauses der Abgeordneten nahmen einen für die Vorlagen äußerst günstigen Verlauf. Die X. Kommission, welcher die sämtlichen Entwürfe nebst der Denkschrift überwiesen wurden, erklärte sich mit großer Majorität für die Annahme des gesamten Reformplanes, und was insbesondere

[1]) Diese früheren Entwürfe und die dazu gehörigen Berichte der Kommissionen des AH. sind zusammengestellt in Anlage B zu Nr. 128 der Drucksachen des AH. von 1892/93: „Zusammenstellung von Drucksachen des AH., betreffend die Aufbringung von Gemeindeabgaben." S. 576.

die Verhandlungen über das Kommunalabgabengesetz anlangt, über welches in Nr. 128 der Drucksachen ein ausführlicher Bericht (S. 163, Berichterstatter: Dr. Wuermeling) erstattet wurde, so fanden sowohl der Aufbau und die Grundlagen des Entwurfs als auch die Einzelheiten im wesentlichen Billigung. Das Plenum trat diesen Auffassungen bei, und so beschränkten sich die Änderungen, abgesehen von Verbesserungen in der Fassung, auf einzelne Punkte, von denen hier folgende hervorgehoben sein mögen:

1. in § 9 (Beiträge) ist zum Schutz der Interessenten ein der Erhebung von Beiträgen vorhergehendes formelles Verfahren eingeführt;
2. in § 23 ist ein Verbot der Neueinführung von Miets- und Wohnungssteuern eingefügt;
3. in §§ 33 und 67 ist die Steuerpflicht der Gesellschaften mit beschränkter Haftung beseitigt und eine besondere Steuerpflicht der einzelnen Gesellschafter festgesetzt;
4. in § 37 ist für die Kommunaleinkommensteuer ein Verbot stärkerer Degression bzw. Progression als bei der Staatseinkommensteuer hinzugefügt;
5. in dem — vom Herrenhause gestrichenen — § 52 ist die im R. unter gewissen Bedingungen vorgesehene Steuerfreiheit der Aktionäre auf die Hälfte des Dividendeneinkommens eingeschränkt;
6. in § 52 ist eine Verpflichtung der sog. Betriebsgemeinden zur Zahlung von Zuschüssen an die durch gewisse Fabriken usw. stark belasteten Nachbargemeinden neu eingeführt;
7. in § 53 ist das Maß der Heranziehung der

Realsteuern zuungunsten der Einkommensteuer geändert;

8. in den §§ 71 bis 74 ist ein besonderes Verfahren zur Verteilung der Steuern eines in mehreren Gemeinden Steuerpflichtigen auf die einzelnen Gemeinden eingeführt;
9. in den §§ 78 und 96 sind die Befugnisse der Aufsichtsbehörden schärfer begrenzt und
10. in § 92 eine Kreishundesteuer von höchstens 5 M. für zulässig erklärt.

Auch das Herrenhaus nahm den Gesamtreformplan günstig auf und beschränkte sich beim Kommunalabgabengesetz auf Antrag der XI. Kommission (Berichterstatter: Oberbürgermeister Zweigert, Drucksachen Nr. 90 S. 41) auf wenige Abänderungen, von denen hier folgende erwähnt sein mögen:

1. die Steuerpflicht der Gesellschafter einer Gesellschaft mit beschränkter Haftung wurde auch für den Fall anerkannt, daß diese Gesellschaften Aktiengesellschaften usw. sind (§ 33 Nr. 3);
2. durch geeignete Zusätze zu den §§ 33 Nr. 1, 47, 49, 50 wurde außer Zweifel gestellt, daß das aus außerpreußischen Gemeinden gewonnene Einkommen in den Wohnsitzgemeinden in vollem Umfang steuerpflichtig sei und die Bestimmungen zur Vermeidung der Doppelbesteuerung sich auf dieses Einkommen nicht beziehen[1]);
3. die Steuerfreiheit der Aktionäre — vgl. oben Nr. 5 — wurde völlig beseitigt.

Nachdem dann das Haus der Abgeordneten in

---

[1]) Vgl. hierzu unten S. XXIX.

der Sitzung vom 3. Juli 1893 diesen Abänderungen beigetreten war, erfolgte die Publikation des Gesetzes, welches nach § 96 Abs. 1 am 1. April 1895 in Kraft treten wird, am 14. Juli 1893 (Gesetzsamml. S. 152 ff.).

Den Gemeindebehörden und — in zahlreichen Fällen — auch den Aufsichtsbehörden sind nunmehr große und verantwortliche Aufgaben gestellt.

Zunächst gilt es, über die Forterhebung der vom Staate aufgehobenen Realsteuern und der bislang zu denselben erhobenen Zuschläge Beschluß zu fassen.

Abgesehen von der Betriebssteuer, welche nach § 13 des Gesetzes wegen Aufhebung direkter Staatssteuern von den Gemeinden forterhoben und in den Landkreisen an die Kreiskassen zur Bestreitung der Kreisabgaben abgeführt werden muß, haben die Gemeindeverwaltungen, welche nicht 100% der Einkommensteuer erheben, hierbei einen erheblichen, und wenn sie innerhalb der Regelbestimmungen des § 54 bleiben, von den Aufsichtsbehörden freien Spielraum. Soweit aber über 100% der Einkommensteuer erhoben werden, bedürfen alle Beschlüsse ministerieller Genehmigung (§ 55). Hiernach können die Realsteuern in allen Gemeinden forterhoben werden (§ 54 Abs. 2), und müssen erhoben werden, wo mindestens 100% der Staatseinkommensteuer zur Hebung kommen (§ 54 Abs. 1); ein verhältnismäßiger Erlaß der Grund-, Gebäude- und Gewerbesteuern kann überall beschlossen werden, wo weniger als 100% der Einkommensteuer erhoben wird. Die bisherigen Zuschläge zu den Realsteuern müssen — soweit nicht aus besonderen Gründen mit ministerieller Genehmigung eine Ausnahme eintritt — überall in

Wegfall kommen, wo nicht mehr als $66^2/_3$ % (§ 54 A. 1 und 2) an Einkommensteuer zur Hebung kommt.

Die Überweisung der Realsteuern an die Gemeinden wird hiernach in gewissem Umfange den Realsteuerpflichtigen zugute kommen; im wesentlichen aber wird sie — abgesehen von den Gutsbezirken — zur Herabsetzung der Gemeindeeinkommensteuer dienen. Die weitere Ermäßigung der letzteren wird davon abhängen, ob und inwieweit es gelingt, aus Gebühren, Beiträgen, Vorausbelastungen und indirekten Steuern erheblichere Einnahmen flüssig zu machen und die Realsteuern durch Ausbildung derselben zu besonderen Gemeindesteuern an Stelle der einstweilen vom Staate für die Gemeinden weiter veranlagten Grund-, Gebäude- und Gewerbesteuer (S. 18—21) ausgiebiger zu gestalten.

Abgesehen von der Deckung der Kosten besonderer Veranstaltungen, als Kanalisationen u. dgl., durch Gebühren und Beiträge, werden in dieser Richtung indirekte Steuern in erheblicherem Maße wohl nur dann in Betracht kommen können, wenn einerseits in Erfüllung der von beiden Häusern des Landtags gefaßten Resolutionen die reichsgesetzlichen Beschränkungen der Getränkesteuern aufgehoben und andererseits die bisher in Preußen mit Unrecht vernachlässigten und namentlich in Gemeinden mit starkem Zuzug und steigenden Grundwerten sehr empfehlenswerten Immobiliarumsatzsteuern (§ 13 A. 2) mehr wie bisher entwickelt werden.

Voraussichtlich werden Schritte nach dieser letzteren Seite hin vielfach leichter und erfolgreicher sich vollziehen lassen, als dies durch die stärkere Anspannung der Realsteuern möglich sein wird. Indessen ist zu hoffen, daß die nach dem KomBer. des AH. zum Kommunalabgabengesetz (S. 33) in Aussicht stehenden drei Musterregulative für größere, mittlere und kleinere Gemeinden den bei der Gesetzberatung regierungsseitig ausgeführten Ideen eine glückliche Gestaltung und somit für die Durchführung dieser Reform der Realsteuern die erwünschten Handhaben geben werden.

Die Fülle der hiernach sich bietenden Aufgaben zeigt zugleich, wie das neue Kommunalabgabengesetz nicht sowohl einen Abschluß bildet, vielmehr nur eine Grundlage schafft, auf welcher sich eine gesundere Gestaltung des Kommunalabgabenwesens erst durch gemeinsame Arbeit der Gemeinde- und Staatsbehörden entwickeln soll. Möge dieser Arbeit ein voller Erfolg beschieden sein!

Zwischen dem Abschluß dieser Einleitung zur ersten Auflage und diesen Zusatzbemerkungen zur zweiten liegen die ersten Jahre der Handhabung und praktischen Erprobung des KAG.[1]).

Die oben als besonders entwicklungsfähig bezeichneten Immobiliarumsatzsteuern haben sich in erfreulicher Weise, wie die Denkschrift sagt, „über Erwarten" weite neue Gebiete[2]) erobert; leider sind sie zunächst durch schematische Vorschriften der Aufsichtsbehörden in ihrer Entwicklung mannigfach gehemmt worden. Es ist zu hoffen, daß die im Ministerialerlaß vom 12. Sept. 1896

---

[1]) Vgl. Denkschrift über die Ausführung des KAG. vom 4. April 1896 in Anlagen. Bd. III S. 1997 bis 2104 zu den Sten. Verh. des AbgH. — Auszugsweise auch im PVBl. XVII S. 317, 325, 337 ff.

[2]) Bei Abfassung der Denkschrift bestand diese Steuer schon in 239 Städten und 359 Landgemeinden.

(MBl. 1896 S. 189) ausgesprochene freiere Auffassung[1]) noch in erweitertem Umfange zur Geltung gelangt[2]).

Anderweite Versuche der Einführung neuer indirekter Steuern haben zu nennenswerten Erfolgen bisher nur bezüglich der Biersteuer[3]) geführt. Eine Erweiterung der enggezogenen Steuerbefugnis der Gemeinden ist nach dem zu A. 3 genannten ME. „vom Standpunkt der Reichsfinanzen aus nicht angängig. Wegen Erweiterung der Befugnis der Gemeinden zur Einführung einer kommunalen Weinsteuer (sind) da-

---

[1]) „Die Umsatzsteuerordnungen anlangend, so werden künftighin etwaige, nach den in der Eingabe vorgetragenen Gedanken technisch brauchbar ausgestaltete Umsatzsteuerordnungen in rascher Entwicklung befindlicher Gemeinden, wenn und soweit sie in den örtlichen Verhältnissen genügende Rechtfertigung finden, unter dem Gesichtspunkte eines Versuches auf eine wohlwollende Prüfung unsererseits zu rechnen haben; auch wird von uns, wo die Lage der Verhältnisse danach angetan ist, an der Beibehaltung aller einzelnen Befreiungen des Stempelsteuergesetzes, der Beschränkung des Steuersatzes auf 1 Prozent sowie der gleichmäßigen Bemessung desselben auf bebaute und unbebaute Grundstücke nicht unter allen Umständen festgehalten werden." Nach der in A. 1 genannten Denkschrift S. 2002 waren diese Beschränkungen für nötig gehalten, „um einer den verschuldeten Grundbesitz schädigenden und die Seßhaftmachung der Minderbemittelten, namentlich der Arbeiterbevölkerung hemmenden Erschwerung des Besitzwechsels vorzubeugen und zu verhüten, daß der durch § 27 Abs. 2 wesentlich in der Absicht, der Bauplatzspekulation entgegenzuwirken, zugelassenen Bauplatzsteuer von vornherein der Boden entzogen würde".

[2]) Ausführlichere Erörterungen über die Umsatzsteuer in meinen im Vorwort erwähnten Studien. S. 24 bis 43.

[3]) Bei Abfassung der Denkschrift bestand eine Biersteuer in 420 Städten und 574 Landgemeinden.

gegen bereits entsprechende Verhandlungen eingeleitet, deren Ergebnis sich aber zurzeit noch nicht übersehen läßt".

Die stärkere Anspannung der Realsteuern in manchen Gemeinden hat lebhafte Klagen der Beteiligten und mannigfache Schwierigkeiten hervorgerufen. Nachdem anfänglich eine ungesetzliche Handhabung der §§ 54 ff. seitens der Ministerialinstanz behauptet war — ohne indessen die Zustimmung des Landtages zu finden, in dessen Sessionen von 1894/95 und 1895/96 die Beschwerden vorgetragen wurden —, wurden weiterhin im Abgeordnetenhause Anträge auf Änderung der genannten Paragraphen eingebracht, fanden jedoch keine Annahme.

Die Bauplatzsteuer hat sich inzwischen in der vorgesehenen Gestaltung (§ 27 Abs. 2) als kaum durchführbar erwiesen. Die Ausbildung besonderer Realsteuern ist bislang (1897) nur in wenig erheblichem Umfang erfolgt[1]. — Inzwischen sind Grundbesitzsteuern auf der Grundlage der Besteuerung des gemeinen Wertes in vielen Gemeinden zur Einführung gelangt. Vgl. A. 3 zu § 25. (Zusatz von 1902.)

Die Bestimmungen über Beiträge und Mehrbelastung haben bei der Anwendung zu mancherlei Schwierigkeiten und Bedenken geführt. Voraussichtlich werden erst oberstrichterliche Entscheidungen Klarheit schaffen und ein endgültiges Urteil ermöglichen.

---

[1]) Auch hierüber vgl. die ausführlichen Erörterungen in den Studien S. 44—109, 113—119; über Erfassung der Wertsteigerung des Grundbesitzes in schnell wachsenden Gemeinden insbesondere S. 33—40, 56—58, 97—100, 102—109, und über die Verschiedenheiten staatlicher und kommunaler Grundbesitzsteuern in bezug auf ihre Berechtigung, ihre Aufgaben und ihre Gestaltung S. 44—59.

Die vom Herrenhause (vgl. oben S. XXIII) herbeigeführten Veränderungen in den §§ 33 Nr. 1, 47, 49 und 50 haben solche Klagen über Doppelbesteuerung hervorgerufen, daß noch vor dem Inkrafttreten des KAG. von der Kgl. Staatsregierung eine Novelle eingebracht wurde, welche auch Gesetzeskraft erlangte. (Gesetz vom 30. Juli 1895.) Hiernach ist nunmehr alles Einkommen aus Grundbesitz und Gewerbe außerhalb der Gemeinde steuerfrei, auch wenn es aus dem Reichsausland stammt (vgl. unten zu § 47).

Zusätze von 1906.

Die auf S. XXVI u. XXVII ausgesprochene Hoffnung auf eine freiere Behandlung der Immobiliarumsatzsteuer in der Ministerialinstanz ist in höchst erfreulicher Weise in Erfüllung gegangen. So ist es möglich geworden, nicht nur die festen Prozentsätze der reinen Umsatzsteuer den Verhältnissen und Bedürfnissen der einzelnen Gemeinden entsprechend zu gestalten und, soweit nötig, abzustufen, sondern auch diese bisher übliche, notwendigerweise schematische Umsatzsteuer zu einer Besteuerung der steigenden Werte des Immobiliarbesitzes (Wertzuwachssteuer) fortzubilden und dadurch einer Forderung zu entsprechen, welche in Deutschland bereits seit einem Menschenalter wieder und wieder erhoben ist[1]).

Allerdings handelt es sich zunächst nur um erste, in

---

[1]) Vgl. insbesondere Adolph Wagner, Finanzwissenschaft II, 2. Aufl. 1890, S. 547—588, bes. S. 567, 581, 582 und Adickes Studien (Vorwort S. 6), namentlich S. 40, 95, 100, 109 sowie die neueste Darstellung von R. Brunhuber, Die Wertzuwachssteuer. Zur Praxis und Theorie. Jena 1906.

einzelnen Städten (Frankfurt a. M., Köln, Gelsenkirchen u. a. m.) in verschiedener Weise unternommene Versuche. Allein auf diesem schwierigen Gebiete ist nur allmählich durch Versuche und die bei diesen zu sammelnden Erfahrungen vorwärts zu kommen. Und die bisherigen Erfahrungen, die sich allerdings nur auf Gemeinden mit stark wachsender Einwohnerzahl beziehen, sind durchaus günstig.

Eine andere, bisher von der Ministerialinstanz nicht zugelassene indirekte Steuer: die Abgabe von Wirtschaftskonzessionen, wird voraussichtlich auch den Gemeinden nicht mehr versagt werden, nachdem in dem neuen Kreisabgabengesetz die Zulässigkeit dieser Steuer für die Landkreise gesetzlich anerkannt ist.

Für eine rationelle und den Bedürfnissen entsprechende Ausgestaltung der Gebühren und direkten Grundbesitzsteuern ist — gegenüber einer die Gemeinden einengenden, rein mechanische Gleichheit verlangenden Rechtsprechung des Oberverwaltungsgerichts — eine feste Rechtsgrundlage durch das Gesetz vom 24. Juli 1906 (Gesetzsamml. S. 376) zur Deklarierung des Kommunalabgabengesetzes vom 14. Juli 1893 geschaffen. Im Herrenhause (Drucksache Nr. 84 von 1905/06 von Dr. Graf Yorck von Wartenburg beantragt und eingehend begründet, fand der Gesetzentwurf in beiden Häusern Annahme, und auch die Zustimmung der Staatsregierung. Ich füge den Text, da er mehrere Paragraphen berührt, schon an dieser Stelle ein:

Einziger Paragraph.

„Die §§ 7, 20, 27 des Kommunalabgabengesetzes vom 14. Juli 1893 (Gesetzsamml. S. 152) stehen einer Abstufung der Gebühren und Steuersätze nicht entgegen. Insbesondere ist es zulässig, die Gebührensätze nach Maßgabe der Leistungsfähigkeit bis zur gänzlichen Freilassung abzustufen und einzelne Grundstücksarten oder Besitzgruppen mit verschiedenen Sätzen zu den Steuern vom Grundbesitze heranzuziehen.

Ebensowenig schließt der § 27 a. a. O. aus, daß einzelne Grundstücksarten oder Besitzgruppen nach verschiedenen Normen besteuert werden."

Eine bedeutungsvolle Abänderung hat das KAG. dadurch erfahren, daß die bisher in den §§ 91—93 geregelten Kreis- und Provinzialsteuern durch ein besonderes Gesetz (Kreis- und Provinzialabgabengesetz vom 23. April 1906, Gesetzsamml. S. 159) neu und umfassend geordnet sind.

Das neue Gesetz, betreffend die Abänderung des Einkommensteuergesetzes und des Ergänzungssteuergesetzes, wird auch auf das kommunale Abgabenwesen erheblich einwirken; die Einwirkungen anderer Reichs- und preußischer Gesetze sind an den betreffenden Stellen (A. 4 zu § 12 und A. 1 zu § 14) vermerkt.

Zusätze von 1911.

Die durch das Kreis- und Provinzialabgabengesetz vom 23. April 1906 grundsätzlich für die Kommunalbesteuerung zugelassene Abgabe von Wirtschaftskonzessionen (vgl. S. XXX) ist nunmehr durch ME. vom 12. März 1907 auch den Gemeinden zugestanden worden und hat bei diesen bereits eine große Verbreitung gefunden.

Im übrigen haben die wachsenden Steuerbedürfnisse von Reich und Staat zu einer wesentlichen Einengung der Gemeinden auf dem Gebiete der indirekten Steuern geführt. Außer den am 1. April 1910 eingetretenen Einwirkungen des Reichszolltarifgesetzes vom 25. Dez. 1902 auf die Verbrauchsabgaben hat das Reich die Wertzuwachssteuer, die bereits im Begriff war, ein Gemeingut der selbständigen Gemeindebesteuerung zu werden, durch Gesetz vom 14. Febr. 1911 an sich gezogen und den Gemeinden lediglich eine hinter den bisherigen Besteuerungsmöglichkeiten erheblich zurückbleibende Mitbeteiligung belassen. (Näheres s. Anm. 2 zu § 13.)

Die durch Novelle zum preußischen Stempelgesetz vom 26. Juni 1909 neu eingeführte staatliche Besteuerung der Automaten usw. drängt die Gemeinden, wie im ME. vom 11. Dez. 1909 bereits zum Ausdruck gebracht worden ist, zur Zurückhaltung in der Besteuerung der Lustbarkeiten.

Auf dem Gebiete der direkten Steuern haben die Fortentwicklung der staatlichen Einkommensteuer, namentlich die Erweiterung des sog. Kinderprivilegs durch die Novellen zum Einkommensteuergesetz vom 19. Juni 1906 und 26. Mai 1909 sowie die sonstigen auf eine mehr individualisierende Besteuerung gerichteten Maßnahmen auch die Ergebnisse der kommunalen Steuererhebung wesentlich beeinflußt. Außerdem ist das seit Jahrzehnten lebhaft umstrittene Beamtenprivileg durch Gesetz vom 16. Juni 1909 im wesentlichen beseitigt, anderseits aber als Höchstgrenze für die Gemeindebesteuerung der Beamten der Zuschlag von 125% festgesetzt worden. Die Beseitigung gilt aber nicht rückwirkend für die bereits vor dem 1. April 1909 angestellten Beamten, so daß hieraus für die Gemeinden erst nach und nach nennenswerte Vorteile erwachsen. Die Novelle zum § 33 KAG. vom 22. Juni 1907 hat die kommunale Heranziehung von Konsumvereinen usw. zur Einkommensteuer mit der bei der staatlichen Besteuerung durch Novelle zum Einkommensteuergesetz vom 19. Juni 1906 eingeführten Neuerung in Einklang gebracht.

Die Hinausschiebung einer organisch durchgeführten Neuregelung der Progression für die staatliche Einkommensteuer hat für die hierdurch entstandene Übergangszeit in die Bemessung der kommunalen Zuschläge eine gewisse Unsicherheit gebracht, für die baldige Abhilfe dringend erwünscht erscheint.

Die Ausbildung besonderer Gemeinderealsteuern ist in lebhaftem Fortschritt begriffen, namentlich hat bei der Besteuerung des Grundbesitzes die Steuer nach dem gemeinen Wert immer mehr an Boden gewonnen. Diese Besteuerungsform ist indes materiell durch die Novelle zum Einkommen- und Ergänzungssteuergesetz vom 26. Mai 1909 für die Grundstücke und zugehörigen Gebäude, welche „dauernd land- oder forstwirtschaftlichen Zwecken zu dienen bestimmt sind", ausgeschlossen worden.

Die Erwartungen, welche an die Novelle zum KAG. vom 24. Juli 1906 (s. S. XXX) für eine freiere Ausgestaltung der Grundbesitzsteuern geknüpft wurden, haben sich nicht in vollem Maße erfüllt, da das Oberverwaltungsgericht auch jetzt noch eine Berücksichtigung der Verhältnisse des Besitzers (der subjektiven Merkmale), speziell auch der von diesem verfolgten wirtschaftlichen Zwecke, z. B. eine Bevorzugung gemeinnütziger Baugesellschaften, in den Steuerordnungen für unzulässig erklärt.

Die Härten des bisherigen Rechtszustandes, nach welchem die kommunale Doppelbesteuerung des Einkommens bei Personen mit mehrfachem Wohnsitz in- und außerhalb Preußens zugelassen war, sind durch Gesetz vom 6. Mai 1910 (Gesetzsamml. S. 43) nunmehr in der Hauptsache gemildert.

Die mit der Entwicklung der gewerblichen Großbetriebe zusammenhängende starke Vermehrung der Fälle von Forensalbesteuerung hat eine präzisere Durchführung des Gesetzes in dieser Richtung und die Klärung einer Reihe hierher gehöriger Zweifelsfragen durch die Rechtsprechung zur Folge gehabt.

Der steigende, durch direkte Steuern immer schwerer zu deckende Finanzbedarf der Gemeinden hat im Sinne der grundlegenden Absicht des KAG. neben dem umfassenderen Ausbau des Gebührenwesens zu einer fortschreitenden Ausbildung der Beiträge geführt, wobei namentlich die neuere, den Interessen der Gemeinden entgegenkommende Rechtsprechung des Oberverwaltungsgerichts über das Verhältnis von § 9 und 10 des KAG. zu § 15 Fluchtliniengesetz vom 2. Juli 1875 günstig gewesen ist.

(Nr. 9629.)

Kommunalabgabengesetz.

Vom 14. Juli 1893.

(Gesetzsammlung von 1893. Nr. 21. S. 152—184. Ausgegeben zu Berlin den 28. Juli 1893.)

Wir Wilhelm, von Gottes Gnaden König von Preußen ꝛc. verordnen mit Zustimmung beider Häuser des Landtages Unserer Monarchie für den Umfang derselben, mit Ausschluß der Hohenzollernschen Lande und der Insel Helgoland, was folgt:

1. Der Ausschluß der Hohenzollernschen Lande und der Insel Helgoland hat in der Besonderheit der dort bestehenden staatlichen und kommunalen Steuergesetze seinen Grund. Vgl. § 29 des Gesetzes wegen Aufhebung direkter Steuern. — Nunmehr sind durch die Hohenzollernsche Gemeindeordnung vom 2. Juli 1900 die Bestimmungen des KAG. über die Gemeindeabgaben und durch die Hohenzollernsche Amts- und Landesordnung vom 9. Oktober 1900 die Bestimmungen des KAG. über Kreis- und Provinzialsteuern mit gewissen Abänderungen in den Hohenzollernschen Landen eingeführt. Dementsprechend hat das neuerdings an die Stelle der letzteren Bestimmungen getretene Kreis- und Provinzialabgabengesetz vom 23. April 1906 auch die Hohenzollernschen Lande seinem Geltungsbereich unterworfen.

Teil I. **Gemeindeabgaben.**

Erster Titel.

Allgemeine Bestimmungen.

§ 1. Die Gemeinden sind berechtigt, zur Deckung ihrer Ausgaben und Bedürfnisse nach Maßgabe der Bestimmungen dieses Gesetzes Gebühren und Beiträge, indirekte und direkte Steuern zu erheben, sowie Naturaldienste zu fordern.

R. § 1.

1. Von den Bestimmungen des Gesetzes beziehen sich auf Gutsbezirke nur die §§ 47—52 und 69 Abs. 4. Vgl. auch §§ 7 und 13 Kreis- und Provinzialabgabenges. Anhang S. 147, 150, 151 sowie §§ 17 u. 18 Zweckverbandsges. v. 19. Juli 1911 (GS. S. 115—123). — Auch auf Landbürgermeistereien beziehen sich die Vorschriften des KAG. außer § 6 nicht. Die Kosten der Bürgermeistereien sind durch Beiträge der Gemeinden aufzubringen. ME. vom 12. März 1895 (MBl. S. 89).

2. „Die in vielen Gemeinden bestehende Verpflichtung der Hausbesitzer, den Bürgersteig zu unterhalten, läßt der Entwurf unberührt." (Mot.) Vgl. § 10 Abs. 1 und Oertel, 3. Aufl. S. 267.

3. Die gesetzlichen Bestimmungen des KAG. — zu denen übrigens jüngere Gesetzesvorschriften, wie § 2 der StädteO. und § 3 der LandgO. für Hessen-Nassau vom 4. Aug. 1897 und verschiedene Eingemeindungsgesetze hinzutreten — können durch privatrechtliche Vereinbarungen nicht geändert werden. OVG. PVBl. XX S. 159, XXII S. 312.

§ 2. Die Gemeinden dürfen von der Befugnis, Steuern zu erheben, nur insoweit Gebrauch machen, als die sonstigen Einnahmen, insbesondere aus dem Gemeindevermögen, aus Gebühren, Beiträgen und vom Staate oder von weiteren Kommunalverbänden den Gemeinden überwiesenen Mitteln zur Deckung ihrer Ausgaben nicht ausreichen. Auf Hunde- und Lustbarkeits-, sowie auf ähnliche, durch besondere Rücksichten gebotene Steuern findet diese Bestimmung keine Anwendung.

Durch direkte Steuern darf nur der Bedarf aufgebracht werden, welcher nach Abzug des Aufkommens der indirekten Steuern von dem gesamten Steuerbedarfe verbleibt.

R. § 2.

1. Nach der Absicht des Gesetzes (vgl. Einl. S. XVII) soll der durch Steuern zu deckende Bedarf durch andere Gemeindeeinnahmen tunlichst verringert werden. Gebühren und Beiträge müssen in gewissen Fällen erhoben werden (§§ 4, 9). Ein Zwang zur Einführung oder Erhöhung indirekter Steuern ist unzulässig. § 78 Abs. 3. Vgl. §§ 2 u. 22 Kreis- und Provinzialabgabenges. Anh. S. 167 u. § 17 Zweckverbandsges.

2. Hunde-, Lustbarkeits- und andere ähnliche Steuern beruhen vornehmlich nicht sowohl auf finanziellen als auf anderen, namentlich polizeilichen Erwägungen und können daher auch unabhängig vom finanziellen Bedarf erhoben werden. Vgl. §§ 15, 16. — Ähnlich die nach Gesetz vom 18. Juli 1900 zu erhebende, nicht zur Einnahmevermehrung der Gemeinden, sondern zur steuerlichen Entlastung der leistungsschwachen Gewerbetreibenden dienende Warenhaussteuer.

3. Unzulässig ist die Erhebung von Steuern zur Ansammlung von Vermögen, soweit es sich nicht um die Bildung von Fonds zu bestimmten, aus Steuererträgen zu deckenden Bedürfnissen der laufenden Verwaltung handelt (Schulbau-, Pflasterungskosten usw.). Die Bildung eines Fonds für Volksschulbauten (60—30 M. pro Schulstelle) ist den Gemeinden mit 25 oder weniger Schulstellen neuerdings durch das Volksschulunterhaltungsges. vom 28. Juli 1906 § 14 zur Pflicht gemacht. Auch die Bildung eines Betriebsfonds (sog. eisernen Fonds) ist zulässig. AA. Art. 2 Nr. 4.

§ 3. Gewerbliche Unternehmungen der Gemeinden sind grundsätzlich so zu verwalten, daß durch die Einnahmen mindestens die gesamten durch die Unternehmung der Gemeinde erwachsenden Ausgaben, einschließlich der Verzinsung und der Tilgung des Anlagekapitals, aufgebracht werden.

Eine Ausnahme ist zulässig, sofern die Unternehmung zugleich einem öffentlichen Interesse dient, welches anderenfalls nicht befriedigt wird.

R. § 3. AH. Kom.

1. Als gewerbliche Unternehmungen werden vom OVG. 17 S. 249 die auf Gewinnerzielung gerichteten Veranstaltungen bezeichnet. Da sie aber nach Abs. 2 zugleich einem öffentlichen Interesse dienen können, ist ihre Unterscheidung von den Veranstaltungen des § 4 schwierig. Zu den letzteren sind regelmäßig diejenigen zu zählen, zu deren Benutzung ein Zwang besteht. Unter § 3 fallen der Regel nach Gaswerke, Elektrizitätswerke, Badeanstalten, Eisenbahnen und Kleinbahnen. Entscheidend für die Frage ist die Beschlußfassung der Gemeinde, deren auf soziale, finanzielle, administrative und sonstige praktische Erwägungen zu stützendes Ermessen zu bestimmen hat, ob für die Benutzung des Unternehmens eine privatrechtliche Vergütung ohne Benutzungszwang gemäß § 3 oder mit Genehmigung der Aufsichtsbehörde (vgl. § 8) eine öffentlich-rechtliche Gebühr mit oder ohne Benutzungszwang gemäß § 4 zu erheben ist. OVG. PVBl. XVIII S. 301, XXI S. 207. Dies gilt nach Entsch. des OVG. vom 10. Jan. 1911 (s. Mitteilungen der Zentralstelle des Deutschen Städtetages vom 1. Mai 1911 Sp. 113) auch für einen Gemeindefriedhof und eine kommunale Bestattungsanstalt, bei denen, sobald kein Benutzungszwang besteht, der Charakter als gewerbliches Unternehmen nicht ausgeschlossen ist. A. M. Noell-Freund in A. 2 zu § 3 unter Bezugnahme auf OVG. 52 S. 290, 299. Vgl. §§ 3 u. 23 Kreis- u. Provinzialabgabenges. Anh. S. 168.

2. „grundsätzlich", d. h. es ist nicht ausgeschlossen, daß zeitweilig oder dauernd Zuschüsse zur Verwaltung gegeben werden, falls ohne dies ein rationeller Betrieb nicht zu führen ist.

3. Der § 78 ist auf gewerbliche Unternehmungen nicht anwendbar. HH. KomBer. S. 5. Über das den zuständigen Behörden im allgemeinen in bezug auf § 3 zustehende Aufsichtsrecht vgl. Jebens S. 21 ff.

4. Ein Recht der Gemeindeangehörigen auf Benutzung eines gewerblichen Gemeindeunternehmens besteht nicht. OVG. PVBl. XXIII S. 690.

Zweiter Titel.

Gebühren und Beiträge.

§ 4. Die Gemeinden können für die Benutzung der von ihnen im öffentlichen Interesse unterhaltenen Veranstaltungen (Anlagen, Anstalten und Einrichtungen) besondere Vergütungen (Gebühren) erheben.

Die Erhebung von Gebühren hat zu erfolgen, wenn die Veranstaltung einzelnen Gemeindeangehörigen oder einzelnen Klassen von solchen vorzugsweise zum Vorteile gereicht und soweit die Ausgleichung nicht durch Beiträge (§ 9) oder eine Mehr- oder Minderbelastung (§ 20) erfolgt. Die Gebührensätze sind in der Regel so zu bemessen, daß die Verwaltungs- und Unterhaltungskosten der Veranstaltung, einschließlich der Ausgaben für die Verzinsung und Tilgung des aufgewendeten Kapitals, gedeckt werden.

Besteht eine Verpflichtung zur Benutzung einer Veranstaltung für alle Gemeindeangehörigen oder für einzelne Klassen derselben, oder sind die Genannten auf die Benutzung der Veranstaltung angewiesen, so ist unter Berücksichtigung des öffentlichen Interesses, welchem die

Veranstaltung dient, und der den einzelnen gewährten besonderen Vorteile eine entsprechende Ermäßigung der Gebührensätze gestattet; auch kann in Fällen dieser Art die Erhebung von Gebühren unterbleiben.

Auf Unterrichts- und Bildungsanstalten, auf Krankenhäuser, Heil- und Pflegeanstalten sowie auf vorzugsweise den Bedürfnissen der unbemittelten Volksklassen dienende Veranstaltungen finden vorstehende Bestimmungen (Absatz 2 und 3) keine Anwendung. Jedoch muß für den Besuch der von den Gemeinden unterhaltenen höheren Lehranstalten und Fachschulen ein angemessenes Schulgeld erhoben werden.

Andere Abweichungen von der im Abs. 2 vorgeschriebenen Bemessung der Gebühren sind nur aus besonderen Gründen gestattet.

Ein Zwang zur Erhebung von Chaussee-, Wege-, Pflaster- und Brückengeldern findet nicht statt.

R. § 4. AH. Kom. Vgl. § 4 u. 24 Kreis- u. Provinzialabgabenges. Anh. S. 168.

1. In § 4 sind die Benutzungs- und in § 6 die Verwaltungsgebühren geregelt. — Voraussetzung der ersteren ist die tatsächliche Benutzung oder Inanspruchnahme, also eine Individualleistung der Gemeinde. Vgl. OVG. PVBl. XVIII S. 299—302. Diese Voraussetzung ist auch bei demjenigen gegeben, welcher in seinen — eigenen oder ermieteten — Räumen einen jederzeit benutzbaren Anschluß an die Wasserleitung oder Kanalisation hat. OVG. PVBl. XXII S. 347, XXV S. 557. (Vgl. OVG. 51 S. 59 und über den Fall automatischer Wassermesser entgegen dem früheren Standpunkt in PVBl. XXI S. 113, s. auch Anm. 4 g.E.) Gebühren können einmalige und fortlaufende Abgaben sein. Sie sind keine dingliche Last; Besitznachfolger können also nicht für die Benutzungszeit der Vorgänger herangezogen

werden. Nach OVG. S. 62 u. Kammergericht Bl. f. Rechtspflege 1909 S. 66 u. 1910 S. 54 genießen sie auch nicht das Vorrecht öffentlicher Lasten bei Zwangsversteigerungen; hiergegen indes mit guten Gründen Heilgendorff PVBl. XXXII S. 806. Vgl. Anm. 2 zu § 90 u. Anm. 6 u. 7 zu § 9. Solidarische Heranziehung mehrerer Benutzer ist zulässig. Interessenten, welche von Veranstaltungen — ohne sie zu benutzen — besondere Vorteile haben, sind durch Beiträge oder Mehrbelastungen heranzuziehen. Vgl. §§ 9, 20. — Durch Gebühren werden Beiträge und Mehrbelastungen nicht ausgeschlossen. — Mieter können nur zu Kanalgebühren herangezogen werden, wenn ihre Wohnungen durch besondere Ableitung an die Kanalisation angeschlossen sind; weitergehende Bestimmungen, welche die Gebührenpflicht des Mieters schon beim Anschluß des Grundstücks als ganzen eintreten lassen, sind rechtsungültig. OVG. PVBl. XXIII S. 407, XXVI S. 961. Privatrechtlicher Natur sind die Erstattungsforderungen der Gemeinde für die Herstellung des Anschlusses. OVG. 37 90, PVBl. XXVII S. 697/98.

2. Eine Gebühr für Straßenreinigung kann nur beim Bestehen einer Observanz erhoben werden. OVG. 26 S. 43 PVBl. XXIV S. 121, XXV S. 214, XXIX S. 893. Dem Landtag liegt der Entwurf eines Gesetzes betr. Wegereinigung vor. Vgl. auch Anm. 2 § 9.

3. Für die Benutzung des Luftraumes über städtischen Straßen durch Balkons und Erker kann eine öffentlich-rechtliche Gebühr wegen Fehlens der Voraussetzungen des § 4 nicht erhoben werden. OVG. 28 S. 75.

4. Ein Zwang zur Benutzung von Wasserleitungen, Kanalisationen, Fäkalien- und Kehrichtabfuhr usw. kann nicht schon durch Ortsstatut, sondern nur durch Polizeiverordnung in Verbindung mit einem Ortsstatut eingeführt werden; letzteres stellt die rechtliche Voraussetzung für den Polizeizwang her, indem es den betr. Betrieb zu einer „Gemeindeangelegenheit“ macht und damit aus dem Bereich der privatgewerblichen Tätigkeit gemäß § 1 GO. ausscheidet.

OVG. PVBl. **XVIII** S. 494—497 **26** S. 61, **28** S. 354. PVBl. XXI S. 113. Nur tatsächliche Benutzung, nicht auch Benutzungszwang begründet die Gebührenpflicht (s. oben Anm. 1); die Zuwiderhandlung gegen Benutzungszwang macht nur strafbar.

5. Der Maßstab für die Bemessung der Gebühren darf kein absolut ungeeigneter und darum willkürlicher sein. Hierüber entscheidet der Verwaltungsrichter; im übrigen haben über die Zweckmäßigkeit nur die Beschlußbehörden zu befinden. OVG. **30** S. 97, **31** S. 61, **36** S. 92. Zulässig sind außer dem Maßstab des wirklichen Verbrauchs (z. B. Wassermesser) auch Wahrscheinlichkeitsmaßstäbe, so für Kanal- und Wassergebühren der Nutzungswert der angeschlossenen Räume PVBl. XXVI S. 961 (dagegen wenigstens nicht für fortlaufende Gebühren der gemeine Wert OVG. v. 2. April 1909 II, 713), ingleichen für erstere die Frontlänge oder Flächengröße, für letztere die Kopfzahl der Hausbewohner. Die Verbindung von Verbrauchs- und Wahrscheinlichkeitsmaßstab ist nur zulässig, wenn getrennte Gebühren: eine Mindestgebühr für den Besitz eines Anschlusses und außerdem eine Zusatzgebühr für den tatsächlichen Verbrauch, erhoben werden (vgl. Entsch. PVBl. XXXI Nr. 29, abweichend von **51** S. 59 und PVBl. XXI S. 113 s. oben Anm. 1). Ein Zwang zur Anmeldung der Veranlagungsmerkmale (des Nutzungswerts usw.) kann nur bei Steuern, nicht auch bei Gebühren eingeführt werden vgl. § 82 des Gesetzes und OVG. PVBl. XXIX S. 256.

6. Benutzungsgebühren müssen erhoben werden,

a) wenn Gemeindeveranstaltungen einzelnen Angehörigen oder einzelnen Klassen von solchen besonders zum Vorteile gereichen,

b) für den Besuch höherer Klassen von Lehranstalten und Fachschulen. (Abs. 4.)

7. Ein Zwang zur Erhebung von Benutzungsgebühren besteht aber nicht, oder doch — im Fall von b — nur beschränkt:

a) insoweit besondere Beiträge (§§ 9, 10) oder Vorausleistungen (§ 20) erhoben werden (Abs. 2),

b) für Veranstaltungen, deren Benutzung rechtlich oder tatsächlich erfolgen muß (Abs. 3),

c) in bezug auf Krankenhäuser und die anderen in Abs. 4 genannten Anstalten,

d) in bezug auf Benutzung von Wegen und Brücken (Abs. 6).

8. Unter Gemeindeangehörigen sind alle physischen und juristischen Personen, Erwerbsgesellschaften usw. zu verstehen, welche der Gemeinde irgendwie angehören (durch Aufenthalt, Besitz, Gewerbebetrieb usw.). Unter Klasse ist jede in gleicher Lage befindliche Mehrheit von Personen zu verstehen, z. B. alle Grundbesitzer oder die Besitzer kanalangeschlossener Grundstücke usw. Vgl. OVG. PVBl. XX S. 440.

9. „Zu den Fachschulen im Sinne des Gesetzes gehören Fortbildungs-, Näh-, Haushaltungs- und ähnliche Schulen niederer Art nicht." (Mot. Abg.H. Drucksachen 1892 Anl. zu Nr. 7 S. 44.) OVG. 42 S. 157. Höheres Schulgeld für auswärtige als für einheimische Schüler höherer Schulen ist zulässig, Zentralblatt für die Unterrichtsverwaltung 1896 S. 252.

Über Schulgeldfreiheit der Söhne von Lehrern an höheren Unterrichtsanstalten s. OVG. 49 S. 201.

10. Über die Beitreibung der Gebühren: § 90.

11. Befreiungen eines Grundstückes von Gemeindelasten schließen keine Befreiung von Gebühren und Beiträgen (§§ 9, 10) ein. Anders nach § 20.

§ 5. Die bestehenden Vorschriften über die Verleihung des Rechts auf Erhebung von Chaussee-, Wege-, Pflaster-, Brücken-, Fähr-, Hafen-, Schleusengeldern und von anderen derartigen Verkehrsabgaben, sowie über die Feststellung der Tarife für solche werden durch dieses Gesetz nicht berührt.

AH. Kom.

§ 6. Die Gemeinden, Amtsbezirke, Ämter und Landbürgermeistereien sind berechtigt, für die Genehmigung und Beaufſichtigung von Neubauten, Umbauten und anderen baulichen Herſtellungen, ſowie für die ordnungs- und feuerpolizeiliche Beaufſichtigung von Meſſen und Märkten, von Muſikaufführungen, Schauſtellungen, theatraliſchen Vorſtellungen und ſonſtigen Luſtbarkeiten Gebühren zu erheben. Die Erhebung von Luſtbarkeitsſteuern ſchließt die Erhebung von Gebühren für die Beaufſichtigung der Luſtbarkeit aus.

Im übrigen bewendet es hinſichtlich der Befugnis der Gemeinden, für einzelne Handlungen ihrer Organe Gebühren (Verwaltungsgebühren) zu erheben, bei den beſtehenden Beſtimmungen.

Die Gebühren müſſen ſo bemeſſen werden, daß deren Aufkommen die Koſten des bezüglichen Verwaltungszweiges nicht überſteigt.

R. § 5. AH. Kom.

1. Nach Art. 102 der Verfaſſungsurkunde können Staats- oder Kommunalbeamte Gebühren nur auf „Grund des Geſetzes erheben". Hiernach wurden bisher Verwaltungsgebühren der in Abſ. 1 genannten Art für unzuläſſig gehalten, inſoweit ſie nicht, wie in Frankfurt a. M., auf Grund partikulargeſetzlicher Vorſchrift erhoben wurden; indes darf die Auskunftserteilung durch kommunale Polizeiverwaltungen (Einwohnermeldeamt) von der vorgängigen Einzahlung eines, ev. zu pauſchalierenden Betrags ohne Gebührencharakter abhängig gemacht werden, der die baren Auslagen deckt. MinErl. v. 26. Sept. 1902. Im Umfange des Abſ. 1 ſollen nunmehr Gebühren zuläſſig ſein; darüber hinaus bleibt es bei dem beſtehenden Recht.

2. Vorausſetzung der kommunalen Gebührenerhebung iſt, daß der betreffende Verwaltungszweig ſich in den Händen der Gemeinde, nicht in denen einer Kgl. Polizeiverwaltung befindet. (Mot.) Bez. der Meß- und Marktgebühren, vgl. § 68 Reichsgewerbeordnung.

3. Diese Gebühren sollen nicht zu einer Einnahmequelle gemacht werden; planmäßig und unter normalen Verhältnissen dürfen die Kosten nicht überstiegen werden, was auch der richterlichen Nachprüfung unterliegt. Es ist aber nicht ungesetzlich, wenn unter besonderen Verhältnissen einmal eine Überschreitung eintritt. KAG. S. 286.

4. Über Baugebühren vgl. MinErl. v. 1. Sept. 1896 (MBl. S. 162 und OVG. **32** S. 93 ff. PVBl. XXII S. 156). Auch fiskalische Bauten sind gebührenpflichtig OVG., PrVBl. XXVIII S. 240. Bei den Fabrikanlagen usw., welche nach § 16 Gew.Ord. der — die baupolizeiliche Genehmigung in sich schließenden — Genehmigung durch den Kreis- (Stadt)- oder Bezirksausschuß bedürfen, kann eine Gebühr nach § 6 nicht erhoben werden; wohl aber scheint die Entscheidung des OVG. v. 20. Nov. 1908, PVBl. XXX S. 527 die Einziehung entsprechender Sätze als Auslagen des Verwaltungsbeschlußverfahrens gemäß § 22 GO. und § 124 Abs. 3 LVG. zuzulassen. Geeignete und übliche Maßstäbe der Gebührenbemessung sind die Kubikmeter des umbauten Raumes, die Quadratmeter der bebauten Fläche und die Höhe der Baukosten.

§ 7. Gebühren sind im voraus nach festen Normen und Sätzen zu bestimmen. Eine Berücksichtigung Unbemittelter ist nicht ausgeschlossen.

R. § 4 Abs. 5. AH. Kom. red.

1. Eine verschiedene Abstufung der Gebühren ist nicht ausgeschlossen. (Mot.) Insbesondere kann dabei die Leistungsfähigkeit mit berücksichtigt werden, wie dies durch das oben S. XXX u. XXXI abgedruckte deklaratorische Gesetz nunmehr festgestellt ist. Vgl. neuerdings OVG. **50** S. 55 und Entsch. v. 10. Jan. 1911 in Mitteilung der Zentralstelle des Städtetags v. 1. Mai 1911 Sp. 112, wo offenbar im Widerspruch mit den Intentionen des Deklarationsgesetzes nur die Abstufung des der normalen Leistungsfähigkeit entsprechenden Satzes nach unten, nicht auch

dessen Staffelung nach oben für zulässig erklärt wird. Vgl. Noell-Freund zu § 7.

2. Die richterliche Nachprüfung bezieht sich zwar nicht auf die Angemessenheit, wohl aber auf die Rechtmäßigkeit der Gebühr, und somit auch darauf, ob sie sich als eine absolut ungeeignete und darum willkürliche darstellt. OVG. **30** S. 97, **31** S. 61. Vgl. dazu **36** S. 92. PVBl. XX S. 492, XXI S. 19, 105, XXII S. 347, XXV S. 557, 723, XXVII S. 894 über: Kanalisationsgebühren und Wassergeld. Bestimmungen, nach denen die Gebühr im Einzelfall nach billigem Ermessen der Veranlagungsbehörde ermäßigt werden kann, machen die ganze Gebührenordnung ungültig. OVGBl. **36** S. 92 sowie Entsch. v. 27. Juni 1905 Nr. II 1125 in Sachen der Stadtgemeinde Wiesbaden.

Dagegen ist ein beweglicher, sich durch die jährlichen etatmäßigen Ausgaben für Kanalisation, Wasserleitung usw. bestimmender Maßstab zulässig. OVG. **40** S. 80.

§ 8. Die Festsetzung von Gebühren bedarf in den Fällen des § 4 Absatz 3 und 5 und des § 6 der Genehmigung.

Das Erfordernis der Genehmigung des Schulgeldes durch die Schulaufsichtsbehörde bleibt unberührt.

R. § 6. AH. Kom.

1. Der Genehmigung bedürfen hiernach:

a) alle Verwaltungsgebühren (§ 6),

b) Benutzungsgebühren, wenn entweder rechtlicher oder tatsächlicher Zwang zur Benutzung der Veranstaltung vorliegt oder Abweichungen von den Vorschriften über Bemessung der Höhe der Gebühren (§ 4 Abs. 2) getroffen werden.

Hinsichtlich des Umfanges, in welchem Genehmigung erforderlich ist, bestehen Zweifel. Vgl. KAG. S. 287 und Noell zu § 8.

§ 9. Die Gemeinden können behufs Deckung der Kosten für Herstellung und Unterhaltung von Veranstaltungen, welche durch das öffentliche Interesse erfordert werden, von denjenigen Grundeigentümern und Gewerbetreibenden, denen hierdurch besondere wirtschaftliche Vorteile erwachsen, Beiträge zu den Kosten der Veranstaltungen erheben. Die Beiträge sind nach den Vorteilen zu bemessen.

Beiträge müssen in der Regel erhoben werden, wenn anderenfalls die Kosten, einschließlich der Ausgaben für die Verzinsung und Tilgung des aufgewendeten Kapitals, durch Steuern aufzubringen sein würden.

Der Plan der Veranstaltung ist nebst einem Nachweise der Kosten offen zu legen. Der Beschluß der Gemeinde wegen Erhebung von Beiträgen ist unter der Angabe, wo und während welcher Zeit Plan nebst Kostennachweis zur Einsicht offen liegen, in ortsüblicher Weise mit dem Bemerken bekanntzumachen, daß Einwendungen gegen den Beschluß binnen einer bestimmt zu bezeichnenden Frist von mindestens vier Wochen bei dem Gemeindevorstande anzubringen seien. Handelt es sich um eine Veranstaltung, welche nur einzelne Grundeigentümer oder Gewerbetreibende betrifft, so genügt an Stelle der Bekanntmachung eine Mitteilung an die Beteiligten. Der Beschluß bedarf der Genehmigung.

Zu diesem Behufe hat der Gemeindevorstand den Beschluß nebst den dazu gehörigen Vorverhandlungen und der Anzeige, ob und welche Einwendungen innerhalb der gestellten Frist erhoben sind, der zuständigen Behörde einzureichen.

Der Beschluß der zuständigen Behörde ist in gleicher Weise zur Kenntnis der Beteiligten zu bringen wie der Beschluß der Gemeinde bekannt gemacht worden ist.

Gegen den Beschluß der zuständigen Behörde steht den Beteiligten die Beschwerde offen.

R. § 7. AH. Kom.

1. Über „Veranstaltungen“ vgl. § 4 Abs. 1 und Einleitung S. XXV.

2. Der Ausdruck „durch das öffentliche Interesse erfordert werden“ ist nach Noell A. 10 zu § 4 gleichbedeutend mit: „im öffentlichen Interesse geschaffen werden“ d. h. die Veranstaltungen des § 9 decken sich mit denen des § 4. Bedenken wegen des Wortlautes: KAG. S. 250ff. Wegen Straßenverbreiterung vgl. OVG. **51** S. 68, wegen Straßenunterhaltung und des dabei nach der Rechtsprechung des OVG. zu wahrenden Prinzips des einheitlichen Straßennetzes **32** 122, **36** S. 99, PVBl. XIX S. 188, XXIII S. 136, XXIV S. 515, wegen Straßenreinigung OVG. **47** S. 100. Vgl. Anm. 2 zu § 4. Die Heranziehung der Feuerversicherungsanstalten zu den Kosten des Feuerlöschwesens nach § 9 ist nicht statthaft, AH. StB. S. 1968, HH. StB. S. 322.

3. Beiträge brauchen insbesondere dann nicht erhoben zu werden, wenn die Kosten durch Gebühren (§ 4) oder Vorausbelastungen (§ 20) gedeckt werden (Abs. 2). Vgl. auch OVG. **45** S. 150. — Gebühren und Beiträge schließen sich gegenseitig nicht aus.

4. „Die Beitragsleistung darf sich niemals auf den gesamten Kostenbedarf einer Veranstaltung erstrecken. Vielmehr ist der dem öffentlichen Interesse entsprechende Teil des Kostenbedarfs einer Veranstaltung aus den zur Bestreitung der allgemeinen Ausgaben bestimmten Einkünften der Gemeinde und nur der hiernach verbleibende Restbetrag durch Beiträge zu decken.“ AA. Art. 7 Nr. 4. OVG. **32** S. 110. PVBl. XIX S. 185, XXII S. 348.

5. Die Feststellung von Beiträgen wird regelmäßig vor Herstellung der „Veranstaltung“ erfolgen; ausnahmsweise können sie indessen auch nachträglich festgesetzt werden. AH. Pl. S. 1967. AA. Art. 7 Nr. 3. OVG. **32** S. 122. PVBl. XIX S. 185.

6. Die Beiträge können als einmalige oder als Renten, und zwar auch als ablösbare, festgesetzt werden. AH. Pl. S. 2286. Vereinbarungen zwischen der Gemeinde und den Pflichtigen sind ebenso unzulässig wie bei den übrigen öffentlichen Abgaben.

7. Dem auf einem Grundstück ruhenden Beitrag wird dinglicher Charakter zuzuerkennen sein. Miteigentümer können solidarisch verpflichtet werden. Vgl. OVG. **32** S. 120. PVBl. XIX S. 185. Beiträge genießen die Vorzugsrechte der öffentlichen Lasten bei der Zwangsvollstreckung, ob auch im Konkurs, ist bestritten; vgl. A. 2 zu § 90.

8. Bei Bemessung der Beiträge nach den Vorteilen ist von den allgemeinen und durchschnittlich erwachsenden Vorteilen auszugehen. KAG. S. 253. So auch OVG. PVBl. XIX S. 185, 186, XX S. 441, XXIV S. 5, 408, OVG. **42** S. 19; **45** S. 67, 150; **46** S. 75; **50** S. 62; **51** S. 68. OVG. v. 5. Okt. 1906 Selbstverwaltung **34** S. 229 und Noell-Freund A. 8 zu § 9.

Noell ging von der Annahme aus (A. 8 zu § 9), daß jeder zu Beiträgen in Gemäßheit genehmigter Ordnungen Herangezogene im Verwaltungsstreitverfahren einwenden kann, daß sein Vorteil seinem Beitrage nicht entspreche, und hierüber dann Beweis zu erheben ist. Bei dieser Auffassung war das Beitragsverfahren für fortlaufend zur Erhebung kommende Beiträge (wie z. B. Kanalbeiträge) praktisch unverwendbar.

9. Die Beachtung der Vorschriften über das Verfahren ist Voraussetzung für die Rechtsgültigkeit der Beiträge. OVG. **32** S. 109, 116, **37** S. 24. PVBl. XXII S. 32, 133; XXIV S. 553.

§ 10. Die Vorschriften des Gesetzes, betr. die Anlegung und Veränderung von Straßen und Plätzen in Städten und ländlichen Ortschaften, vom 2. Juli 1875 (Gesetzsamml. S. 561) bleiben mit der Maßgabe in Kraft, daß die im § 15 daselbst vorgesehenen Beiträge nach einem anderen als dem dort angegebenen Maßstabe, insbesondere auch nach der bebauungsfähigen Fläche, bemessen werden dürfen.

R. § 7 Abs. 3. AH. Kom.

1. Zu den Kosten der Anlage oder Veränderung von Straßen und Plätzen sollen Beiträge auf Grund des § 9 von den angrenzenden Eigentümern nicht erhoben werden dürfen, vielmehr hinsichtlich dieser das Gesetz vom 2. Juli 1875 — mit einer übrigens bis jetzt nicht praktisch gewordenen Modifikation — maßgebend bleiben. (AH. KomBer. S. 11, 12.) Insoweit also neben diesem Gesetz vom 2. Juli 1875 bisher besondere Zwecksteuern — zur Unterhaltung von Trottoiren u. a. m. — rechtlich zulässig waren (OVG. **19** S. 70), steht § 10 auch fernerhin einer besonderen Heranziehung auf Grund des § 9 oder § 20 nicht entgegen.

2. Die Bedeutung des § 10 wurde bei der Beratung im Herrenhause verschieden aufgefaßt. Streitig war insbesondere, ob Beiträge und Vorausbelastungen auf Grund der §§ 9 u. 20 1. für Bauten an vorhandenen, bebauten Straßen im Sinne des § 15 Ges. v. 1875, 2. im Fall der Verbreiterung bestehender Straßen und 3. bei Anlage von Plätzen — in welchen Fällen Beiträge auf Grund des Gesetzes von 1875 nicht erhoben werden können — zulässig sind. Zu 1 ist zu bemerken, daß dem § 15 Gesetz von 1875 nicht nur die historischen Straßen im engeren Sinne des § 12 daselbst entzogen sind, sondern auch die vorhandenen, bebauten Straßen — wenn die Bebauung auch nur in einem Gebäude besteht, OVG. PVBl. XXII S. 467, XXIV S. 409. Eine vorhandene Straße ist eine nach ausdrücklicher oder stillschweigender Bestimmung der städtischen Behörden für den öffentlichen, straßenmäßigen inneren Verkehr und den städtischen Anbau dienende Straße, auch wenn sie noch nicht in allen Einzelheiten fertig gestellt ist bzw. nicht alle Kriterien aufweist, welche nach den polizeilichen Bestimmungen — oder

den ortsüblichen Anforderungen — zu einer fertigen Straße gehören, OVG. **27** S. 55 und **38** S. 147. Eine historische Straße ist eine solche, deren Entwicklung bezüglich des Ausbaues und straßenmäßigen Verkehrs im wesentlichen ihren Abschluß gefunden hat, so daß von einer Weiterentwicklung in den wesentlichen Beziehungen nicht mehr gesprochen werden kann. Vgl. KAG. S. 294—305. Für die Zulässigkeit der Beiträge und Vorausbelastungen in den vorstehenden Fällen 1—3, Noell A. 2 zu § 10, vgl. OVG. PVBl. XIX S. 188, XXII S. 133 und besonders Friedrichs, 5. Aufl. S. 226—231. Übereinstimmend hiermit die Rechtsprechung des OVG. — Vgl. AA. Art. 7 Nr. 5. Die neuere Rechtsprechung des OVG. **46** S. 97, **50** S. 62, PVBl. XXIX S. 624 hat weitergehend auch bei den unter § 15 Ges. von 1875 fallenden Straßen die Heranziehung gemäß § 9 insoweit für zulässig erklärt, als es sich um Arbeiten handelt, die über den Rahmen der im § 15 festgesetzten ersten Einrichtung und fünfjährigen Unterhaltung hinausgehen. Dies ist der Fall:

1. nach Ablauf der in Rede stehenden fünf Jahre,
2. bei Arbeiten, die nach dem ursprünglichen Bauprogramm nicht zu der ersten Herstellung oder zu der gemeingewöhnlichen Unterhaltung gehören, sondern die „eine Umgestaltung der Straße, Ersetzung der vorhandenen Anlage durch eine anders geartete" darstellen (OVG. **50** S. 65) (z. B. geräuschloses Pflaster, Erbreiterungen, Durchbrüche usw.). Über die rechtliche Begründung vgl. Mundt, PVBl. XXVI S. 840.

3. Die ortsstatutarische Verpflichtung, Anliegerbeiträge zu Straßenbaukosten zu entrichten, wird durch neue Bestimmungen über die Wegebaulast (z. B. Wegeordnung für die Prov. Sachsen vom 11. Juli 1891 §§ 19, 42) nicht berührt. OVG. **28** S. 77.

4. Unberührt von dem § 9 bleiben ferner die provinzialrechtlichen Bestimmungen über Vorausleistungen der Fabriken usw. für Wegebauten wegen besonders starker Abnutzung (Präzipialwegegesetze). Noell A. 1 zu § 9 und Germershausen „Das Wegerecht und die Wegeverwaltung" in Preußen" Bd. 1 § 35.

5. Das Gesetz von 1875 gilt natürlich in der Gestalt weiter, welche es durch spätere Gesetze (Zuständigkeitsgesetz usw.) erhalten hat. Die Rechtsgültigkeit eines auf Grund des Gesetzes von 1875 erlassenen Ortsstatuts ist nur nach diesem, nicht nach den Vorschriften des KAG. zu beurteilen. OVG. PVBl. XXII S. 444.

§ 11. Die Vorschriften des Gesetzes, betreffend die Erhebung von Marktstandsgeld, vom 26. April 1872 (Gesetzsamml. S. 513) bleiben unberührt.

Ebenso behält es bei den Bestimmungen der Gesetze über die Errichtung öffentlicher Schlachthäuser vom 18. März 1868 (Gesetzsamml. S. 277) und 9. März 1881 (Gesetzsamml. S. 273) sein Bewenden. Jedoch dürfen für die Schlachthausbenutzung Gebühren bis zu einer solchen Höhe erhoben werden, daß durch ihr jährliches Aufkommen die Kosten der Unterhaltung der Anlage und des Betriebes, sowie ein Betrag von acht Prozent des Anlagekapitals und der etwa gezahlten Entschädigungssumme gedeckt werden. In denjenigen Städten, in denen Verbrauchssteuern auf Fleisch zur Erhebung kommen, dürfen die Benutzungsgebühren nur bis zu einer solchen Höhe erhoben werden, daß durch ihr jährliches Aufkommen außer den Unterhaltungs- und Betriebskosten ein Betrag von fünf Prozent des Anlagekapitals und der Entschädigungssumme gedeckt wird.

Die Gebühren für die Untersuchung des nicht in öffentlichen Schlachthäusern ausgeschlachteten Fleisches

(Artikel 1 § 2 Nr. 2 und 3 des Gesetzes vom 9. März 1881) können in einer den Gebühren für die Schlachthausbenutzung entsprechenden Höhe bemessen werden.

R. § 8. AH. Kom. Bl. II und III.

1. Bislang durften nur 5 % Zinsen und 1 % Amortisation des Anlagekapitals, und nur bis zur Tilgung des letzteren, bei Bemessung der Schlachthausgebühren zur Verrechnung gebracht werden. Zur Abschneidung zahlreich entstandener Streitigkeiten und zur Beförderung der Schlachthäuser ist jener Satz auf 8 % erhöht und von etwaiger Tilgung des Anlagekapitals unabhängig gemacht.

2. Der letzte Satz des zweiten Absatzes, welcher auf alle Gemeinden (nicht nur Städte) mit Fleischsteuern anzuwenden war (AA. Art. 5 Nr. 5), ist, nachdem § 13 des Zolltarifgesetzes v. 25. Dez. 1902 die kommunalen Verbrauchssteuern auf Fleisch allgemein beseitigt hat, vom 1. April 1910 ab gegenstandslos geworden (vgl. Anm. 1 a. E. zu § 14).

3. „Wegen der Gebühren für die Untersuchung des in öffentlichen Schlachthäusern ausgeschlachteten Fleisches hat § 11 es bei dem bisherigen Rechte bewenden lassen, wonach die Höhe der Tarifsätze so zu bemessen ist, daß die für die Untersuchung zu entrichtenden Gebühren die Kosten dieser Untersuchung nicht übersteigen dürfen. Dagegen können die Gebühren für die Untersuchung des nicht in öffentlichen Schlachthäusern ausgeschlachteten Fleisches über die Kosten der Untersuchung hinaus in einer den Gebühren für die Schlachthausbenutzung entsprechenden Höhe bemessen werden. Die Zulassung dieser Erhöhung ermöglicht einen angemessenen Ausgleich zwischen den auf die Benutzung eines öffentlichen Schlachthauses angewiesenen Schlächtern und denjenigen Gewerbetreibenden, für welche bei dem Verkaufe des von auswärts eingeführten ausgeschlachteten Fleisches der Zwang zu einer solchen Benutzung nicht besteht. Mit dieser Angabe der

Absicht des Gesetzes sind die Voraussetzungen, unter welchen, und die Grenzen bezeichnet, innerhalb deren die Vorschrift des Gesetzes zur Ausführung zu bringen ist." Nach ME. v. 11. Jan. 1901 (MBl. S. 91, PVBl. XXII Beilage S. 133) folgt hieraus, daß die Untersuchungsgebühren für eingeführtes Fleisch nur insoweit die Selbstkosten übersteigen dürfen, als und insoweit dies auch bei den Benutzungsgebühren der Fall ist. Gebühren der letzteren Art dürfen aber nach §§ 5, 14 Abs. 1 Satz 1 und 2, und 21 Satz 2 Ges. v. 28. Juni 1902 (GS. S. 229) betr. Ausführung des Schlachtvieh- und Fleischbeschaugesetzes in Verbindung mit ergänzendem Ges. v. 23. Sept. 1904 auch in Gemeinden mit Schlachthauszwang nur noch dann erhoben werden, wenn das Fleisch nicht bereits vorher von einem amtlich approbierten Tierarzt untersucht war.

4. „Die Notwendigkeit der Genehmigung von Gemeindebeschlüssen auf Grund des Abs. 3 des § 11 ergibt sich aus § 131 des Zust.-Ges. vom 1. Aug. 1883 in Verbindung mit Art. 1 Abs. 2 des Ges. vom 9. März 1881 (GS. S. 273)". AA. Art. 5 Nr. 6.

5. Da die Grundlagen für Festsetzung der Gebühren für die Benutzung des Schlachthauses und für die Untersuchung des Fleisches verschieden sind, ist die Festsetzung einheitlicher Gebühren für beide Leistungen unzulässig. OVG. **34** S. 64, PVBl. XX S. 228.

§ 12. In Badeorten, klimatischen und sonstigen Kurorten können die Gemeinden für die Herstellung und Unterhaltung ihrer zu Kurzwecken getroffenen Veranstaltungen Vergütungen (Kurtaxen) erheben.

AH. Kom.

1. Kurtaxen können, wenn von der Aufsichtsbehörde genehmigt, im Verwaltungszwangsverfahren beigetrieben werden. § 90. Sie fallen nach OVG. **34** S. 196 nicht unter § 69 und sind demnach im Streitfall im Wege des Zivilprozesses

zu entscheiden, obwohl sie öffentlich-rechtliche Forderungen sind. Dagegen Noell-Freund, A. 6 zu § 69.

2. „Zu Kurzwecken getroffene Veranstaltungen" sind Voraussetzung der Erhebung; z. B. Badeanstalten, Trinkhallen nebst Wandelbahnen, Molkenkuranstalten, Terrainkurwege, unter Umständen auch Waldanlagen. Das Aufkommen der Kurtaxe darf die Kosten solcher Veranstaltungen nicht übersteigen.

3. Unzulässig ist eine Kurtaxe, welche nur eine verschleierte, dem § 8 des Ges. über die Freizügigkeit vom 1. Nov. 1867 widerstreitende Aufenthaltssteuer darstellt.

Dritter Titel.

Gemeindesteuern.

Erster Abschnitt.

Indirekte Gemeindesteuern.

§ 13. Die Gemeinden sind zur Erhebung indirekter Steuern innerhalb der durch die Reichsgesetze gezogenen Grenzen befugt.

Den Gemeinden sind Vereinbarungen mit den Beteiligten gestattet, wonach der Jahresbetrag der zu entrichtenden indirekten Steuern für mehrere Jahre im voraus fest bestimmt wird. Die Vereinbarungen bedürfen der Genehmigung.

R. § 9. AH. Pl. II.

1. Vgl. Zollvereinsvertrag vom 8. Juli 1867 Art. 5 Ziff. I, II § 7 (BGBl. S. 81) und Reichsgesetz vom 27. Mai 1885 (RGBl. 109). Hiernach ist insbesondere eine Weinsteuer — vgl. oben S. XXVII u. AA. Art. 101d — nur in den eigentlichen Weinländern gestattet; hierzu gehören in Preußen nur die vormals bayrischen, Großherzogl. Hessischen und Nassauischen Landesteile. Biersteuer darf nur erhoben werden mit den Höchstsätzen von 65 Pf. für ein

Hektoliter oder 50 % Zuschlag zur Brausteuer, welch letztere auch nach Inkrafttreten des neuen Reichsbrausteuergesetzes v. 3./7. Juni 1906 noch nach dem alten Brausteuergesetz v. 31. Mai 1872 zu berechnen ist (ME. v. 17. Sept. 1906 MBl. S. 295, vgl. Noell-Freund, Anm. a zu § 1 der Mustersteuerordnung III). Der erstere Maßstab, welcher für schweres (Lager-) und leichteres Bier abgestuft werden kann, ist bei dem in den Gemeindebezirk eingeführten Bier der allein zulässige. Von den alkoholfreien Biersorten können nach Beschluß des zuständigen Bundesratsausschusses (ME. v. 7. Dez. 1906, MBl. 1907 S. 33) nur die auch der staatlichen Besteuerung unterworfenen Sorten zur kommunalen Besteuerung herangezogen werden. Einführung neuer und Erhöhung bestehender Branntweinsteuern ist unzulässig. AA. Art. 10. Sämtliche vereinsländischen Erzeugnisse der betreffenden Art müssen gleichmäßig besteuert werden. Hiernach sind z. B. Befreiungen des im Bezirk der besteuerten Gemeinde gebrauten Bieres unzulässig; a. a. O. Neues Muster für eine Biersteuer: MBl. 1900 S. 10; wegen dessen Beeinflussung durch die neueste Gesetzgebung vgl. ME. v. 17. Sept. 1906 (MBl. S. 295).

2. Beispiele indirekter Steuern:

a) Theaterbillettsteuer (Frankfurt a. M.);

b) Baumaterialiensteuer; Studien S. 14—17;

c) Abgabe vom Umsatz von Immobilien. Vgl. oben S. XXIX. — In Berlin und anderen Städen ist jetzt ungleicher Satz für bebaute ($^1/_2$ Proz.) und unbebaute Grundstücke (1 Proz.) genehmigt worden. Neues Muster im MBl. 1906 S. 221 ff., vgl. oben S. XXVI u. XXIX. Vgl. OVG. 38 S. 99, 105. Die Umsatzsteuer gehört nicht zu den dinglichen Lasten (RGEntsch. v. 8. Juli 1897 Bd. 40 S. 264). — Bedeutungsvolle Versuche, die Umsatzsteuer zu einer Steuer auf die Wertsteigerung von Immobilien auszubauen, sind neuerdings zuerst in Frankfurt a. M., Köln, Gelsenkirchen u. a. O. gemacht worden. Vgl.

Adickes in der „Deutschen Juristen-Zeitung" 1905 S. 261 und oben S. XXIX.

Diese erfolgreiche, durch das neue Kreisabgabengesetz auch zum wichtigen Bestandteil der Kreisbesteuerung gemachte Entwicklung ist nunmehr durch das Reichszuwachssteuergesetz v. 14. Febr. 1911 abgeschnitten worden. Zuwachssteuern können vom 1. Jan. 1911 ab grundsätzlich nur noch nach Maßgabe der reichsgesetzlichen Bestimmungen erhoben werden. Von ihrem Ertrage fließen 50 % dem Reiche, 10 % dem Staate — als Vergütung der Veranlagungskosten, s. jedoch unten erwähnte Bestimmung des preuß. Ausf. Ges. — und 40 % den Gemeinden bzw. Kreisen zu. Letztere können außerdem Zuschläge bis zur Verdoppelung ihrer Quote von 40 % erheben und hierbei die Zulassung von Anrechnungen auf den Erwerbs- und Veräußerungspreis anders als im Reichsgesetz normieren. Für die Übergangszeit bis zum 1. April 1915 ist den Gemeinden, in welchen vor dem 1. April 1909 eine Zuwachssteuer beschlossen war, der seitherige Jahresdurchschnitt zu überweisen, wenn und insoweit das Steueraufkommen aus der Gemeinde dies ermöglicht. Mit Genehmigung des Reichskanzlers kann in diesen Gemeinden die Steuer in der vorbezeichneten Übergangszeit nach der seitherigen Gemeindesatzung erhoben werden. Näheres s. in §§ 58—60 des Gesetzes. Nach dem preuß. Ausführungsgesetz vom 14. Juli 1911 erfolgt die Veranlagung und Erhebung in den Stadtgemeinden durch den Gemeindevorstand, in den Landgemeinden und in den Gutsbezirken (vgl. jedoch Ausnahmen in § 1 Abs. 2 und 3 des Ges.) durch den Kreisausschuß, wofür Gemeinde bzw. Kreis die Hälfte der dem Staate zustehenden 10 % erhalten (§ 3 Ausf.Ges.). Von dem den Gemeinden verbleibenden Anteil der Steuer erhalten die kreisangehörigen Gemeinden mit nicht mehr als 15000 Einwohnern ²/₃, die andern Kreisangehörigen ³/₄, während der Rest in beiden Fällen dem Kreis zufließt (§ 4 Ausf.Ges., wegen der Übergangszeit bis 1. April 1915, vgl. § 5 daselbst). Aus Gutsbezirken erhält der Kreis den vollen Anteil. Die Anfechtung durch Rechtsmittel erfolgt im Verwaltungsstreitverfahren gemäß §§ 69, 70 und 75 KAG. und §§ 14 Abs. 2, 11 Abs. 4 und 5 Kreis- und Provinzialabgabengesetz, mit der Maßgabe jedoch, daß in erster Instanz stets der Bezirksausschuß zuständig ist (§ 2 Ausf.Ges.).

3. Für unzulässig sind durch ME. v. 16. Nov. und 22. Dez. 1894, 9. März 1895, 29. April 1895 (MBl. 1895 S. 115—119) erklärt: Steuern auf das Halten von Tauben, Gänsen, Enten und Katzen; auf Feuerversicherungspolicen und Jagdscheine; auf Abhaltung von Auktionen; endlich auch auf das Halten von Klavieren, Fahrrädern, Equipagen, Pferden usw. Unzulässig auch Umsatzsteuer von Eigentumsveränderungen von Todes wegen. ME. v. 11. Juni 1895. Infolge des Reichserbschaftssteuergesetzes v. 3. Juni 1906 (§ 60) ist den Gemeinden die Erhebung von Umsatzsteuern auch hinsichtlich des Erwerbes auf Grund von Schenkungen unter Lebenden verschlossen. MBl. 1906 S. 221. Die früher grundsätzlich von der Genehmigung ausgeschlossene Abgabe auf Erteilung von Konzessionen für Gast- und Schankwirtschaften ist durch das Kreisabgabengesetz den Kreisen ausdrücklich eingeräumt (§ 6) und dementsprechend, durch ME. v. 12. März 1907 (MBl. S. 119), unter Festsetzung von Höchstsätzen für die, regelmäßig nach den einzelnen Gewerbesteuerklassen abzustufende, Steuer gestattet worden. Siehe Mustersteuerordnung für Kreise in Ausf.Anw. zum Kreis- und Prov.Abg.Ges. v. 29. Sept. 1906 (MBl. S. 277), die auch für Gemeinden sinngemäß anwendbar ist.

4. Wegen der Genehmigung vgl. § 77.

5. „Vereinbarungen (nach Abs. 2) dürfen nicht zu einer Schmälerung der Einnahmen der Gemeinden ... zum Vorteil der Pflichtigen führen. Die Gemeinden haben bei Nachsuchung der ... Genehmigung die hierauf bezüglichen Nachweise beizubringen.“ AA. Art. 9 Nr. 2. Die Vorteile solcher Vereinbarungen „bestehen einerseits in der Erzielung einer größeren Gleichmäßigkeit des Steueraufkommens, andererseits

seits in der Vermeidung lästiger und kostspieliger Kontrollen." A. a. O.

6. Mehr- oder Minderbelastung ist auch bei indirekten Steuern, z. B. der Umsatzsteuer, möglich und zulässig. KAG. S. 272, 307, 315. Auch indirekte Zwecksteuern, z. B. für Ziegenbockhaltung OVG. 47 S. 164, sind zulässig, dagegen nicht direkte.

§ 14. Steuern auf den Verbrauch von Fleisch, Getreide, Mehl, Backwerk, Kartoffeln und Brennstoffen aller Art dürfen nicht neu eingeführt oder in ihren Sätzen erhöht werden. Die Einführung einer Wildbret- und Geflügelsteuer ist jedoch auch in den früher nicht mahl- und schlachtsteuerpflichtigen Gemeinden zulässig. Die Steuersätze können abweichend von den Vorschriften des Erlasses vom 24. April 1848 (Gesetzsamml. S. 131) bemessen werden.

Wegen Forterhebung der Schlachtsteuer bewendet es bei den Bestimmungen des Gesetzes vom 25. Mai 1873 (Gesetzsamml. S. 222).

R. § 10. AH. Kom.

1. Eine Übersicht der bei Erlaß des KAG. bestehenden Verbrauchsabgaben ist in den Anl. II a—c zur Begründung des Entwurfes eines Kommunalabgabengesetzes (Drucksachen des AH. B zu Nr. 7) enthalten. — Eine wesentliche Einschränkung hat § 14 durch den § 13 des Zolltarifgesetzes vom 25. Dez. 1902 erfahren, nach welchem vom 1. April 1910 ab für Rechnung von Kommunen oder Korporationen Abgaben auf Getreide, Hülsenfrüchte, Mehl und andere Mühlenfabrikate, desgleichen auf Backwaren, Vieh, Fleisch, Fleischwaren und Fett nicht erhoben werden dürfen. Hiernach können seit 1. April 1910 als kommunale Verbrauchssteuern nur noch Abgaben auf die in Anm. 2 genannten Steuern zur Erhebung gelangen, sowie bestehende Steuern

auf Kartoffeln und Brennstoffe forterhoben werden. Die fernere Zulässigkeit der Wildbret- und Geflügelsteuer wird in dem am 8. Juni 1911 für die Stadt Wiesbaden ergangenen Erkenntnis des OVG. VII C 65 11 gestützt auf Nr. 108 ff. des Tarifs zum Zolltarifgesetz verneint; a. M. Verfügung vom 19. Nov. 1909 (MBl. 1909 S. 242) und Noell-Freund Anm. 1, zu § 14 (vgl. auch OVG. 39 S. 99).

2. Von Beleuchtungssteuern ist die Steuer auf ausländisches Petroleum unzulässig, weil dies einem Zoll von 6 Mark für 100 kg unterliegt (§ 13 Abs. 1); Gassteuer zulässig (a. M. Noell-Freund, A. 2 zu § 14), ebenso Steuer auf elektrisches Licht. Vgl. Studien S. 13, 14.

3. Einen gewissen Ersatz für die Schlachtsteuer, deren Neueinführung nach Abs. 1 untersagt ist, bieten die Bestimmungen über die Schlachthausgebühren in § 11.

§ 15. Die Besteuerung von Lustbarkeiten, einschließlich musikalischer und deklamatorischer Vorträge, sowie von Schaustellungen umherziehender Künstler ist den Gemeinden gestattet.

R. § 11.

1. „Indem § 15 den Gemeinden die Besteuerung der Lustbarkeiten gestattet hat, ohne Einschränkungen anzugeben, welche bei dieser Besteuerung zu beobachten sind, ist es nicht beabsichtigt worden, die Besteuerung jeder Lustbarkeit von unzweifelhaft rein häuslichem Charakter zu ermöglichen, oder die Besteuerung derjenigen Lustbarkeiten, bei welchen ein höheres wissenschaftliches oder Kunstinteresse obwaltet, ohne Ausnahme zu empfehlen.

Mit der Abstandnahme von der bisher, namentlich auch in dem Erlasse vom 23. Febr. 1889, festgehaltenen grundsätzlichen Beschränkung der Besteuerung auf öffentliche Lustbarkeiten soll vielmehr einerseits den Umgehungsversuchen wirksamer begegnet, andererseits den Gemeinden die Möglichkeit eröffnet werden, die Besteuerung auf solche Lustbarkeiten auszudehnen, welche nach ihrer Zugänglichkeit und ihrem Umfange mehr oder minder von derselben Bedeutung wie die öffentlichen Lustbarkeiten sind, beispielsweise also die von großen geschlossenen Gesellschaften für ihre Mitglieder veranstalteten Lustbarkeiten.

Die Besteuerung solcher Lustbarkeiten, bei welchen ein höheres wissenschaftliches oder Kunstinteresse obwaltet, erscheint nur dann gerechtfertigt, wenn zugleich auffeiten des Unternehmers die Absicht einer Gewinnerzielung zum eigenen Vorteil — nicht etwa zugunsten wohltätiger Zwecke — besteht.

Zu welchem Umfange hiernach die Gemeinden von einer Besteuerung der Lustbarkeiten zweckmäßig Gebrauch zu machen haben, entzieht sich der allgemeinen Regelung, da hierbei die örtlichen Verhältnisse wesentlich mit in Betracht zu ziehen sind.

Immerhin sind die Fälle, in welchen eine Besteuerung stattfinden soll, in den Steuerordnungen so genau zu bezeichnen, daß bei der Ausführung ein Überschreiten der Absicht des Gesetzes nicht zu befürchten steht." AA. Art. 11. Tanzveranstaltungen, die lediglich dem Unterricht dienen, sind steuerfrei, OVG. PVBl. XXVIII S. 654, vgl. auch Hönemann. PVBl. XXIX S. 613.

2. Muster zu einer Lustbarkeitssteuerordnung in AA. Die Steuer kann als Billett- oder als Pauschalsteuer oder in beiden Formen nebeneinander erhoben werden. Eine Billettsteuer kann auch für andere nicht unter den Begriff der Lustbarkeiten fallende Veranstaltungen erhoben und insoweit auf § 13 gestützt werden. Unzulässig sind Steuerbefreiungen nach dem Ermessen der Veranlagungsbehörde, Hönemann a. a. O. S. 614 Nr. 13; dagegen ist es zulässig, in der Steuerordnung unter Festsetzung von Mindest- und Höchstbeträgen die im Einzelfall zu erhebende Steuer in das Ermessen der Veranlagungsbehörde zu stellen (OVG. Entsch. v. 11. Nov. 1904 i. S. des Mag. Eisleben), jedoch sollen nach ME. v. 27. Febr. 1890 (MBl. S. 43) weit

auseinandergehende Mindest- und Höchstbeträge ohne Angabe eines angemessenen, praktisch brauchbaren Maßstabes von Fall zu Fall vermieden werden.

3. Nach ME. v. 27. Febr. 1890 (s. oben), v. 17. Aug. 1897 (MBl. S. 47), v. 31. Jan. 1907 (MBl. S. 47) und 11. Dez. 1909 dürfen unverhältnismäßig hohe Steuersätze, die auf Unterdrückung oder auf eine Schädigung bestimmter Industriezweige hinauslaufen, nicht eingeführt werden, auch soll eine Bevorzugung einheimischer gegenüber auswärtigen Gewerbetreibenden nicht gestattet werden.

4. Befreiung einzelner Vereine als solcher, z. B. Kriegervereine, ist unzulässig; dagegen sind Befreiungen für bestimmte Lustbarkeiten, z. B. patriotische Feiern, an gewissen Tagen statthaft. ME. vom 22. Dez. 1894. Verlegung auf einen anderen Tag ist zulässig. ME. vom 15. April 1901 (MBl. S. 130). — Die im § 4 des Musters enthaltene Befugnis des Gemeindevorstandes zum Erlaß der Steuer bei Lustbarkeiten zu Wohltätigkeitszwecken ist nicht ohne dringende Gründe auf andere Fälle auszudehnen. ME. vom 24. Jan. 1895 (MBl. S. 34.)

5. Die Steuerpflicht kann durch die lokale Ordnung allen Beteiligten: dem Veranstalter, dem Lokalinhaber und den Teilnehmern und zwar auch solidarisch auferlegt werden. OVG. in Selbstverwaltung **35** S. 229.

6. Wegen Stempelpflichtigkeit der polizeilichen Genehmigung von Lustbarkeiten vgl. ME. v. 15. Nov. 1896, MBl. S. 239, v. 17. Dez. 1896, MBl. 1897 S. 23, 30. Nov. 1898 und 6. Mai 1899, PVBl. XX S. 434.

§ 16. Die Gemeinden sind befugt, das Halten von Hunden zu besteuern (§ 93). Die in dieser Beziehung zurzeit bestehenden gesetzlichen Vorschriften werden aufgehoben.

R. § 12.

1. Die bestehenden Schranken für die Höhe der Steuer (für die Gemeinden 20 Mark als Höchstbetrag nach dem Gesetz vom 1. März 1891, für die Kreise 5 Mark nach bisherigem § 93) sind nunmehr — für die Kreise nach § 6 Ziffer 3 Kreis- und Provinzialabgabengesetz — beseitigt.

2. Ein Muster zu einer Hundesteuerordnung in der AA. Abstufung der Steuer nach Hundezahl, Größe der Hunde (Schulterhöhe) usw. ist zulässig und vielfach eingeführt, nach Einkommen dagegen aus praktischen Gründen untunlich.

3. Während früher allgemeine Steuerfreiheit der zur Bewachung oder zum Gewerbebetriebe unentbehrlichen Hunde verlangt war (AA. Art. 12), ist im ME. v. 12. Sept. 1896 (MBl. S. 188) bei besonderen Verhältnissen Prüfung zugesagt, ob nicht auch in dieser Hinsicht größere Freiheit der Gemeinden zuzulassen sei. Vgl. auch ME. v. 17. März 1904, MBl. S. 84 und Aufsätze von Freytag im PVBl. XIX S. 497, 505, XXI S. 581 ff. Entgegen der früheren Rechtsprechung des OVG. ist es nach Entsch. **44** S. 75 unzulässig, in der Steuerordnung für die Feststellung der Unentbehrlichkeit das Ermessen der Veranlagungsbehörde entscheidend sein zu lassen.

4. Die Befreiungen von Polizei- und Forstschutzhunden, von Hunden, die von Gesandten und Konsuln gehalten werden, finden nur statt, wenn sie ausdrücklich in der Steuerordnung vorgesehen sind.

5. Die bestehenden örtlichen Vorschriften (Steuerordnungen usw.) bleiben unberührt. Vgl. § 18 A. 1.

6. Eine Kreishundesteuer schließt Gemeindehundesteuern nicht aus. § 6 letzter Abs. Kreis- und Provinzialabgabengesetz, AA. Art. 12.

§ 17. Die bestehenden Vorschriften über die Verwendung des Aufkommens indirekter Steuern für bestimmte Zwecke (Kosten der Armenpflege usw.) werden aufgehoben.

R. § 13. AH. Kom.

1. Der R. hatte die geltenden Beſtimmungen über die Verwendung der von Militärperſonen zu entrichtenden Hundeſteuer (für Wohltätigkeitszwecke der Militärverwaltung) aufrecht erhalten. Das AH. beſeitigte dieſe Ausnahmebeſtimmung.

§ 18. Die Einführung neuer und die Veränderung beſtehender indirekter Gemeindeſteuern kann nur durch Steuerordnungen erfolgen.

Die Steuerordnungen bedürfen der Genehmigung.

R. § 14. AH. Kom.

1. Die beſtehenden indirekten Gemeindeſteuern bleiben in Kraft, ſoweit ſie nicht den Beſtimmungen dieſes Geſetzes zuwiderlaufen. In letzterem Fall ſind ſie entſprechend abzuändern. Vgl. §§ 78, 96.

2. Jede Veränderung bedarf einer Steuerordnung. Wegen ihrer Genehmigung vgl. § 77. Die Aufhebung kann durch Gemeindebeſchluß erfolgen und bedarf keiner Genehmigung. ME. vom 15. Mai 1897 (MBl. S. 96).

3. Über Unzuläſſigkeit rückwirkender Kraft der Steuerordnungen OVG. **38** S. 100, PVBl. XXIII S. 248 und 806, XXIV S. 361. Vgl. Noell PVBl. S. 285.

4. AA. Art. 9 Nr. 4. „Die Steuerordnungen ſind in ortsüblicher Weiſe bekanntzumachen. Die hierauf bezüglichen Nachweiſe ſind aufzubewahren." Das Fehlen der Veröffentlichung hat die Ungültigkeit nicht zur Folge, falls nicht die Steuerordnung ſelbſt ihre Geltung mit dem Tage der Bekanntmachung beginnen läßt. OVG. Entſch. v. 27. Juni 1905 in Sachen Stadtgemeinde Wiesbaden. OVG. **38** S. 100, PVBl. XXI S. 477, XXV S. 269. A. M. Jebens und Anſchütz in PVBl. XXI S. 333, XXII S. 86. Bei Eingemeindungen gelten die Steuerordnungen ohne weiteres auch für die eingemeindeten Gebiete. OVG. PVBl. XXX S. 626.

5. Der § 13 Abſ. 1 der heſſen-naſſauiſchen StO. vom 4. Auguſt 1897, wonach Entwürfe von Statuten vor dem

endgültigen Beschlusse der Stadtverordnetenversammlung zur öffentlichen Kenntnis zu bringen sind, findet auf Steuerordnungen keine Anwendung. OVG. bei Noell, A. 7 zu § 18.

§ 19. Wegen der Befreiung der Militärspeiseinrichtungen und ähnlicher Militäranstalten von den Verbrauchssteuern bewendet es bei den bestehenden Bestimmungen.

1. KabO. v. 12. Aug. 1824 und 13. Febr. 1836. Vgl. StO. vom 30. Mai 1853, § 4 Abs. 4. Verordnung vom 23. Sept. 1867 (GS. S. 1648) und Verordnung vom 22. Dez. 1868 (BGBl. S. 571).

Zweiter Abschnitt.
Direkte Gemeindesteuern.

I. Allgemeine Bestimmungen.

§ 20. Die direkten Gemeindesteuern sind auf alle der Besteuerung unterworfenen Pflichtigen nach festen und gleichmäßigen Grundsätzen zu verteilen.

Handelt es sich um Veranstaltungen, welche in besonders hervorragendem oder geringem Maße einem Teile des Gemeindebezirks oder einer Klasse von Gemeindeangehörigen zustatten kommen, und werden Beiträge nach §§ 9 und 10 nicht erhoben, so kann die Gemeinde eine entsprechende Mehr- oder Minderbelastung dieses Teiles des Gemeindebezirks oder dieser Klasse von Gemeindeangehörigen beschließen. Bei der Abmessung der Mehr- und Minderleistung ist namentlich der zur Herstellung und Unterhaltung der Veranstaltungen erforderliche Bedarf nach Abzug des etwaigen Ertrages in Betracht zu ziehen. Der Beschluß bedarf der Genehmigung.

R. § 16. AH. Kom. HH.

1. Steuerbefreiungen oder Erleichterungen wie Ausdehnung der gesetzlichen Steuerbefreiungen sowie alle privaten Vereinbarungen zwischen Gemeinden und Pflichtigen sind ungültig. OVG. **34** S. 35, PVBl. XX S. 377. Wohl aber ist die Nichterhebung der veranlagten Abgabe im Einzelfalle als Akt billiger Rücksichtnahme auf die Belassung des notwendigen Unterhalts sowie als Maßnahme der öffentlichen Wohltätigkeit und sozialpolitischen Fürsorge (Vereinssubventionen in Form von Steuererlaß) statthaft. OVG. **42** S. 44, **44** S. 110, PVBl. XXV S. 435.

Direkte Zwecksteuern sind im Gegensatz zum alten Recht unzulässig, OVG. **46** S. 93, z. B. Einquartierungssteuer, OVG. PVBl. XXVIII S. 992, jedoch kann die Quartierlast nach dem Einkommen verteilt und die hiernach den einzelnen treffende Naturallast von der Gemeinde gegen Kostenerstattung durch den Pflichtigen übernommen werden. (Vgl. Ortsstatut Frankfurt a. M. v. $\frac{\text{27. Okt. 1874}}{\text{29. Okt. 1881}}$.) Im übrigen ist durch das oben (S. XXX u. XXXI) erwähnte Gesetz zur Deklarierung des KAG. nunmehr Sicherheit geschaffen, daß abgestufte Steuersätze und verschiedene Behandlung einzelner Grundstücksarten und Besitzgruppen nicht als gesetzlich unzulässig behandelt werden. Vgl. § 27 Abs. 1. Anders OVG. **47** S. 78 ff.

2. „Veranstaltungen“ vgl. § 4.

3. Diese Mehr- oder Minderbelastung war den Städten bisher fremd, während sie für die westfälischen, östlichen und schleswig-holsteinischen Landgemeinden, ebenso wie für die Kreise und Provinzen, schon früher Rechtens war; vgl. OVG. PVBl. XXIII S. 646.

4. Die Art der Mehr- oder Minderbelastung kann von der Gemeinde nach Lage der Sache beliebig — vorbehaltlich der Genehmigung — geregelt werden. Vgl. § 91 Abs. 3. — Die Bildung von Interessentenklassen — je nach dem größeren und geringeren Interesse — und die Zuweisung

an dieselben ist im Verwaltungsstreitverfahren nicht angreifbar. OVG. **5** S. 56. Wohl aber liegt dem Verwaltungsrichter die Prüfung der Gesetzmäßigkeit ob. Die Feststellung des Maßstabes für die Verteilung ist unerläßlich. OVG. PVBl. XX S. 440.

5. Die Kommunalsteuerbefreiungen (§§ 24, 28, 34 usw.) finden auch auf die Mehrbelastung Anwendung — im Gegensatz zu den Beiträgen (§ 9).

6. Mehrbelastung schließt Beiträge aus, nicht aber Gebühren.

7. Des Erlasses einer Steuerordnung bedarf es bei Mehr- oder Minderbelastung nicht. KAG. S. 327.

§ 21. Die auf besonderem Rechtstitel beruhenden Befreiungen einzelner Grundstücke von Gemeindesteuern bleiben in ihrem bisherigen Umfange fortbestehen. Die Gemeinden sind jedoch berechtigt, diese Befreiungen durch Zahlung des zwanzigfachen Jahreswertes derselben nach dem Durchschnitt der letzten drei Jahre vor dem 1. April desjenigen Rechnungsjahres, in welchem die Ablösung beschlossen wird, abzulösen. Steht ein anderer Entschädigungsmaßstab fest, so hat es hierbei sein Bewenden.

K. § 17.

1. AA. Art. 14. „Die besonderen Rechtstitel können privatrechtlicher (Vertrag, besondere Verleihung oder befreiende Verjährung) oder öffentlich-rechtlicher (von den Auseinandersetzungsbehörden bestätigte Rezesse, Abgabenverteilungspläne, Auseinandersetzungen bei Kommunalbezirksveränderungen usw.) Natur sein.“ Rechtsgültige Begründung der Befreiung ist in allen Fällen Voraussetzung. Über einzelne Fälle Noell zu § 21.

§ 22. Vorschriften, welche eine Befreiung von Gewerbesteuer in sich schließen, finden auf Gewerbe, welche nach Verkündigung dieses Gesetzes in Betrieb gesetzt werden, keine Anwendung.

Die Gemeinden sind berechtigt, die bestehenden Befreiungen durch Zahlung des 13⅓fachen Jahreswertes derselben nach dem Durchschnitt der letzten drei Jahre vor dem 1. April desjenigen Rechnungsjahres, in welchem die Ablösung beschlossen wird, abzulösen. Steht ein anderer Entschädigungsmaßstab fest, so hat es hierbei sein Bewenden.

AH. Kom. § 17a.

1. Diese von der Kom. des AH. hinzugefügten Bestimmungen beziehen sich lediglich auf die den Standesherren im vormaligen Kurfürstentum Hessen nach der Rechtsprechung des Oberverw.Ger. bislang zustehende Freiheit von kommunalen Gewerbesteuern. KomBer. S. 54. Vgl. übrigens § 40.

2. Die Verkündigung des KAG. ist am 28. Juli 1893 erfolgt.

§ 23. Die direkten Gemeindesteuern können vom Grundbesitz und Gewerbebetrieb (Realsteuern), sowie vom Einkommen der Steuerpflichtigen (Einkommensteuer) erhoben werden.

Die Einkommensteuer kann zum Teil durch Aufwandssteuern ersetzt werden. Aufwandssteuern dürfen grundsätzlich die geringeren Einkommen nicht verhältnismäßig höher als die größeren belasten.

Miets- und Wohnungssteuern dürfen nicht neu eingeführt werden.

Die bestehenden Miets- und Wohnungssteuern sind auf ihre Übereinstimmung mit den vorstehenden Besteuerungsgrundsätzen und den sonstigen Bestimmungen dieses Gesetzes zu prüfen. Sie bedürfen erneuter, an die

Zustimmung der Minister des Innern und der Finanzen gebundener Genehmigung und treten außer Kraft, wenn die Genehmigung nicht bis zum 1. April 1898 erfolgt ist.

Die Einführung neuer und die Veränderung bestehender direkter Gemeindesteuern, welche nicht in Prozenten der vom Staate veranlagten Steuern erhoben werden, kann nur durch Steuerordnungen erfolgen.

Die Steuerordnungen bedürfen der Genehmigung.

R. § 18. AH. Kom. Pl. II und III.

1. Zu den „Aufwandsteuern" gehören nicht die sog. Luxussteuern, wie Pferdesteuern, Steuern von Wappen usw., sondern nur solche Aufwandsteuern, bei denen die Absicht besteht, das Einkommen zu treffen, bei denen diese Absicht aber nicht unmittelbar erreicht wird, sondern mittelbar dadurch, daß eine Schätzung des Einkommens nach einem besonderen Maßstab, nämlich nach dem Aufwand für bestimmte Bedürfnisse, vorgenommen wird. HH. KomBer. S. 17. — Es ist freilich unklar, welche Steuern — außer Mietssteuern — unter diesen Begriff fallen.

2. Die Frage der Mietssteuer hat im AH. zu eingehenden Verhandlungen geführt. Der R. hatte auch die Neueinführung von Mietssteuern für zulässig erklärt. Vgl. Einleitung S. XXII und KAG. S. 175, 332.

3. Über Heranziehung des Fiskus und juristischer Personen zur Wohnungssteuer für Räumlichkeiten, die sie zur Erfüllung ihrer öffentlichen und gemeinnützigen Zwecke verwenden, vgl. OVG. PVBl. XX S. 533.

II. Besondere Bestimmungen.

1. Realsteuern.

a) Vom Grundbesitz.

§ 24. Den Steuern vom Grundbesitz sind die in der Gemeinde belegenen bebauten und unbebauten Grundstücke unterworfen, mit Ausnahme

a) der königlichen Schlösser, einschließlich der zugehörigen Nebengebäude, Hofräume und Gärten;

b) der einem fremden Staate gehörigen Grundstücke, auf denen Botschafts- oder Gesandtschaftsgebäude errichtet sind, einschließlich der auf ihnen errichteten Gebäude, sofern von dem fremden Staate Gegenseitigkeit gewährt wird;

c) der dem Staate, den Provinzen, den Kreisen, den Gemeinden oder sonstigen kommunalen Verbänden gehörigen Grundstücke und Gebäude, sofern sie zu einem öffentlichen Dienste oder Gebrauche bestimmt sind;

d) der Brücken, Kunststraßen, Schienenwege der Eisenbahnen, sowie der schiffbaren Kanäle, welche mit Genehmigung des Staates zum öffentlichen Gebrauche angelegt sind;

e) der Deichanlagen der Deichverbände und der im öffentlichen Interesse staatlich unter Schau gestellten Privatdeiche, sowie der im öffentlichen Interesse unterhaltenen Anlagen der Ent- und Bewässerungsverbände;

f) der Universitäts- und anderen zum öffentlichen Unterrichte bestimmten Gebäude;

g) der Kirchen, Kapellen und anderen dem öffentlichen Gottesdienste gewidmeten Gebäude, sowie der gottesdienstlichen Gebäude der mit Korporationsrechten versehenen Religionsgesellschaften;

h) der Armen-, Waisen- und öffentlichen Krankenhäuser, der Gefängnis-, Besserungs-, Bewahr- und derjenigen Wohltätigkeitsanstalten, welche die Bewahrung vor Schutzlosigkeit oder sittlicher Gefahr bezwecken

(Mägdehäuser und dergleichen), sowie der Gebäude, welche milden Stiftungen angehören und für deren Zwecke unmittelbar benutzt werden; durch Gemeindebeschluß können auch anderweitige Gebäude solcher milden Stiftungen, welche nicht bloß zugunsten bestimmter Personen und Familien bestehen, freigelassen werden;

i) der Grundstücke der unter f, g, h aufgeführten Anstalten und Körperschaften, soweit die Grundstücke für deren Zwecke unmittelbar benutzt werden;

k) der Dienstgrundstücke und Dienstwohnungen der Geistlichen, Kirchendiener und Volksschullehrer, soweit ihnen bisher Steuerfreiheit zugestanden hat.

Alle sonstigen, nicht auf einem besonderen Rechtstitel beruhenden Befreiungen (§ 21), insbesondere auch diejenigen der Dienstgrundstücke und Dienstwohnungen der Beamten, sind aufgehoben.

Ist ein Grundstück oder Gebäude nur teilweise zu einem öffentlichen Dienste oder Gebrauche bestimmt, so bezieht sich die Befreiung nur auf diesen Teil.

Die Bestimmungen der Kabinettsorder vom 8. Juni 1834 (Gesetzsamml. S. 87) bleiben in Geltung und werden auf diejenigen Gemeinden ausgedehnt, in welchen dieselben noch nicht in Geltung sind.

R. § 19. AH. Kom. Pl. III. HH. red.

1. Die Steuerpflicht betrifft die Grundstücke; unerheblich ist, wer Eigentümer ist. Die Grundstücke von Vereinen und Gesellschaften aller Art, einerlei, ob letztere einkommensteuerpflichtig sind, unterliegen daher derselben Steuerpflicht. KAG. S. 333. Nur der jeweilige Eigentümer kann zur Zahlung der Steuer vom Grundbesitz von der Gemeinde verpflichtet werden, nicht aber Pächter und Mieter, ebensowenig

der Nießbraucher und Erbbauberechtigte. OVG. **41** S. 88, **47** S. 153, PVBl. XXII S. 10, XXIII S. 694, XXVI S. 522.

2. Grundstücke und Gebäude des Reiches sind in gleicher Weise steuerpflichtig bzw. befreit wie die im Eigentum des einzelnen Staates befindlichen gleichartigen Gegenstände. Reichsgeſ. v. 25. Mai 1873 § 1. AA. Art. 16.

3. Die Befreiungen entsprechen im wesentlichen dem in den alten Provinzen und für die Kreise geltenden Recht, während in der Provinz Hannover bislang Befreiungen der Provinz, der milden Stiftungen, der Krankenhäuser usw. nicht bestanden.

4. zu c. „Die Bestimmung zu einem öffentlichen Dienste oder Gebrauche . . . muß eine unmittelbare sein. OVG. **48** S. 79. Grundstücke und Gebäude, welche nur mittelbar dem öffentlichen Dienste und Gebrauche oder welche zu Erwerbszwecken dienen, namentlich die Dienstgrundstücke und Dienstwohnungen der Beamten, genießen die Befreiung nicht." AA. Art. 16. Ebensowenig Grundstücke, welche bloß für einen öffentlichen Dienst oder Gebrauch in Aussicht genommen sind. OVG. PVBl. XXIV S. 214. — Die Gebäude der Rhein. Prov.-Feuersozietät, der landschaftlichen Kreditverbände, der Invaliditäts- u. Altersversicherungsanstalten gehören nicht den Provinzen und sind nicht befreit. OVG. PVBl. XVIII S. 107, XX S. 214; **33** S. 46. Auch sog. Privatstraßen fallen unter c, solange sie, wenn auch nur widerruflich, dem öffentlichen Verkehr freigegeben sind. OVG. PVBl. XXXI S. 227.

5. zu d. Bahnhofsgebäude, Güterschuppen, Aufenthaltsräume der Bahnbediensteten und sonstige dem Gewerbebetriebe dienende Gebäude der Staatseisenbahnverwaltung sind nicht befreit, OVG. **2** S. 129, **4** S. 11; wohl aber die nicht unmittelbar dem Transportgewerbe dienenden Diensträume der leitenden und beaufsichtigenden Eisenbahnbehörden des Staates, wie Amtszimmer der Eisenbahndirektionen und Inspektionen OVG. PVBl. XIX S. 390, OVG. **48** S. 79, 88, PVBl.

XXVIII S. 550, XXIX S. 871. Die Tätigkeit der Reichspost ist dagegen in allen ihren Teilen ein öffentlicher Dienst OVG. PVBl. XXXII S. 26. — Die Schienenwege von Kleinbahnen fallen nicht unter diese Befreiung. KAG. S. 365, 366. Vgl. § 46 Abs. 2. AM. Noell-Freund, Anm. 16 zu § 24.

6. zu g. Als dem öffentlichen Gottesdienst gewidmet sind nur die gottesdienstlichen Gebäude der evangelischen und der römisch-katholischen Kirche zu verstehen. OVG. **19** S. 97. — Korporationsrechte haben (nach Noell A. 22 zu § 24) zurzeit: die Lutheraner und die reformierte niederländische Konfession, die Herrenhuter und Böhmischen Brüder, die Synagogengemeinden, die Mennoniten und die Baptistengemeinden.

7. zu h. Diese Gesetzesstelle bezieht sich lediglich auf Gebäude, nicht auf Liegenschaften (vgl. lit. i). Die in Rede stehenden Armen-, Waisen- und öffentlichen Krankenhäuser, Gefängnis-, Besserungs-, Bewahr- und diejenigen Wohltätigkeitsanstalten, welche die Bewahrung vor Schutzlosigkeit oder sittlicher Gefahr bezwecken, sind wegen ihres gemeinnützigen Zweckes steuerfrei, ohne daß zwischen unmittelbarer oder mittelbarer Benutzung der Gebäude für die Zwecke der Anstalt unterschieden würde.

Die nicht öffentlichen Krankenhäuser unterliegen stets der Steuerpflicht. Die Forderung eines Entgeltes für Aufnahme und Verpflegung schließt im allgemeinen den Charakter der Öffentlichkeit aus. Wenn aber ein Krankenhaus in überwiegendem Maße für die unentgeltliche Aufnahme Unbemittelter bestimmt ist, so wird ihm durch die Forderung einer Vergütung gegenüber bemittelten Personen der Charakter der Öffentlichkeit nicht benommen. OVG. **44** S. 169.

Die unter h ferner aufgeführten Gebäude milder Stiftungen (mit selbständiger Rechtspersönlichkeit) genießen, falls die Gemeinden nicht etwa gemäß der Schlußbestimmung eine weitere Ausdehnung beschließen, nur insoweit Steuerbefreiung, als sie für die Zwecke der Stiftung unmittelbar benutzt werden. Es scheiden somit diejenigen Gebäude aus, deren Ertrag zwar zur Förderung der Zwecke der Stiftung bestimmt ist, die jedoch dem Stiftungszwecke nicht unmittelbar dienen, sondern beispielsweise zu gewerblichen Zwecken verwandt oder vermietet werden usw. Dagegen findet die Befreiung, wenn nur im übrigen die Voraussetzung des Gesetzes zutrifft, auf die Gebäude der Stiftung ohne Unterschied der Art ihrer Benutzung Anwendung; beispielsweise auch auf Ökonomiegebäude. AA. Art. 16 Nr. 1b. Über den Begriff „milde Stiftung" vgl. OVG. **32** S. 165, **34** S. 110, **43** S. 71, **40** S. 195, **51** S. 112.

8. Die Grundstücke des hannoverschen Klosterfonds genießen keine Steuerfreiheit, soweit sie ohne Zusammenhang mit einer der unter f, g, h gedachten Anstalten lediglich dem Klosterfonds als solchem Einnahmen gewähren (Domänen, Forsten usw.), HH. KomBer. S. 18; ebensowenig verpachtete Kirchengrundstücke OVG. PVBl. XVIII S. 133.

9. zu i. Der Ausdruck „Grundstück" umfaßt auch Gebäude. OVG. **30** S. 61.

10. zu k. Befreiung gilt nicht für Lehrer an Lehrerbildungsanstalten. OVG. **30** S. 53.

11. Die den Beamten für Repräsentationszwecke überwiesenen Räume (Säle und Zubehör) sind steuerfrei. ME. v. 13. Juni 1895. PVBl. XVI S. 471. OVG. **30** S. 81. Gärten nicht. Desgleichen sind Dienstwohnungen von Beamten befreit, wenn sie unmittelbar für die Zwecke der unter f, g, h aufgeführten Anstalten und Körperschaften benutzt werden. OVG. **48** S. 84, **55** S. 17; PVBl. XXXII S. 104. OVG. PVBl. XXI S. 388. Vgl. im übrigen über Dienstwohnungen OVG. **30** S. 81, **36** S. 79; PVBl. XX S. 480; speziell der Militärpersonen OVG. **30** S. 81, **36** S. 79; PVBl. XVIII S. 134, XXVIII S. 768, 786.

12. Diese Befreiungen greifen auch in den Fällen einer Vorausbelastung in Gemäßheit von § 20 Abs. 2 Platz, nicht aber bei Gebühren und Beiträgen. (§§ 4, 9, 10.) HH. KomBer. S. 18. Vgl. auch § 34.

13. Die KabO. v. 8. Juni 1834 bestimmt, daß „bei neuen Erwerbungen zu öffentlichen oder gemeinnützigen Zwecken die Realverpflichtungen, die vermöge des Kommunalverbandes vor der Erwerbung geleistet worden sind, ferner davon geleistet werden (sollen) . . . . . auch sollen die Verpflichtungen des Fiskus oder der betreffenden Anstalt auf die Erwerbung von Gebäuden beschränkt und nicht auf Grundstücke bezogen werden, welche nicht mit Gebäuden besetzt sind, wie beispielsweise bei der Anlage von Festungswerken, Chausseen usw.".

§ 25. Den Gemeinden ist die Einführung besonderer Steuern vom Grundbesitz gestattet.

Die Umlegung kann insbesondere erfolgen nach dem Reinertrage bzw. Nutzungswerte eines oder mehrerer Jahre, nach dem Pacht- bzw. Mietswerte oder dem gemeinen Werte der Grundstücke und Gebäude, nach den in der Gemeinde stattfindenden Abstufungen des Grundbesitzes oder nach einer Verbindung mehrerer dieser Maßstäbe.

R. § 20. AH. Kom.

1. Ausführliche Erörterungen über besondere Grundbesitzsteuern in Adickes, Studien S. 44—109, 113—119. Vgl. oben S. XXVIII—XXX.

2. „Nach der bestehenden Grundsteuerverfassung (Grundsteuergesetz und Gebäudesteuergesetz, beide v. 21. Mai 1861) bildet nicht der wirkliche Ertrag, sondern die nach rein objektiven Rücksichten festgestellte Ertragsfähigkeit der Liegenschaften die Grundlage und den Maßstab der Steuerbemessung. Die hiernach umgelegten Grundsteuer-

beträge sind unveränderlich. Die Gebäudesteuer wird nach dem jährlichen Nutzungswerte bemessen. Der Nutzungswert bestimmt sich vorwiegend nach dem unter Zugrundelegung eines rückwärts liegenden zehnjährigen Zeitraumes gefundenen mittleren jährlichen Mietswerte. Die Veranlagung der Gebäudesteuer wird alle 15 Jahre einer Revision unterzogen. Die Grundlage und den Maßstab der Besteuerung bildet also regelmäßig der Mietswert, welcher nach den durchschnittlichen Ergebnissen eines rückwärts liegenden Zeitraums von 10 bis 25 Jahren ermittelt ist. Aus dem Vorstehenden ergeben sich die Bedenken, welche einer Benutzung der staatlich veranlagten Grund- und Gebäudesteuer für die Zwecke der kommunalen Besteuerung durch Erhebung von Zuschlägen zwar nicht unbedingt entgegenstehen, indessen gleichwohl geeignet sind, den Wert einer solchen Verwendung unter Umständen mehr oder minder zu beeinträchtigen.

Das Gesetz hat den Gemeinden deshalb die Einführung besonderer Steuern vom Grundbesitz gestattet, und es geht, wie schon die äußere Anordnung des Stoffes in den §§ 25 und 26 erkennen läßt, davon aus, daß die kommunale Besteuerung des Grundbesitzes in erster Linie mittels der Einführung besonderer Steuern zu erfolgen habe." AA. Art. 17.

3. Ein Muster zu einer Grundsteuerordnung auf Grundlage des Nutzungswertes in AA. — Durch ME. vom 2. Okt. 1899 (MBl. S. 160, PVBl. XXI S. 47) ist ein neues Muster eingeführt für eine Grundsteuer nach dem gemeinen Wert auf Grund von sozialpolitischen Erwägungen. Vgl. ME. v. 6. April 1901 (MBl. S. 129) PVBl. XXII Beilage S. 149. Grundsteuern lediglich nach dem gemeinen Wert sind z. B. in Charlottenburg (PVBl. XVI S. 176) und neuerdings in vielen anderen Orten eingeführt. Vgl. hierüber ME. v. 21. Mai 1904 nebst Denkschrift, Statistik usw. (MBl. S. 149). — In Frankfurt a. M. werden Gebäude nach dem Ertrage des letzten Jahres, un-

bebaute Grundstücke nach dem gemeinen Wert besteuert (Haus- und Landsteuer). Vgl. OVG. **33** S. 205, **47** S. 78, 81. — Über die Zulässigkeit abgestufter Steuersätze und einer verschiedenen Behandlung einzelner Grundstücksarten und Besitzgruppen vgl. A. 1 zu § 20 und A. 1 zu § 27.

4. Zu besteuern ist nur der Grundbesitz selbst, nicht damit verbundene Rechte (wie Apothekerprivilegien) oder Einrichtungen (Triebwerke, Maschinen usw.), auch nicht das Bergwerkseigentum. Vgl. OVG. **18** S. 16, **34** S. 49. PVBl. XIX S. 469, XXVII S. 627.

5. Der gemeine Wert ist der allgemeine, objektive Wert, den ein Grundstück beim Verkaufe hat, nicht der Ertragswert. Vgl. OVG. **32** S. 156. PVBl. XX S. 190, 430, XXI S. 301, 600, XXII S. 265, 336, 345, 623, XXIII S. 610, XXIV S. 98, 210, XXX S. 405. Nach Ergänzungssteuergesetz § 11 in der Fassung der Novelle vom 26. Mai 1909 (Gesetzsamml. S. 349) soll indes bei dauernd zu land- oder forstwirtschaftlichen Zwecken bestimmten Grundstücken der Ertragswert (bzw. das Fünfundzwanzigfache des Reinertrags) als gemeiner Wert gelten, was nach einem Beschluß des AH. v. 5. März 1907 (StBAH. 1907 S. 1935 bis 1942) auch für die Wertsteuern der Gemeinden Anwendung finden soll; vgl. Noell-Freund, Anm. 4 zu § 25 und § 8 Kreis- und Provinzialabgabenges. Anh. S. 172. Nach OVG. v. 5. Nov. 1909, PVBl. XXX S. 829 ist das gesamte Verfahren der Veranlagung rechtsungültig, und es kann deshalb jede Einzelveranlagung angefochten werden, wenn bei einer einheitlichen Grundwertsteuer für bebaute und unbebaute Grundstücke erstere nach dem Ertrags-, letztere nach dem gemeinen Wert eingeschätzt werden. — Die Feststellungen der Staatssteuerbehörden bei der Ergänzungssteuer usw. sind für die Entscheidung im Verwaltungsstreitverfahren nicht maßgebend, obwohl nach vorstehendem der Begriff in beiden zugrunde liegenden Gesetzen derselbe ist.

PVBl. XXII S. 623. Einen gemeinen Wert kann nur das Grundstück oder Gebäude als Ganzes haben, nicht einzelne Räume eines Gebäudes; OVG. PVBl. XXVII S. 505; für die Fälle des § 24 Abs. 3 dürfte darum in Gemeinden mit Steuern nach dem gemeinen Wert ein von der allgemeinen Bestimmung abweichender Maßstab (z. B. Nutzungswert) zulässig sein.

§ 26. Sind besondere Steuern vom Grundbesitz nicht eingeführt, so erfolgt die Besteuerung in Prozenten der vom Staate veranlagten Grund- und Gebäudesteuern.

Die auf Grund der Einlegung von Rechtsmitteln erfolgte Erhöhung oder Ermäßigung der veranlagten Steuer zieht die entsprechende Abänderung der Veranlagung zur Gemeindesteuer nach sich.

Die Veranlagung hat sich auf sämtliche Grundstücke und Gebäude zu erstrecken, welche der Gemeindebesteuerung unterliegen (§§ 3, 4 des Gesetzes wegen Aufhebung direkter Staatssteuern).

Die Besteuerung neuerbauter oder vom Grunde aus wieder aufgebauter Gebäude sowie die Steuererhöhung infolge von Verbesserungen der Gebäude beginnt mit dem Ablaufe des Rechnungsjahres, in welchem die Bewohnbarkeit oder Nutzbarkeit eingetreten oder die Verbesserung vollendet ist.

R. § 21. AH. Kom.

1. Eine besondere Steuer vom Grundbesitz kann auch etwa nur für bestimmte Teile (Kategorien) des Grundbesitzes in der Gemeinde eingeführt werden, während im übrigen Zuschläge zu den staatlich veranlagten Sätzen zur Erhebung gelangen. Vgl. Noell-Freund, A. 2 zu § 26 und unten A. 2 zu § 29.

2. Das Gesetz wegen Aufhebung direkter Staatssteuern, s. Abschn. II.

3. Die nach dem Gesetz v. 21. Mai 1861 (§ 19 Nr. 1 u. 2) den neuerbauten usw. Häusern gewährte zweijährige Steuerfreiheit ist durch Abs. 4 aufgehoben. Vgl. OVG. PVBl. XXIX S. 202, XXX S. 424.

§ 27. Die Steuern vom Grundbesitz sind nach gleichen Normen und Sätzen zu verteilen.

Liegenschaften, welche durch die Festsetzung von Baufluchtlinien in ihrem Werte erhöht worden sind (Bauplätze), können nach Maßgabe dieses höheren Wertes zu einer höheren Steuer als die übrigen Liegenschaften herangezogen werden. Diese Besteuerung muß durch Steuerordnung geregelt werden.

R. § 22. AH. Kom.

1. „Der Maßstab der Veranlagung muß somit für alle Grundstücke derselbe sein, und unter im übrigen gleichen Voraussetzungen ist von jedem Grundstücke derselbe Steuersatz zu erheben." AA. Art. 18. Hiernach sollen nur individuelle Verschiedenheiten der Besteuerung, nicht auch solche, die auf allgemein anwendbaren Merkmalen beruhen, ausgeschlossen werden. Diese bisher vom OVG. nicht anerkannte Auslegung des Abs. 1 ist nunmehr durch das Deklarationsgesetz v. 24. Juli 1906 sichergestellt worden. Vgl. oben S. XXX u. XXXI die Begründung des letzteren Gesetzes (Drucks. des HH. 1905/06 Nr. 84). Durch das Deklarationsgesetz haben auch alle bisherigen Steuerordnungen mit verschiedenen Normen oder Sätzen für einzelne Grundstücksarten oder Besitzgruppen Rechtsgültigkeit erlangt. Das OVG. hatte indes durch Entsch. v. 17. Jan. 1908 II 108, PVBl. XXXI S. 10 die Frankfurter Haussteuerordnung für ungültig erklärt, weil die damalige Fassung „Geschäftsräume, deren Inhaber nicht der Gewerbesteuer unterliegen", wie Wohnungen behandelte. In der neuen, dem Sinne nach gleichen Fassung, nach welcher „Geschäftsräume wie Wohnungen behandelt werden, wenn

ſie nicht ausſchließlich für gewerbeſteuerpflichtige Betriebe benutzt werden", iſt die Ordnung durch Entſch. v. 16. Febr. 1909, Bd. 47 S. 78, und zwei Entſchn. v. 8. Nov. 1910 VIII C 77 und 78 10 für gültig erklärt worden. Unter Grundſtücksart und Beſitzgruppe im Sinne des Deklarationsgeſetzes iſt nach eben zit. Entſch. C 78 zu verſtehen „ein nach objektiven Merkmalen beſtimmter Teil der im Gemeindebezirk belegenen Grundſtücke". Daher ſoll eine Abſtufung der Steuerſätze nach anderen Merkmalen der Grundſtücke, insbeſondere nach ſolchen, die der Perſon des Grundſtückseigentümers oder Beſitzers entnommen ſind, unzuläſſig ſein. Hiermit ſcheint ein weſentlicher geſetzgeberiſcher Zweck der Novelle, der offenbar durch den Ausdruck „Beſitzgruppe" verfolgt werden ſollte — z. B. Privilegierung gemeinnütziger Berggeſellſchaften — wieder vereitelt zu werden. Vgl. A. 1 zu § 20 und A. 3 a. E. zu § 25.

2. „Von der Durchführung dieſer Grundſätze darf nur in einem Falle abgeſehen werden. Das Geſetz geſtattet, Liegenſchaften, welche durch die Feſtſetzung von Baufluchtlinien in ihrem Werte erhöht worden ſind (Bauplätze), nach Maßgabe dieſes höheren Wertes zu einer höheren Steuer als die übrigen Liegenſchaften heranzuziehen.

1. Die Ausnahmebeſtimmung betrifft nur Liegenſchaften, d. h. unbebaute Grundſtücke oder Grundſtücksteile.
2. Sie hat die Feſtſetzung von Baufluchtlinien, und zwar regelmäßig nach Maßgabe des Geſetzes vom 2. Juli 1875 (GS. S. 561) zur Vorausſetzung. Dagegen erſtreckt ſie ſich nicht auf die an den älteren, ſog. hiſtoriſchen Straßen belegenen Grundſtücke.
3. Es iſt nicht unbedingt erforderlich, daß die Straßen oder Straßenteile, für welche die Baufluchtlinien feſtgeſetzt ſind, gemäß den baupolizeilichen Beſtimmungen des Orts für den öffentlichen Verkehr und den Anbau bereits fertiggeſtellt ſind. Indeſſen wird die Erhebung einer Bauplatzſteuer nur dann in Betracht zu ziehen

sein, wenn eine Abänderung der Baufluchtlinien voraussichtlich nicht weiter zu erwarten steht.

4. Die Bauplatzbesteuerung beschränkt sich nicht auf solche Grundstücke, welche unmittelbar an eine Baufluchtlinie angrenzen; es genügt, daß durch die Festsetzung von Baufluchtlinien eine Werterhöhung stattgefunden hat. Hiernach wird durch sog. Masken und sonstige zwischenliegende Grundstücke die Zulässigkeit der Besteuerung nicht ausgeschlossen.

Sofern die Werterhöhung nicht eine Folge der Festsetzung von Baufluchtlinien, sondern ein Ergebnis anderer Ursachen ist, erscheint die Besteuerung nicht statthaft." AA. Art. 18. Nur die nach Maßgabe des Ges. v. 2. Juli 1875 festgestellten Baufluchtlinien kommen in Betracht. OVG. **30** S. 67, **38** S. 109, **43** S. 44.

3. Die Bauplatzsteuer hat sich in der hier gegebenen Gestaltung als kaum durchführbar erwiesen. Vgl. oben S. XXVIII und Studien S. 75—88. — In Berlin hat sie, wie auch in anderen Gemeinden, wieder aufgehoben werden müssen. PVBl. XVIII S. 289, XXI S. 47, XXVII S. 603 ff.

b) Vom Gewerbebetrieb.

§ 28. Den Gewerbesteuern unterliegen in den Gemeinden, in denen der Betrieb stattfindet,

1. die nach dem Gewerbesteuergesetz vom 24. Juni 1891 (Gesetzsammlung S. 205) zu veranlagenden stehenden Gewerbe;
2. die landwirtschaftlichen Branntweinbrennereien;
3. der Bergbau;
4. die gewerbsmäßige Gewinnung von Bernstein, Ausbeutung von Torfstichen, von Sand-, Kies-, Lehm-, Mergel-, Ton- und dergleichen Gruben, von Stein-, Schiefer-, Kalk-, Kreide- und dergleichen Brüchen;

5. die Gewerbebetriebe kommunaler und anderer öffentlicher Verbände;
6. die Gewerbebetriebe des Staates und der Reichsbank.

Diejenigen zu Nr. 2 bis 6 bezeichneten Betriebe, bei denen weder der jährliche Ertrag 1500 Mark, noch das Anlage- und Betriebskapital 3000 Mark erreicht, ingleichen die nach § 3 Nr. 4 des Gewerbesteuergesetzes v. 24. Juni 1891 steuerfreien Gewerbebetriebe der Kommunalverbände bleiben von der Gewerbesteuer befreit. Auf die Betriebssteuer findet diese Bestimmung keine Anwendung.

Der Betrieb der Staatseisenbahnen und der der Eisenbahnabgabe unterliegenden Privateisenbahnen ist gewerbesteuerfrei.

Der Gewerbebetrieb im Umherziehen ist der Gewerbesteuer in den Gemeinden nicht unterworfen.

R. § 23. AH. Kom. Pl.

1. Die unter Ziff. 2 bis 6 aufgeführten Gewerbebetriebe waren zur staatlichen Gewerbesteuer bisher nicht herangezogen; die Reichsbank ist durch § 21 des Reichsbankgesetzes vom 14. März 1875 von staatlichen Gewerbesteuern befreit.

2. Nach § 3 Nr. 4 des GStG. v. 24. Juni 1891 sind insbesondere befreit: Sparkassen, Landeskreditkassen, Landeskulturrentenbanken, Hilfs- und Darlehnskassen, Kanalisations- und Wasserwerke, letztere jedoch nur, soweit sich der Betrieb auf den Bezirk der unternehmenden Gemeinde beschränkt, Schlachthäuser und Viehhöfe, Markthallen, Volksbäder, Pfandhäuser. Die Steuerfreiheit anderer Geld- und Kreditanstalten der Kommunalverbände hängt davon ab, ob die Anstalt in erster Linie auf Beförderung der öffentlichen Wohlfahrt gerichtet ist und die Erzielung von Gewinn nur als Neben-

zweck erfolgt. — Der Finanzminister kann auch anderen im öffentlichen Interesse unternommenen Betrieben Steuerfreiheit von den Prozenten der staatlich veranlagten Gewerbesteuer gewähren, einerlei, ob sie von Kommunalverbänden oder von Vereinen, Korporationen oder Privaten erfolgt (Volksküchen, Bibliotheken usw.). AA. Art. 19, 2. Nach § 5 a. a. O. sind auch befreit: Vereine, eingetragene Genossenschaften usw., wenn sie satzungsgemäß und tatsächlich ihren Verkehr auf ihre Mitglieder beschränken und keinen Gewinn unter die Mitglieder verteilen, OVG. 49 S. 61; steuerpflichtig dagegen Konsumvereine mit offenem Laden sowie Konsumanstalten, die von gewerblichen Unternehmern im Nebenbetrieb unterhalten werden. Vgl. § 33 Anm. 8. Vgl. auch Ausf.Anw. z. GStG. v. 4. Nov. 1895 Art. 4—10.

3. Die Gewerbebetriebe des Reiches können nach Lage der Reichsgesetzgebung, welche kommunale Gewerbesteuern noch nicht für zulässig erklärt hat, nicht besteuert werden. (Mot.)

4. Zu § 28 Abs. 1 Nr. 5 und Abs. 2 Satz 2. Nach der Begründung zu § 3 Nr. 3ff. des GStG. sollen die kommunalen Unternehmungen besteuert werden, welche vorzugsweise die Erzielung eines Erwerbs bezwecken, wenn sie daneben auch öffentlichen oder gemeinnützigen Zwecken dienen, z. B. Gasanstalten, Elektrizitätswerke, Kleinbahnen. (Vgl. auch Anm. 8.) Dagegen sollen befreit bleiben Veranstaltungen, welche an erster Stelle auf die Beförderung der öffentlichen Wohlfahrt oder des gemeinen Nutzens gerichtet sind und die Erzielung eines Erwerbs nur als Nebenzweck verfolgen. Letztere sind in Nr. 3 und Nr. 4 des § 3 GStG. aufgeführt. Da aber von diesen beiden Gesetzesstellen nur Nr. 4 durch § 28 Abs. 2 in Bezug genommen wird, so ist bestritten, ob die Betriebe der Nr. 3 a. a. O., nämlich landschaftliche Kreditverbände und öffentliche Versicherungsanstalten steuerfrei sind. Bejaht wird die Frage von Noell-Freund, Anm. 7 zu § 7 und von Strutz, Komm. z. S. 87 Anm. 8, welche demgemäß

den § 28 Nr. 5 überhaupt für gegenſtandslos halten; verneint dagegen von Schoen, Recht der Kommunalverbände in Preußen S. 280.

5. Zum Betrieb der Eiſenbahnen gehören auch die Werkſtätten. AH. Kom. Ber.

6. Kleinbahnen unterliegen der Gewerbeſteuer (Geſ. v. 28. Juli 1892, § 40), auch kommunale, ſoweit ihnen nicht gemäß § 3 Abſ. 2 GStG. Steuerfreiheit zuerkannt iſt.

7. Für die Anwendbarkeit des Abſ. 2 Satz 1 iſt der geſamte in Preußen (nicht bloß der in der Gemeinde) erzielte Ertrag bzw. das dort angelegte Kapital entſcheidend. OVG. 41 S. 95.

§ 29. Den Gemeinden iſt die Einführung beſonderer Gewerbeſteuern geſtattet.

Die Gewerbeſteuern können namentlich bemeſſen werden nach dem Ertrage des letzten Jahres oder einer Reihe von Jahren, nach dem Werte des Anlagekapitals oder des Anlage- und Betriebskapitals, nach ſonſtigen Merkmalen für den Umfang des Betriebes oder nach einer Verbindung mehrerer dieſer Maßſtäbe.

R. § 24. AH. Kom.

1. Für die ſubjektive Steuerpflicht iſt auch bei beſonderen Gewerbeſteuern der § 28 entſcheidend. Steuerfrei ſind alſo insbeſondere Land- und Forſtwirtſchaft, Jagd, die Ausübung eines amtlichen Berufes, der Kunſt, des Berufes als Arzt, Rechtsanwalt uſw. Vgl. GStG. v. 24. Juni 1891.

2. Ein Gewerbebetrieb darf nicht zugleich nach einer beſonderen Gewerbeſteuerordnung und mit Prozenten der ſtaatlich veranlagten Gewerbeſteuer betroffen werden. Wohl aber kann ſachlich dasſelbe erreicht werden, wenn die beſondere kommunale Ordnung den Maßſtab der ſtaatlichen Veranlagung mit einem anderen Maßſtab (z. B. in Frankfurt a. M. mit dem Mietwert der Gewerbelokale) kombiniert, wobei auch

gleichzeitig die staatliche Veranlagung (z. B. durch Abstufung der Prozente in den verschiedenen Klassen, Abzug des Mietwertes eigener Lokale vom Ertrag usw.) modifiziert werden kann. Ebenso kann ein Teil der Gewerbebetriebe (z. B. Klasse I u. II) einer besonderen Gewerbesteuer, der andere aber der staatlich veranlagten Gewerbesteuer unterworfen werden. AA. Art. 20, 1, OVG. **34** S. 53, **39** S. 71, 144, **49** S. 68. Vgl. A. 1 zu § 26.

3. Ein Muster zu einer Gewerbesteuerordnung im ME. v. 27. Nov. 1894 (PVBl. XVI S. 157). — Zwei neue Muster, in denen die Beschäftigung einer größeren Zahl von Arbeitern und ein besonders hoher Mietwert der gewerblich benutzten Räume für die Bemessung der Steuer mit verwertet ist, sind durch ME. v. 21. Juni 1897 (MBl. S. 150 ff.) mitgeteilt. Vgl. PVBl. XVI S. 157, XVII S. 181, 348. Die neueren Grundsätze sind im ME. v. 22. Nov. 1905 (MBl. S. 203) aufgestellt; vgl. hierzu PVBl. XXVII S. 243 ff.

4. Sogenannte Filialsteuern, d. h. stärkere Besteuerungen von Verkaufsstellen, deren Inhaber auswärts ihren Wohnsitz und ihre Hauptniederlassung haben, sind, weil die Differenzierung nicht nach objektiven, sondern persönlichen Merkmalen erfolgt, nach OVG. **52** S. 149 PVBl. XXIX S. 562 unzulässig; nach ME. v. 6. Juli 1908 (MBl. S. 159) sollen sie allgemein ausgeschlossen bleiben, auch wenn ein nicht persönlicher Maßstab der Differenzierung gewählt wird.

§ 30. Sind besondere Gewerbesteuern nicht eingeführt, so erfolgt die Besteuerung in Prozenten der vom Staate veranlagten Gewerbesteuer.

Die auf Grund der Einlegung von Rechtsmitteln erfolgte Erhöhung oder Ermäßigung der veranlagten Gewerbesteuer zieht die entsprechende Abänderung der Veranlagung zur Gemeindesteuer nach sich.

Die Veranlagung hat sich auf sämtliche Gewerbebetriebe, einschließlich des Bergbaues, zu erstrecken, welche der Gemeindebesteuerung unterliegen (§§ 3, 4 des Gesetzes wegen Aufhebung direkter Staatssteuern).

R. § 24. AH. Kom.

1. Vgl. Anm. 2 zu § 29.

§ 31. Eine verschiedene Abstufung der Gewerbesteuersätze und Prozente ist zulässig:

1. wenn die einzelnen Gewerbearten in verschiedenem Maße von den Veranstaltungen der Gemeinde Vorteil ziehen oder der Gemeinde Kosten verursachen, und soweit die Ausgleichung nicht nach §§ 4, 9, 10 oder 20 erfolgt;
2. wenn die gewerblichen Gebäude in stärkerem Verhältnis zur Gebäudesteuer herangezogen werden, als es auf Grundlage der staatlichen Gebäudesteuer der Fall sein würde, oder wenn die gewerblich benutzten Räume einer Mietssteuer unterliegen.

Die verschiedene Abstufung bedarf der Genehmigung.

R. § 25. AH. Kom. HH.

1. Eine solche Abstufung ist keine besondere Gewerbesteuer. Vgl. OVG. **34** S. 63, **37** S. 128. (Umfang der verwaltungsgerichtlichen Nachprüfung.)

2. Die §§ 4, 9, 10, 20 handeln von Gebühren, Beiträgen und Mehr- oder Minderbelastung. Vgl. § 56.

3. Das Aufkommen der Warenhaussteuer gemäß Gesetz v. 18. Juli ist zur Erleichterung der Gewerbesteuerklassen III und IV bestimmt.

§ 32. Erstreckt sich ein Gewerbebetrieb über mehrere Gemeindebezirke, so hat für den Fall der Erhebung von Prozenten der veranlagten Gewerbesteuer der zuständige

Steuerausschuß auch für die im § 28 Nr. 2—6 bezeichneten Betriebe die Zerlegung des Gesamtsteuersatzes in die auf die einzelnen Gemeinden entfallenden Teilbeträge zu bewirken (§ 38 des Gewerbesteuergesetzes vom 24. Juni 1891).

Werden besondere Gewerbesteuern umgelegt, so hat die Veranlagung nur nach Maßgabe des in der Gemeinde belegenen Teiles des Gewerbebetriebes zu erfolgen, bei besonderen Gewerbesteuern nach dem Ertrage unter sinngemäßer Anwendung der in den §§ 47, 48 dieses Gesetzes getroffenen Bestimmungen.

R. § 26.

1. Wegen der Rechtsmittel vgl. § 76.

2. Die Bestimmungen des Paragraphen sind nunmehr abweichend von dem bisherigen Recht (OVG. **35** S. 15), gemäß §§ 7 und 13 Kreis- und Provinzialabgabengesetz v. 23. April 1906 auch anwendbar auf die Kreissteuer.

3. Zum 2. Abs. vgl. OVG. **36** S. 30, **38** S. 87, PVBl. XIX S. 324, XXII S. 251, XXXII S. 248.

4. Die Zerlegung hat nach dem, ev. zu schätzenden, Ertrag in den einzelnen Gemeinden zu erfolgen, ev. nach geeigneten Hilfsmerkmalen: Löhnen, Betriebskosten, Schienenlänge der Straßenbahnen usw. OVG. Ergänzungsband **4** S. 293, 411, Ergänzungsband **6** S. 423, **10** S. 447.

5. Für die Begründung der Gewerbesteuerpflicht in einer Gemeinde ist Voraussetzung das Vorhandensein eines „Betriebsortes" im Sinne der §§ 28 und 32, während die Einkommensteuerpflicht gemäß § 35 eine „Betriebsstätte" erfordert, vgl. Anm. 5 zu § 35. „Als ‚Betriebsort' ist schon jeder Ort anzusehen, an welchem nach dem allgemeinen Gewerbebegriff und den besonderen Verhältnissen des Einzelfalls das Gewerbe betrieben wird, wobei nur das Vorhandensein dauernder Anlagen oder Einrichtungen vorausgesetzt wird,"

„Das Wort ‚dauernd‘ iſt hierbei nur im Gegenſatz von vorübergehend zu verſtehen.“ OVG. v. 26. April 1910, PVBl. XXXII S. 532.

2. Gemeindeeinkommenſteuer.

a) Steuerpflicht.

§ 33. Der Gemeindeeinkommenſteuer ſind unterworfen:

1. diejenigen Perſonen, welche in der Gemeinde einen Wohnſitz (§ 1 des Einkommenſteuergeſetzes vom $\frac{\text{24. Juni 1891 (Geſetzſamml. S. 175)}}{\text{19. Juni 1906 (Geſetzſamml. S. 260)}}$ haben, hinſichtlich ihres geſamten innerhalb und außerhalb des preußiſchen Staatsgebietes gewonnenen Einkommens, inſoweit dasſelbe nicht von der Beſteuerung freizulaſſen iſt;
2. diejenigen Perſonen, welche in der Gemeinde, ohne in derſelben einen Wohnſitz zu haben, Grundvermögen, Handels- oder gewerbliche Anlagen, einſchließlich der Bergwerke, haben, Handel oder Gewerbe oder außerhalb einer Gewerkſchaft Bergbau betreiben oder als Geſellſchafter an dem Unternehmen einer Geſellſchaft mit beſchränkter Haftung beteiligt ſind, hinſichtlich des ihnen aus dieſen Quellen in der Gemeinde zufließenden Einkommens;
3. ſofern ſie in der Gemeinde Grundvermögen, Handels- oder gewerbliche Anlagen, einſchließlich der Bergwerke, haben, Handel oder Gewerbe, einſchließlich des Bergbaues, betreiben oder als Geſellſchafter an dem Unternehmen einer Geſellſchaft mit beſchränkter Haftung beteiligt ſind, hinſichtlich

des ihnen aus diesen Quellen in der Gemeinde zufließenden Einkommens

a) Aktiengesellschaften und Kommanditgesellschaften auf Aktien;

b) Berggewerkschaften;

c) eingetragene Genossenschaften, deren Geschäftsbetrieb über den Kreis ihrer Mitglieder hinausgeht, und juristische Personen (insbesondere auch Gemeinden und weitere Kommunalverbände);

d) Vereine, einschließlich eingetragener Genossenschaften, zum gemeinsamen Einkaufe von Lebens- oder hauswirtschaftlichen Bedürfnissen im großen und Ablaß im kleinen, auch wenn ihr Geschäftsbetrieb nicht über den Kreis ihrer Mitglieder hinausgeht.

Hat eine Veranlagung zur Staatseinkommensteuer stattgefunden, so erfaßt die Gemeindeeinkommensteuer das hierbei veranlagte Einkommen, vorbehaltlich der Bestimmung im § 16 Abs. 3 a. a. O. (§ 15 Abs. 4 des Einkommensteuergesetzes in der Fassung der Bekanntmachung vom 19. Juni 1906 — Gesetzsamml. S. 259);

4. Der Staatsfiskus bezüglich seines Einkommens aus den von ihm betriebenen Eisenbahn-, Bergbau- und sonstigen gewerblichen Unternehmungen, sowie aus Domänen und Forsten.

Eisenbahnaktiengesellschaften, welche ihr Unternehmen dem Staate gegen eine unmittelbar an die Aktionäre zu zahlende Rente übertragen haben, sind als Besitzer von Eisenbahnen nicht zu erachten.

Jeder steuerpflichtige Grundstückskomplex und jede steuerpflichtige Unternehmung des Staatsfiskus gilt in

Beziehung auf die Steuerpflicht als selbständige Person. Die gesamten Staats- und für Rechnung des Staates verwalteten Eisenbahnen sind als eine steuerpflichtige Unternehmung anzusehen. Im übrigen setzt die zuständige obere Verwaltungsbehörde fest, was als selbständige Bergbau- oder sonstige gewerbliche Unternehmung des Staatsfiskus zu betrachten ist.

Neuanziehende können, auch wenn sie in der Gemeinde keinen Wohnsitz haben, gleich den übrigen Gemeindeeinwohnern zur Steuer herangezogen werden, sofern ihr Aufenthalt die Dauer von drei Monaten übersteigt.

R. § 27. AH. Kom. Pl. III. HH.

1. Die kommunale Einkommensteuerpflicht hat wesentlich andere Grundlagen als die staatliche; der Kreis der der ersteren unterworfenen Personen ist daher auch ein wesentlich anderer als der Kreis der nach § 1 des Einkommensteuergesetzes v. 24. Juni 1891 zur staatlichen Einkommensteuer Pflichtigen. Vgl. § 36.

2. Ziffer 1 umfaßt alle physischen Personen (Preußen, Angehörige anderer deutscher Bundesstaaten, Ausländer), welche in der Gemeinde einen Wohnsitz haben; sie sind bezüglich ihres gesamten innerhalb und außerhalb der Gemeinde gewonnenen Einkommens steuerpflichtig, soweit nicht Ausnahmen, insbesondere behufs Vermeidung der Doppelbesteuerung (§§ 47—52) festgesetzt sind. Vgl. oben S. XXIX. Der Begriff des Wohnsitzes ist infolge der Verweisung auf § 1 des Einkommensteuergesetzes, welches seinerseits auf §§ 1 und 2 des Reichsgesetzes vom $\frac{\text{13. Mai 1870}}{\text{22. März 1909}}$ wegen Beseitigung der Doppelbesteuerung Bezug nimmt, nach diesem letzteren Gesetz, nicht nach § 7 BGB. zu bestimmen. § 1 Abs. 2 des zit. Doppelsteuergesetzes lautet: „Einen Wohnsitz im Sinne dieses Ge-

setzes hat ein Norddeutscher an dem Orte, an welchem er eine Wohnung unter Umständen innehat, welche auf die Absicht der dauernden Beibehaltung einer solchen schließen lassen." Nach § 2 Abs. 3 daselbst dürfen „in Bundes- und Staatsdiensten stehende Norddeutsche nur in demjenigen Bundesstaate besteuert werden, in welchem sie ihren dienstlichen Wohnsitz haben". Vgl. PVBl. XXIV S. 466, 723; Noell-Freund, A. 4 zu § 33. Im übrigen findet das Reichsgesetz wegen Beseitigung der Doppelbesteuerung auf Kommunalsteuern keine Anwendung. Die Härten dieses Rechtszustandes sucht zu beseitigen das preußische Gesetz betreffend die Vermeidung von Doppelbesteuerungen bei Heranziehung zu direkten Kommunalsteuern in verschiedenen Bundesstaaten des Deutschen Reiches vom 6. Mai 1910 (GS. S. 43), dessen einziger Paragraph lautet:

„Zur Vermeidung von Doppelbesteuerungen bei Heranziehung zu direkten Kommunalsteuern in Preußen und einem anderen deutschen Bundesstaate sind der Minister des Innern und der Finanzminister, in der Regel nach Anhörung der beteiligten preußischen Kommunalverbände, ermächtigt, Vereinbarungen zu treffen und Anordnungen zu erlassen, durch welche die Steuerpflicht unter Wahrung des Grundsatzes der Gegenseitigkeit auch abweichend von den in Preußen geltenden Vorschriften geregelt wird.

Für solche Gemeinden eines anderen deutschen Bundesstaates, in denen eine Sonderung von Staats- und Kommunalsteuern nicht stattfindet, kommt diese Bestimmung sinngemäß zur Anwendung."

3. Dem Wohnsitz ist nach Abs. 4 ein länger als drei Monate dauernder Aufenthalt gleichgestellt. Vgl. § 8 des Freizügigkeitsgesetzes v. 1. Nov. 1867; es bedarf aber eines besonderen Gemeindebeschlusses („können!").

4. Ziffer 2 handelt von den sogenannten Forensen, und zwar auch nur von physischen Personen (über die juristischen treffen Ziffer 3 und 4 Bestimmung) vgl. § 36 „Das Ein-

kommen aus Grundvermögen, Handels- und gewerblichen Anlagen usw. deckt sich mit dem in den §§ 13, 14 des Einkommensteuergesetzes v. 24. Juni 1891 bezeichneten Einkommen; es begreift daher namentlich auch Einkommen aus Pachtungen und aus dem Besitze oder Betriebe von Privateisenbahnen in sich." AA. Art. 23, 1b.

5. Die Gesellschaften mit beschränkter Haftung waren im R. den Aktiengesellschaften gleichgestellt. Die Einfügung unter Nr. 2 ist vom Abgeordnetenhause bewirkt; das Herrenhaus hat dann auch die Aktiengesellschaften, welche an einer solchen Gesellschaft sich beteiligen, durch einen Zusatz zu 3 steuerpflichtig gemacht. Vgl. übrigens § 67. — OVG. **33** S. 51. Die Gleichstellung der Gesellschaften mit beschränkter Haftung mit den Aktiengesellschaften bei der Heranziehung zur Staatseinkommensteuer durch Novelle zum Einkommensteuergesetz v. 19. Juni 1906 hat an der kommunalen Besteuerung gemäß Ziff. 2 nichts geändert. Hiernach werden nach wie vor bei der kommunalen Einkommenbesteuerung nicht wie bei der staatlichen Besteuerung die Gesellschaft m. b. H., sondern ihre Mitglieder herangezogen, und zwar mit ihrem Anteil nicht nur an den verteilten, sondern auch an den zur Reservebildung, Schuldentilgung usw. verwandten Reinerträgen, da die Beteiligung an einer G. m. b. H. bei der Gemeindebesteuerung als gewerbliche Einkommensquelle angesehen wird. OVG. **33** S. 51. Dies gilt allgemein für die kommunale Besteuerung, auch für die in der Wohnsitzgemeinde, obgleich Ziff. 2 sich nur auf die Forensalbesteuerung bezieht. OVG. **50** S. 120.

6. Die Regelung in Ziffer 3 ist dem § 1 Abs. 1 des Kommunalabgabengesetzes v. 27. Juli 1885 (GS. S. 327) nachgebildet. Die gegenwärtige Fassung ist die der Novelle v. 22. Juni 1907. Ihre Ergänzung finden die Bestimmungen der Nr. 3 in § 15 Abs. 4 und 5 des Einkommensteuergesetzes v. $\frac{\text{24. Juni 1891}}{\text{19. Juni 1906}}$, welche lauten:

„Der Kommunalbesteuerung ist das ermittelte Einkommen ohne den Abzug von $3^1/_2$ Prozent zugrunde zu legen"; nämlich bei Veranlagung der im § 33 Ziff. 3 KAG. genannten Erwerbsgesellschaften. Abs. 5: „Als Veranlagung zur Staatseinkommensteuer im Sinne des § 33 Nr. 3 Schlußsatz des Kommunalabgabengesetzes gilt nur die Veranlagung zu einem Staatseinkommensteuersatze." Also nicht die steuerfreie Veranlagung. Dieser letztere Absatz ist durch die Novelle zum Einkommensteuergesetz v. 19. Juni 1906 mit Rücksicht auf OVG. **44** S. 9 hinzugefügt worden.

7. Zu Ziffer 3 lit. c. Den öffentlich-rechtlichen juristischen Personen erwächst aus der Verwendung ihrer Gebäude für ihre Zwecke durch Einrichtungen von Bureaus, Dienstwohnungen usw. kein steuerpflichtiges Einkommen. OVG. **33** S. 37, 46. Anders bei privatwirtschaftlichen juristischen Personen, z. B. einem Klub, **34** S. 33.

8. Ziffer 3 lit. d enthält die sachliche Neuerung der Novelle v. 22. Juni 1907, durch welche die Besteuerung von § 1 Nr. 5 Einkommensteuergesetz v. 18. Juni 1906 auf die Gemeindebesteuerung übertragen und die Steuerpflicht für Konsumvereine erschöpfend geregelt wird, indem lit. d alle Fälle des § 1 Nr. 5 Genossenschaftsgesetz v. 20. Mai 1899 erfaßt. (Vgl. Fuisting, Komm. zum Einkommensteuergesetz, 7. Aufl., Anm. 17 C Abs. 3 S. 22 und Anm. 19.) Hiernach sind die Konsumvereine unbeschränkt steuerpflichtig, im Gegensatz zu den anderen Genossenschaften gemäß § 1 a. a. O., nämlich den Rohstoffvereinen, Absatzgenossenschaften oder Magazinvereinen sowie Produktivgenossenschaften, welche nur der Steuer unterliegen, wenn sie die Form eingetragener Genossenschaften haben und mit ihrem Geschäftsbetrieb über den Kreis der Mitglieder hinausgehen. Bez. der Gewerbesteuer vgl. § 28 Anm. 2.

9. Zu Nr. 3 Schlußsatz. Im Falle der Veranlagung zur Staatseinkommensteuer gemäß Anm. 6 u. f. unterliegt der gesamte Umfang des veranlagten Einkommens, und zwar

ohne den Abzug von $3^1/_2$ % (vgl. Anm. 6), unabhängig von Quelle und Herkunft (auch das aus dem außerdeutschen Auslande stammende Einkommen, ſo jetzt OVG. **46** S. 33, entgegen früheren Entſcheidungen) der Gemeindeeinkommenſteuer, das ev. gemäß §§ 47, 48, 51 Abſ. 2 und 52 zu verteilen iſt. AA. Art. 231 c. Im gegenteiligen Falle iſt die Gemeindebeſteuerung auf das Einkommen beſchränkt, welches der Erwerbsgeſellſchaft gemäß Ziff. 3 Satz 1 in der Gemeinde zufließt.

10. Die Einkommenſteuerpflicht des Fiskus (Ziffer 4) ſollte nach § 1 Abſ. 2 des Geſ. v. 27. Juli 1885 nur „bis zur anderweiten Regelung der Heranziehung des Staatsfiskus zu den auf das Einkommen gelegten Gemeindeabgaben in Verbindung mit der Überweiſung von Grund- und Gebäudeſteuer an die Kommunalverbände", d. h. als eine tranſitoriſche zu gelten haben. Vgl. Kommunalabgabengeſetz von Herrfurth und Noell, 2. Aufl. 1888, S. 51—54. Es iſt indeſſen allſeitig darauf verzichtet, dieſe ſchwierige Frage jetzt zum Austrag zu bringen. — Das Einkommen aus dem Betrieb der Staatsklaſſenlotterie iſt kein gewerbliches. OVG. **33** S. 82.

11. (Zum letzten Abſatz.) Es bedarf eines die Heranziehung allgemein regelnden Gemeindebeſchluſſes. OVG. **38** S. 79. Vgl. § 8 Freizügigkeitsgeſ. v. 1. Nov. 1867. Dieſe Beſtimmung bezieht ſich nur auf die Fälle des Aufenthalts, nicht die der Wohnſitzbegründung, welch letztere ſich nach § 60 Abſ. 2 Ziff. 1 regeln.

§ 34. Das Einkommen aus bebauten und unbebauten Grundſtücken, welche ganz oder zum Teil nach § 24 der Steuer vom Grundbeſitz nicht unterworfen ſind, unterliegt inſoweit auch nicht der Gemeindeeinkommenſteuer.

R. § 28.

1. Dieſe Befreiung iſt in dieſem Umfange neu. Bisher waren juriſtiſche Perſonen wegen ſolchen Einkommens, z. B.

wegen des Mietswertes von Schulgebäuden, einkommensteuerpflichtig.

2. Über Einkommenbesteuerung juristischer Personen wegen Selbstnutzung eigener Gebäude, insbesondere Überweisung von Gebäuden an eigene Angestellte, vgl. OVG. 28 S. 49, 29 S. 39. (Fiskus.)

§ 35. Ein die Steuerpflicht begründender Betrieb von Handel und Gewerbe, einschließlich des Bergbaues, der im § 33 Nr. 2, 3 und 4 bezeichneten Personen und Erwerbsgesellschaften findet nur in denjenigen Gemeinden statt, in welchen sich der Sitz, eine Zweigniederlassung, eine Betriebs-, Werk- oder Verkaufsstätte oder eine solche Agentur des Unternehmens befindet, welche ermächtigt ist, Rechtsgeschäfte im Namen und für Rechnung des Inhabers, bzw. der Gesellschaft selbständig abzuschließen. Der Eisenbahnbetrieb unterliegt der Steuerpflicht in den Gemeinden, in welchen sich der Sitz der Verwaltung (bzw. einer Staatsbahnverwaltungsbehörde), eine Station oder eine für sich bestehende Betriebs- oder Werkstätte oder eine sonstige gewerbliche Anlage befindet.

Das Einkommen aus dem nicht mit eigenem Betriebe verbundenen Besitze von Handels- und gewerblichen Anlagen, einschließlich der Bergwerke, unterliegt der Besteuerung in denselben Gemeinden, in welchen das Einkommen aus dem Betriebe steuerpflichtig ist.

R. § 29.

1. Die Bestimmungen entsprechen dem § 2 Abs. 2 und 3 des Ges. v. 27. Juli 1885.

2. Der Gewerbebetrieb im Umherziehen ist hiernach nur da steuerpflichtig, wo er einen Sitz usw. hat.

3. „Sitz" = Ort, in welchem tatsächlich der Mittelpunkt der Verwaltung ist und von wo aus die Leitung des Unter-

nehmens erfolgt. Das Statut ist nicht entscheidend. OVG. 27 S. 31. PVBl. XVI S. 39, 231, XVII S. 372.

4. „Zweigniederlassung" kann vorhanden sein, auch wenn keine Eintragung erfolgt ist.

5. „Betriebsstätten" sind bei Bergbauunternehmungen nur die oberirdischen. Pult des Maklers im Börsengebäude, an welchem Schlußnoten ausgefertigt werden, ist Betriebsstätte. OVG. 14 S. 120, 24 S. 103; desgl. Anlegestelle eines Dampfers, wo Personen und Güter aufgenommen und abgesetzt werden. OVG. 23 S. 389, desgl. bei Pferde- und sonstigen Straßenbahnen die gesamte mit dem Schienennetz bedeckte Straßenfläche, OVG. 22 S. 121, desgl. bei einem Wasserwerk die von seinem einzelnen Teile bedeckte Fläche. OVG. 17 S. 249; anders OVG. 15 S. 120, 17 S. 255 bezüglich eines Gaswerks. Dagegen nicht Unterhaltung eines Musterlagers, OVG. PVBl. XXIV S. 98. Vgl. weiter OVG. 18 S. 128, 37 S. 123; PVBl. XVII S. 231, XXI S. 468, XXIV S. 98; vgl. auch Art. 3 der Novelle zum Reichsgesetz betr. Beseitigung der Doppelbesteuerung v. 22. März 1909, nach welcher „Betriebsstätte jede feste örtliche Anlage oder Einrichtung ist, die der Ausübung des Betriebes eines stehenden Gewerbes dient". Nach den Motiven (Drucks. des Reichstags 1907/09 Nr. 1105 S. 7) umfaßt dieser Begriff zwei Merkmale: das Vorhandensein eines festen örtlichen Mittelpunktes des Betriebes, und die Ständigkeit, d. h. eine gewisse Dauer des Betriebes. Übereinstimmend hiermit OVG. Entscheidung v. 26. April 1910 PVBl. XXXII S. 532. Bezüglich des für die Gewerbebesteuerung maßgebenden Begriffs „Betriebsort", vgl. § 32 Anm. 5.

6. Auch eine Versicherungesgsellschaft kann — ev. sogar neben Agenturen — Betriebsstätten in andern Gemeinden unterhalten. OVG. 28 S. 47; über Agenten s. OVG. PVBl. XXX S. 56.

7. Die Ausnahmebestimmung in Abs. 1 Satz 2 bezieht sich nicht auf Kleinbahnen; für letztere gelten vielmehr die

allgemeinen Bestimmungen im Satz 1 (A. 5). Vgl. Noell-Freund zu § 35 A. 24. OVG. 48 S. 161.

§ 36. Gemeindesteuern vom Einkommen dürfen, unbeschadet der Vorschrift im § 23 Absatz 2 und der Bestimmungen über die Veranlagung von Teileinkommen (§§ 49 bis 51), nur auf Grund der Veranlagung zur Staatseinkommensteuer und in der Regel nur in der Form von Zuschlägen erhoben werden. Diese Zuschläge müssen gleichmäßig sein. Zuschläge zur Ergänzungssteuer sind unzulässig.

Ist das gemeindesteuerpflichtige Einkommen ganz oder zum Teil zur Staatseinkommensteuer nicht veranlagt, so ist der dem Zuschlage zugrunde zu legende Steuersatz, sofern sich aus den §§ 44 bis 46 nicht ein anderes ergibt, nach den für die Veranlagung der Staatseinkommensteuer geltenden Vorschriften zu ermitteln.

Die auf Grund der Einlegung von Rechtsmitteln, sowie die auf Grund der §§ 62, 63 des Einkommensteuergesetzes vom $\frac{\text{24. Juni 1891}}{\text{19. Juni 1906}}$ erfolgte Erhöhung oder Ermäßigung der veranlagten Staatseinkommensteuer zieht die entsprechende Abänderung des Gemeindezuschlags nach sich.

R. § 30. AH. Kom.

1. Der § 23 Abs. 2 handelt von den Aufwands- (Miets- u. a.) Steuern.

2. „Der Ausschluß der Ergänzungssteuer findet seine Begründung darin, daß der Gemeinde zur Deckung des Steuerbedarfs Realsteuern bereitgestellt sind und die von den letzteren getroffenen Objekte nicht noch einmal — nach dem Maßstabe des Nettoertrages — besteuert werden können.“ (Mot.) Diese Begründung reicht aber in Wirk-

lichkeit nicht aus. Vgl. KAG. S. 360 und Adickes, Studien S. 20.

3. Abs. 2 trifft alle Fälle, in denen das staatssteuerpflichtige Einkommen sich mit dem kommunalsteuerpflichtigen nicht völlig deckt. Vgl. OVG. **36** S. 38; PVBl. XXII S. 121, XXIV S. 97, 210, XXV S. 556, XXIX S. 223. Insbesondere sind die Forensen (§ 83 Abs. 2) in jeder Forensalgemeinde von der letzteren besonders zu veranlagen. HH. KomBer. S. 25, 26. Dieselbe ist dabei an eine bei der Veranlagung zur Staatssteuer stattgehabte Schätzung weder im ganzen noch im einzelnen gebunden. Vgl. jedoch § 51. Gleiches gilt für Beamte mit Kommunalsteuerprivileg und Gesellschafter einer G. m. b. H. OVG. **50** S. 120; PVBl. XIV S. 318, XVIII S. 29 XXIV S. 97.

4. Der Zuschlag von 25 Proz. wegen Nichtabgabe der Steuererklärung nach § 30 des EinkStG. unterliegt nicht der Gemeindesteuer. OVG. **25** S. 78.

5. Die Abzüge vom steuerpflichtigen Einkommen für Kinder unter 14 Jahren auf Grund von § 19 des EinkStG. (Fassung vom 26. Mai 1909) kommen bei Besteuerung einzelner Einkommensquellen, insbesondere des Forensaleinkommens, nicht zur Anwendung. OVG. **27** S. 112.

6. Abs. 3 bezieht sich nur auf Einkommen, welches der Staatseinkommensteuer unterliegt. Die §§ 57 und 58 des Einkommensteuergesetzes handeln von Vermehrung und Verminderung des Einkommens während des laufenden Steuerjahres und bestimmen, wann dieselben ausnahmsweise zu berücksichtigen sind.

§ 37. Besondere Gemeindeeinkommensteuern sind nur aus besonderen Gründen gestattet und bedürfen der Genehmigung. Die bei der Veranlagung zur Staatseinkommensteuer erfolgte Feststellung des Einkommens und die Stufen des Steuertarifs der Staatseinkommensteuer dürfen nicht abgeändert werden. Veränderungen der Sätze des Steuertarifs sind nur mit der Maßgabe zulässig, daß der Prozentsatz der Besteuerung des Einkommens bei den unteren Stufen nicht höher sein darf als bei den oberen Stufen, und daß das im Tarif der Staatseinkommensteuer enthaltene Steigerungsverhältnis der Sätze nicht zuungunsten der oberen Stufen geändert werden darf.

Die Beibehaltung bestehender besonderer Gemeindeeinkommensteuern kann mit Zustimmung der Minister des Innern und der Finanzen ausnahmsweise und aus besonderen Gründen auch dann genehmigt werden, wenn sie den Vorschriften der Bestimmungen des Absatzes 1 nicht entsprechen.

Die Vorschriften des § 36 Abs. 2 und 3 finden auf die besonderen Gemeindeeinkommensteuern entsprechende Anwendung.

R. § 30. AH. Kom.

1. Eine — zurzeit an manchen Orten bestehende — stärkere Degression der unteren Sätze der Gemeindeeinkommensteuer gegenüber der Staatssteuer darf nach Abs. 1 a. E. ebensowenig neu eingeführt werden als eine stärkere Progression der oberen Stufen. Nach Abs. 2 können bestehende Gemeindeeinkommensteuern mit derartiger stärkerer Degression bzw. Progression unter ministerieller Zustimmung aufrecht erhalten werden, so in Frankfurt a. M. — Für neu einzuführende Gemeindeeinkommensteuern ist nur noch eine Abschwächung der staatlichen Progression, d. h. eine stärkere Heranziehung der unteren und mittleren Klassen, zulässig.

§ 38. Steuerpflichtige mit einem Einkommen von nicht mehr als 900 Mark werden, sofern in den Steuerordnungen (§§ 23 Abs. 5, 37) nicht abweichende Bestimmungen getroffen sind, zu der Einkommensteuer nach Maßgabe folgender Steuersätze veranlagt:

1. bei einem Einkommen von nicht mehr als 420 Mark nach einem Steuersatze von $^2/_5$ vom Hundert des steuerpflichtigen Einkommens bis zum Höchstbetrage des Steuersatzes von 1,20 Mark;
2. bei einem Einkommen von mehr als 420 Mark bis einschließlich 660 Mark nach einem Steuersatze von 2,40 Mark;
3. bei einem Einkommen von mehr als 660 Mark nach einem Steuersatze von 4 Mark.

Steuerpflichtige mit einem Einkommen von nicht mehr als 900 Mark können durch Gemeindebeschluß, wenn die Deckung des Bedarfs der Gemeinde ohnehin gesichert ist, von der Beitragspflicht entbunden oder mit einem geringeren Prozentsatze herangezogen werden. Der Beschluß bedarf der Genehmigung. Ihre Freilassung muß erfolgen, sofern sie im Wege der öffentlichen Armenpflege fortlaufende Unterstützung erhalten.

R. § 31. AH. Kom. red.

1. Die Bestimmungen schließen sich dem § 74 des Einkommensteuergesetzes und dem § 13 der Landgemeindeordnung v. 3. Juli 1891 an. Sie beziehen sich auf alle Steuerpflichtigen, auch die nicht-physischen Personen. Maßgebend ist nicht das Gesamteinkommen, sondern die Höhe des Einkommens i n d e r b e t r e f f e n d e n G e m e i n d e. OVG. PVBl. XX S. 410. Vgl. auch OVG. 53 S. 15.

§ 39. Die Gemeinde kann beschließen, Ausländer und Angehörige anderer Bundesstaaten, welche in der Gemeinde einen Wohnsitz, aber nicht des Erwerbes wegen haben, auf die Dauer von höchstens drei Jahren zu der

Gemeindeeinkommensteuer nicht oder nur mit einem ermäßigten Prozentsatze heranzuziehen.

Der Beschluß bedarf der Genehmigung.

R. § 32. AH. Kom. red.

1. Die Bestimmung ist im Interesse derjenigen Gemeinden hinzugefügt, „welche zu ihrem wirtschaftlichen Gedeihen wesentlich auf den Zuzug von Fremden angewiesen sind". (Mot.)

§ 40. Von der Gemeindeeinkommensteuer sind befreit:

1. die Mitglieder des Königlichen Hauses und des Hohenzollernschen Fürstenhauses,
2. die bei dem Kaiser und Könige beglaubigten Vertreter fremder Mächte und die Bevollmächtigten anderer Bundesstaaten zum Bundesrate, die ihnen zugewiesenen Beamten, sowie die in ihren und ihrer Beamten Diensten stehenden Personen, soweit sie Ausländer sind,
3. diejenigen Personen, denen sonst nach völkerrechtlichen Grundsätzen oder nach besonderen, mit anderen Staaten getroffenen Vereinbarungen ein Anspruch auf Befreiung zukommt.

Die Befreiungen zu Nr. 2 und 3 erstrecken sich nicht auf das im § 33 Nr. 2 bezeichnete Einkommen und bleiben ausgeschlossen, sofern in den betreffenden Staaten Gegenseitigkeit nicht gewährt wird.

Die bestehenden gesetzlichen Bestimmungen, gemäß welchen Standesherren und deren Familien von Gemeindelasten befreit sind, bleiben — unbeschadet der Vorschriften in den §§ 21, 22 des gegenwärtigen Gesetzes — unberührt.

R. 33. AH. Kom.

1. Die Beſtimmungen in Abſ. 1 entſprechen — mit einer Ausnahme — dem § 3 des Einkommenſteuergeſetzes unter Abſ. 1 Ziff. 1, 3, 4. Die Ausnahme bezieht ſich auf das Einkommen aus den von der preußiſchen Staatskaſſe gezahlten Beſoldungen, Penſionen und Wartegeldern, welches wohl der Staats-, nicht aber der Gemeindebeſteuerung unterliegt. AA. Art. 40, 1. — Die Ziff. 2, in welcher „die Mitglieder des vormaligen Hannoverſchen Königshauſes, des vormaligen Kurheſſiſchen und des vormaligen Herzoglich Naſſauiſchen Fürſtenhauſes" aufgeführt ſind, hat keine Aufnahme gefunden. Vgl. auch § 7 Abſ. 6 Kreis- und Provinzialabgabengeſetz v. 23. April 1906.

2. Über den Umfang der Steuerfreiheit für das Einkommen aus den Kgl. Familiengütern OVG. **33** S. 1, **36** S. 1. Die Einſchränkung des Abſ. 2 iſt durch § 98 V Hohenzollernſche Gemeindeordnung auch für die Mitglieder des Hohenzollernſchen Fürſtenhauſes feſtgeſetzt worden.

3. Den Berufskonſuln iſt in den meiſten Staaten Steuerfreiheit eingeräumt, nicht aber ihrem Dienſtperſonal. Näheres bei Noell, A. 5 zu § 40.

4. Über die zurzeit den Standesherren zuſtehenden Befreiungen iſt zu vgl. AH. KomBer. S. 54, 55 und AA. Art. 40, 2. OHG. **35** S. 139, vgl. **44** S. 41.

§ 41. Die Heranziehung der unmittelbaren und mittelbaren Staatsbeamten, Beamten des Königlichen Hofes, der Geiſtlichen, Kirchendiener und Elementarſchullehrer, ſowie der Witwen und Waiſen dieſer Perſonen zu Einkommen- und Aufwandsſteuern (§ 23) wird durch beſonderes Geſetz geregelt. Bis zum Erlaſſe dieſes Geſetzes kommen die Beſtimmungen der Verordnung, betreffend die Heranziehung der Staatsdiener zu den Kommunalauflagen in den neu erworbenen Landesteilen, vom 23. September 1867 (Geſetzſamml. S. 1648) mit der

Maßgabe zur Anwendung, daß das notwendige Domizil außer Berücksichtigung bleibt.

R. § 34. AH. Kom. Pl. II. § 41.

1. Die Verordnung vom 23. September 1867 stimmt inhaltlich mit dem Ges. v. 11. Juli 1822, der Deklaration v. 21. Jan. 1829 und der KabO. v. 24. Mai 1832 — d. h. den bisher für die alten Provinzen geltenden Bestimmungen — überein. Nach § 4 der Verordnung war das Diensteinkommen der Beamten einschließlich Warte- und Ruhegehälter nur halb so hoch als anderes gleich hohes persönliches Einkommen der Steuerpflichtigen zu veranlagen, nach § 1 das der Geistlichen, Kirchendiener und Elementarlehrer, ebenso die weniger als 750 M. betragenden Pensionen sowie die Witwen- und Waisengelder steuerfrei. Nunmehr sind diese Privilegien durch Ges. v. 16. Juni 1909 (Gesetzsamml. S. 489) für die nach dem 31. März 1909 angestellten Beamten usw. aufgehoben mit der Maßgabe jedoch, daß die Besteuerung nicht mehr als 125% der staatlichen Veranlagung betragen darf. Das Gesetz ist im Anhang unter Abschnitt III S. 164 abgedruckt.

Nach OVG. PVBl. XXXI S. 277 sind die Schuldenzinsen — falls sie nicht Werbungskosten gemäß § 8 I des Einkommensteuergesetzes sind — von dem gesamten Einkommen, nicht von dem auf Grund des Privilegs zu berechnenden steuerpflichtigen Teil abzuziehen. Die Bestimmung, daß das notwendige Domizil außer Berücksichtigung bleibt, entspricht dem § 12 des Ges. v. 27. Juli 1885.

2. „Der im § 10 der Verordnung v. 23. Sept. 1867 vorgesehenen Regelung der Kommunaldienste entspricht die Bestimmung im § 68 Abs. 6 des Kommunalabgabengesetzes." AA. Art. 41.

3. Einkommen aus Kapitalvermögen ist bei einem Beamten nicht vorhanden, welcher Zinsen aus Kautionspapieren

zieht, aber gleichzeitig ebenso hohe Zinsen aus einem zur Beschaffung der Papiere aufgenommenen Darlehen zu zahlen hat. OVG. 28 S. 62.

§ 42. Hinsichtlich der Heranziehung der Militärpersonen zu den auf das Einkommen gelegten Gemeindeabgaben bewendet es bei den bestehenden Bestimmungen.

Die Mitglieder der Gendarmerie gelten als Militärpersonen im Sinne dieses Gesetzes.

R. § 35.

1. Vgl. Ges. v. 11. April 1822, Verordnung vom 23. September 1867, Ges. v. 29. Juni 1886 und Ges. vom 22. April 1892. Ges. v. 16. Dez. 1901 MBl. 1902 S. 8; PVBl. XXII S. 349, XXVII S. 697; OVG. **41**, S. 4, **47** S. 66. Hiernach ist der Rechtszustand im wesentlichen, daß befreit sind:

1. die im Offiziersrang stehenden Militärpersonen des Friedensstandes lediglich mit ihrem Diensteinkommen;

2. die übrigen servisberechtigten Militärpersonen des aktiven Dienststandes auch mit ihrem Einkommen aus Kapitalvermögen, Renten, gewinnbringender Beschäftigung usw., jedoch nicht mit dem Einkommen aus Grundvermögen und Gewerbebetrieb;

3. die zur Disposition gestellten und verabschiedeten Offiziere in demselben Umfange wie die pensionierten Beamten; vgl. § 41 Anm. 1;

4. die Witwen und Waisen dieser Personen mit ihren aus öffentlichen Kassen zahlbaren Pensionen und Unterstützungen. Besondere Rechtsmittel s. § 5 Ges. v. 29. Juni 1886. Hieran hat das Ges. v. 16. Juni 1909 nichts geändert.

2. Im Widerspruch mit langjähriger Übung der Verwaltungsbehörden hatte das OVG. (Entsch. 17 S. 197 ff., 22 S. 60 ff.) die Mitglieder der Gendarmerie nicht als Militärpersonen im Sinne der Bestimmungen unter 1 auf-

gefaßt; daher Abs. 2. Danach ist ihr Diensteinkommen gänzlich kommunalsteuerfrei. OVG. PVBl. XIX S. 211.

§ 43. Den Gemeinden sind Vereinbarungen mit Steuerpflichtigen gestattet, wonach von fabrikmäßigen Betrieben und von Bergwerken an Stelle der Gemeindesteuer vom Einkommen und vom Gewerbebetriebe ein für mehrere Jahre im voraus zu bestimmender fester jährlicher Steuerbeitrag zu entrichten ist. Die Vereinbarung bedarf der Genehmigung.

R. § 36.

1. Derartige zur Beseitigung unliebsamer Schwankungen in den Steuereingängen bestimmte und zweckmäßige Vereinbarungen waren bisher rechtlich unwirksam. OVG. 12 S. 120. Verfahren nur zulässig, wenn der Steuerpflichtige in der Gemeinde lediglich Einkommen aus fabrikmäßigen Betrieben oder aus Bergwerken zu versteuern hat.

2. „Fester", d. h. sich im wesentlichen gleich bleibender jährlicher Steuerbeitrag. AA. Art. 31 Abs. 1. (Es) „soll den Steuerpflichtigen ein finanzieller Vorteil nicht erwachsen. Vielmehr sind die Jahresbeiträge nach Möglichkeit so zu bemessen, daß ihr Gesamtbetrag die Summe der Steuern erreicht, welche der Steuerpflichtige nach einer die bisherigen Erfahrungen und sonstige wesentliche Umstände berücksichtigenden Wahrscheinlichkeitsberechnung ohne die Vereinbarung während des von derselben betroffenen Zeitraums zu zahlen haben würde. Vereinbarungen, welche dieser Voraussetzung nicht entsprechen, insbesondere Vereinbarungen für einen Zeitraum, bezüglich dessen eine Wahrscheinlichkeitsberechnung von einiger Zuverlässigkeit ausgeschlossen ist, würde die Genehmigung zu versagen sein. Im übrigen kann die Vereinbarung sich sowohl auf die Gemeindesteuer vom Einkommen und diejenige vom Gewerbebetriebe zusammengenommen, als auch auf die eine oder andere dieser Steuern im einzelnen erstrecken." a. a. O.

b) Berechnung des steuerpflichtigen Einkommens der fiskalischen Domänen, Staats- und Privatbahnen.

§ 44. Das Reineinkommen aus fiskalischen Domänen und Forsten ist für die einzelnen Liegenschaften aus dem Grundsteuerreinertrage nach dem Verhältnis zu berechnen, in welchem der in der betreffenden Provinz aus den Domänen- und Forstgrundstücken erzielte etatsmäßige Überschuß der Einnahmen über die Ausgaben unter Berücksichtigung der auf denselben ruhenden Verbindlichkeiten und Verwaltungskosten zum Grundsteuerreinertrage steht.

Das Verhältnis ist durch den zuständigen Minister alljährlich endgültig festzustellen und öffentlich bekanntzumachen.

R. § 37. AH. Kom. red.

1. Der § 44 entspricht dem § 6 des Gesetzes v. 27. Juli 1885.

2. Domänengrundstücke ohne Grundsteuerreinertrag, wie Hausgrundstücke, werden hiernach von der Gemeindeeinkommensteuer nicht erfaßt. OVG. **21** S. 60, **29** S. 39.

3. Der etatsmäßige Überschuß eines Jahres — im Gegensatz zu dem rechnungsmäßigen des § 45 — kommt allein in Betracht und ermöglicht den Gemeinden eine frühere Veranlagung.

§ 45. Als Reineinkommen der Staats- und für Rechnung des Staats verwalteten Eisenbahnen gilt der rechnungsmäßige Überschuß der Einnahmen über die Ausgaben mit der Maßgabe, daß unter die Ausgaben eine $3^1/_2$prozentige Verzinsung des Anlage- bzw. Erwerbskapitals nach der amtlichen Statistik der im Betriebe befindlichen Eisenbahnen zu übernehmen ist. Der sich danach ergebende steuerpflichtige Gesamtbetrag ist durch den zuständigen Minister alljährlich endgültig festzustellen und öffentlich bekanntzumachen.

R. § 38. AH. Kom. red.

1. Der § 45 entspricht dem § 5 Abs. 2 des Gesetzes v. 27. Juli 1885.

2. Im Gegensatz zu § 44 kommt hier der rechnungsmäßige Überschuß des dem Steuerjahre vorhergehenden Betriebsjahres in Betracht.

§ 46. Als Reineinkommen der Privateisenbahnunternehmungen gilt der nach Vorschrift der Gesetze vom 30. Mai 1853 (Gesetzsamml. S. 449) und 16. März 1867 (Gesetzsamml. S. 465) behufs Erhebung der Eisenbahnabgabe für jede derselben ermittelte (bzw. zu ermittelnde) Überschuß abzüglich der Eisenbahnabgabe mit der Maßgabe, daß bei der Berechnung nach dem Gesetze vom 16. März 1867 die zur Verzinsung und planmäßigen Tilgung der etwa gemachten Anleihen erforderlichen Beträge als Ausgabe mit in Anrechnung gebracht werden dürfen. Die sich danach ergebenden steuerpflichtigen Beträge sind von den mit der Aufsicht über die Privateisenbahnunternehmungen betrauten Staatsbehörden alljährlich endgültig festzustellen und öffentlich bekanntzumachen.

Auf Kleinbahnen (Gesetz vom 28. Juli 1892, Gesetzsamml. S. 225) findet die vorstehende Bestimmung keine Anwendung.

R. § 39. AH. Kom.

1. Der § 46 entspricht dem § 4 des Ges. v. 27. Juli 1885. Neu ist nur Abs. 2. Kleinbahnen unterliegen der Eisenbahnabgabe nicht; für die Berechnung ihres steuerpflichtigen

Einkommens ist sonach § 36 maßgebend. Schuldentilgungsbeträge sind nicht abzugsfähig. Außerdem sind Kleinbahnen gewerbesteuerpflichtig (Ges. v. 28. Juli 1892, § 40).

2. Die mit der Aufsicht betrauten Staatsbehörden sind nunmehr in erster Instanz die Eisenbahndirektionspräsidenten, in zweiter der Minister der öffentlichen Arbeiten. Ein weiteres Rechtsmittel gegen die Feststellung des letzteren ist nicht gegeben.

3. Wie in § 45 (Anm. 2) kommt auch hier nur der Überschuß des letzten Jahres in Betracht, vgl. OVG. 52 S. 172.

c) Vermeidung von Doppelbesteuerung.

§ 47. Die Verteilung des gemeindesteuerpflichtigen Einkommens aus dem Besitze oder Betriebe einer sich über mehrere preußische Gemeinden erstreckenden Gewerbe- oder Bergbauunternehmung erfolgt, sofern nicht zwischen den beteiligten Gemeinden und dem Steuerpflichtigen ein anderweiter Maßstab vereinbart ist, in der Weise, daß:

a) bei Versicherungs-, Bank- und Kreditgeschäften derjenigen Gemeinde, in welcher die Leitung des Gesamtbetriebes stattfindet, der zehnte Teil des Gesamteinkommens vorab überwiesen, dagegen der Überrest nach Verhältnis der in den einzelnen Gemeinden erzielten Bruttoeinnahme verteilt,

b) in den übrigen Fällen das Verhältnis der in den einzelnen Gemeinden erwachsenen Ausgaben an Gehältern und Löhnen, einschließlich der Tantiemen des Verwaltungs- und Betriebspersonals zugrunde gelegt wird. Bei Eisenbahnen kommen jedoch die Gehälter, Tantiemen und Löhne desjenigen Personals, welches in der allgemeinen Verwaltung beschäftigt ist, nur mit der Hälfte, des in der

Werkstättenverwaltung und im Fahrdienst beschäftigten Personals nur mit zwei Dritteilen ihrer Beträge zum Ansatz.

Erstreckt sich eine Betriebsstätte, Station usw., innerhalb deren Ausgaben an Gehältern und Löhnen erwachsen, über den Bezirk mehrerer Gemeinden, so hat die Verteilung nach Lage der örtlichen Verhältnisse unter Berücksichtigung des Flächenverhältnisses und der den beteiligten Gemeinden durch das Vorhandensein der Betriebsstätte, Station usw. erwachsenen Kommunallasten zu erfolgen.

Bei den Staats- und für Rechnung des Staats verwalteten Eisenbahnen wird bis zum 1. April 1896 ein Dritteil des gesamten, nach § 36 steuerpflichtigen Reineinkommens dieser Bahnen denjenigen Gemeinden, welche vor dem 1. April 1880 steuerberechtigt waren und dieses Recht tatsächlich ausgeübt haben, zur Verteilung nach Verhältnis der im Durchschnitt der dem 1. April 1880 vorangegangenen drei Steuerjahre zu den Gemeindeabgaben herangezogenen Reinerträge vorab überwiesen. Der Überrest wird nach den vorstehend unter b angegebenen Grundsätzen auf sämtliche nach §§ 33, 35 berechtigte Gemeinden verteilt. Vom 1. April 1896 ab erfolgt die Verteilung nach den Grundsätzen unter b bei allen steuerberechtigten Gemeinden.

R. § 40. HH.

1. Der § 47 schließt sich im wesentlichen dem § 7 des Ges. v. 27. Juli 1885 an, ebenso wie die §§ 48, 49, 50 den §§ 8—11 des genannten Gesetzes. Um jedoch klarzustellen, daß das außerhalb des preußischen Staates gewonnene Einkommen stets voll zur Einkommensteuer in der Wohnsitzgemeinde (§ 33, 1) heranzuziehen und nur das in anderen

preußiſchen Gemeinden gewonnene Einkommen behufs Vermeidung der Doppelbeſteuerung freizulaſſen ſei, waren im Herrenhauſe entſprechende Abänderungen vorgenommen. Vgl. HH. KomBer. S. 22—24 und Einleitung S. XXIV. Da hierdurch indeſſen bezüglich des aus andern deutſchen Bundesſtaaten gewonnenen Einkommens eine Doppelbeſteuerung eintrat, welche vielfach ſehr ſtörend empfunden wurde, ſind die Beſtimmungen der §§ 49 und 50 durch das Geſetz v. 30. Juli 1895 — vgl. oben S. XXIII — dahin geändert, daß alles Einkommen aus Grundbeſitz und Gewerbebetrieb in andern Gemeinden, auch den außerdeutſchen, frei zu laſſen iſt. Vgl. indes § 33 Anm. 9. Der Fall, daß die Unternehmung ſich über preußiſche und nichtpreußiſche Gemeinden erſtreckt, iſt in § 48a geregelt.

2. Die Vereinbarung eines anderweiten Maßſtabes iſt nur dann rechtsgültig, wenn ſie ſich auf das geſamte für die Verteilung gemäß § 47 in Betracht kommende Einkommen bezieht, und wenn ſämtliche hierbei ſteuerberechtigten Gemeinden der Vereinbarung beigetreten ſind, OVG. **51** S. 147.

3. Das durch die Verteilung feſtgeſtellte Einkommen iſt in der Regel gleichbedeutend mit dem der Gemeindebeſteuerung unterliegenden Einkommen; Ausnahmen in §§ 43, 49 Abſ. 2 und 50 Abſ. 1.

4. Einheitlichkeit des Unternehmens iſt nach § 47 Vorausſetzung ſeiner Anwendung; ſie iſt nicht ſchon gegeben durch die Identität des Unternehmers, der z. B. gleichzeitig eine Papiermühle und ein Eiſenwerk betreibt, wohl aber z. B. bei den verſchiedenen Unternehmungen der Deutſchen Lokal- und Straßenbahngeſellſchaft und der Deutſchen Kontinental-Aktiengeſellſchaft. OVG. **7** S. 78, **16** S. 210, **20** S. 300, **21** S. 63, **32** S. 32. PVBl. X S. 93 u. 129, XI S. 557, XVI S. 248, XIX S. 446, XXIII S. 151, XXIV S. 321 Nr. 67.

5. Ein Geſchäft, welches zugleich Bank- und andere Geſchäfte betreibt, bleibt doch dem Regelfall unter b unter-

worfen, es müßten denn die andern Geschäfte nur in verschwindendem Maße betrieben werden. OVG. 28 S. 45.

6. Über die Berechnung, wann das Gesamteinkommen sich aus Einkommen aus Grundbesitz und aus Einkommen aus Gewerbebetrieb zusammensetzt, vgl. OVG. PVBl. XIX S. 445.

7. Es kann nur Vorlage der Bücher vor Gericht, nicht Übergabe an einen Sachverständigen zur Benutzung in dessen Wohnung verlangt werden. OVG. 28 S. 43.

8. Gemeinden, in welchen Ausgaben an Gehältern und Löhnen nicht erwachsen, scheiden aus, auch wenn in ihnen Einkommen erzielt wird. OVG. 48 S. 55, 53 S. 161. PVBl. XXVIII S. 28.

9. Kleinbahnen fallen nicht unter b Satz 2 OVG. 21 S. 80 PVBl. XII S. 410.

10. Über die Verteilung im Falle von b 2. Abs. OVG. 22 S. 121, 34 S. 108, 36 S. 53, 52 S. 166. PVBl. XXII S. 6, XXIII S. 200, vgl. AH. StB. 10. Mai 1884 S. 2333 f.

11. Die Übergangsbestimmungen in Abs. 2 haben seit dem 1. April 1896 ihre Bedeutung verloren.

§ 48. Die Ermittelung der Bruttoeinnahmen der Versicherungs-, Bank- und Kreditgeschäfte, sowie der Ausgaben an Löhnen und Gehältern (§ 47) erfolgt in dreijährigem Durchschnitt nach Einsicht eines den steuerberechtigten Gemeinden von dem Unternehmer bzw. Gesellschaftsvorstande jährlich mitzuteilenden Verteilungsplanes. Derselbe ist bezüglich der Staatseisenbahnen (§ 45) für jeden Direktionsbezirk besonders aufzustellen.

R. § 41.

1. Der § 48 entspricht dem § 8 des Ges. v. 27. Juli 1885; er ist durch die Beschränkung der dreijährigen Durchschnittsberechnung gemäß § 9 der Novelle zum Einkommensteuergesetz v. 26. Mai 1909 nicht berührt worden.

2. Über Behandlung neu errichteter oder weſentlich veränderter Geſchäfte, bei denen alſo ein dreijähriger Durchſchnitt nicht zu ziehen iſt, vgl. OVG. **20** S. 29, **24** S. 50, **27** S. 25, **35** S. 44. PVBl. XVII S. 297, 372, XIX S. 170, XXI S. 257, 468, XXIX S. 390.

3. Der Verteilungsplan iſt für die Gemeinde nicht bindend; er iſt ihnen nur zur „Einſicht“ vorzulegen.

4. Wird die Vorlage verweigert oder unterlaſſen, kann nach §§ 63 und 82 vorgegangen oder ohne weiteres veranlagt und dann der Einſpruch abgewartet werden. OVG. **14** S. 137, **21** S. 97.

§ 48a. Erſtreckt ſich ein Handels- oder Gewerbeunternehmen, einſchließlich eines Bergbauunternehmens, über preußiſche und nichtpreußiſche Gemeinden, ſo finden behufs Ermittelung des dem Steuerpflichtigen in den verſchiedenen Gemeinden zufließenden Einkommens die Vorſchriften des § 47 ſinngemäße Anwendung.

1. Durch Geſetz v. 30. Juli 1895 eingefügt. Vgl. OVG. **31** S. 72, 90. PVBl. XVIII S. 184, 285.

§ 49. Bei der Heranziehung der Steuerpflichtigen zur Einkommenſteuer in ihren Wohnſitzgemeinden iſt, unbeſchadet der Beſtimmungen des § 35, derjenige Teil des Geſamteinkommens außer Berechnung zu laſſen, welcher außerhalb des Gemeindebezirks aus Grundvermögen, Handels- oder gewerblichen Anlagen, einſchließlich der Bergwerke, aus Handels- und Gewerbebetrieb, einſchließlich des Bergbaues, ſowie aus der Beteiligung an dem Unternehmen einer Geſellſchaft mit beſchränkter Haftung (§ 33 Nr. 2) gewonnen wird. Zu dieſem Behufe wird das Geſamteinkommen des Steuerpflichtigen eingeſchätzt und der ſo ermittelte Steuerbetrag dem Verhältnis des außer Berechnung zu lassenden Einkommens zu dem Gesamteinkommen entsprechend herabgesetzt.

Die Gemeinde, in welcher der Steuerpflichtige seinen Wohnsitz hat, ist jedoch, wenn das steuerpflichtige Einkommen weniger als ein Viertel des Gesamteinkommens beträgt, berechtigt, durch Gemeindebeschluß ein volles Viertel des Gesamteinkommens für sich zur Besteuerung in Anspruch zu nehmen. Der Anspruch verteilt sich entstehendenfalls verhältnismäßig auf die übrigen Teile des außerhalb des Gemeindebezirks zufließenden Einkommens und, soweit preußische Forensalgemeinden in Betracht kommen, unter entsprechender Verkürzung des diesen Gemeinden zur Besteuerung zufallenden Einkommens. Steht der Anspruch mehreren Wohnsitzgemeinden zu, so ist dieser Bruchteil nach Maßgabe des § 50 zu verteilen.

R. § 42. AH. Pl. II HH.

1. Der § 49 ist den §§ 9 und 10 des Gesetzes vom 27. Juli 1885 nachgebildet. — Die jetzige Fassung ist durch das Ges. v. 30. Juli 1895 gegeben. Vgl. § 47 Abs. 1.

2. Der § 35 regelt die Voraussetzungen, unter welchen ein Betrieb in einer Gemeinde steuerpflichtig wird. Einkommen, welches hiernach in der Gemeinde, aus der es bezogen wird, nicht steuerpflichtig ist, unterliegt der Einkommensteuer in der Wohnsitzgemeinde.

3. Im § 49 ist das Verhältnis von Wohnsitzgemeinde zu Forensalgemeinde geregelt. Vgl. § 50 A. 2. Der Paragraph gilt auch für Aufenthaltsgemeinden, die von ihrem Besteuerungsrecht Gebrauch machen. OVG. 30 S. 16. — Die Anwendung des 2. Absatzes seitens der Wohnsitzgemeinde setzt einen Gemeindebeschluß voraus. — Über die Schwierigkeiten und Unebenheiten der Einkommenbesteuerung der Forensen vgl. KAG. S. 367 ff.

4. Unter den Steuerpflichtigen sind nur physische Personen zu verstehen, da nur diese einen Wohnsitz haben können. OVG. **36** S. 53. PVBl. XXIV S. 322.

5. Eine Anzahl verschiedenartig kombinierter Fälle und deren Entscheidung bei Noell zu § 49. Vgl. OVG. **16** S. 143, **31** S. 13, **32** S. 11, **36** S. 38, **37** S. 69.

§ 50. Bei der Einschätzung von Personen mit mehrfachem Wohnsitz innerhalb oder innerhalb und außerhalb des preußischen Staatsgebietes in ihren preußischen Wohnsitzgemeinden verbleibt derjenige Teil des Gesamteinkommens, welcher aus Grundvermögen, Handels- oder gewerblichen Anlagen, einschließlich der Bergwerke, aus Handel oder Gewerbe, einschließlich des Bergbaues, sowie aus der Beteiligung an dem Unternehmen einer Gesellschaft mit beschränkter Haftung fließt, der Belegenheits- beziehungsweise der Betriebsgemeinde. Beträgt jedoch dieser Teil mehr als drei Vierteile des Gesamteinkommens der Steuerpflichtigen, so gelangt die Bestimmung im § 49 Abs. 2 dieses Gesetzes sinngemäß zur Anwendung.

Neuanziehende, welche in einer Gemeinde wegen ihres die Dauer von drei Monaten übersteigenden Aufenthalts zu den Gemeindesteuern herangezogen werden (§ 33 Abs. 4), sind insoweit denjenigen gleichgestellt, welche in dieser Gemeinde ihren Wohnsitz haben.

Im übrigen dürfen Personen mit mehrfachem Wohnsitz innerhalb des preußischen Staatsgebietes in jeder preußischen Wohnsitzgemeinde nur mit dem der Zahl dieser Gemeinden entsprechenden Bruchteile ihres Einkommens herangezogen werden. Wohnsitzgemeinden, in welchen der Steuerpflichtige sich im Laufe des voraufgegangenen Rechnungsjahres überhaupt nicht oder kürzere Zeit als drei Monate aufgehalten hat, werden hierbei nicht mitgezählt.

In allen Fällen ist das Gesamteinkommen des Steuerpflichtigen einzuschätzen und der so ermittelte Steuerbetrag dem Verhältnis des außer Berechnung zu lassenden Einkommens zu dem Gesamteinkommen entsprechend herabzusetzen.

R. § 43. AH. Kom. HH.

1. Der § 50 entspricht dem § 11 des Gesetzes vom 27. Juli 1885. Da dessen Bestimmungen jedoch vom OVG. „nicht mit Unrecht als der mannigfachsten Deutung fähig bezeichnet worden" sind, so ist im jetzigen § 50 dasjenige, „was dem § 11 als Absicht zugrunde gelegen hat und in sich begründet erscheint", anderweitig zum Ausdruck gebracht. (Mot.) Die jetzige Fassung beruht auf dem Ges. v. 30. Juli 1895.

2. Dieser § 50 regelt nur die steuerlichen Beziehungen zwischen mehreren Wohnsitzgemeinden; die Besteuerung seitens der Forensalgemeinde bleibt unberührt. Einer Wohnsitzgemeinde gleichgestellt ist die Aufenthaltsgemeinde im Sinne des Abs. 2, auch in Ansehung der Vorschrift des Abs. 3 Satz 2, so daß mit einer qualifizierten — d. h. die Voraussetzung des Abs. 3 Satz 2 erfüllenden — Wohnsitzgemeinde auch nur eine in gleicher Weise qualifizierte Aufenthaltsgemeinde konkurrieren kann.

3. Zu Abs. 2. Gleichgültig ist, ob die drei Monate in einem oder in mehreren Steuerjahren liegen. OVG. 20 S. 100.

4. Abs. 3 bezieht sich nur auf preußische Wohnsitzgemeinden. Die Doppelbesteuerung durch eine preußische und eine außerpreußische Wohnsitzgemeinde ist infolgedessen zulässig; sie wird weder durch Abs. 2 noch durch das Reichsges. wegen Vermeidung der Doppelbesteuerung v. 13. Mai 1870 / 22. März 1909,

welches auf die Gemeindebesteuerung keine Anwendung findet, gehindert; vgl. indes § 33 Anm. 2 a. E. Der Aufenthalt von Familiengliedern des Steuerpflichtigen ist ohne Belang. (Mot.) „Aufgehalten hat": der Aufenthalt erfordert keine Kontinuität und ist nicht identisch mit dem Aufenthalt in Abs. 2. Drei Monate = 90 Tage; Tagesteile werden als voll gerechnet. OVG. **20** S. 100, **34** S. 105; PVBl. XXVIII S. 928.

5. Die Bestimmungen gelten nur für physische Personen. Vgl. A. 4 zu § 49. PVBl. XXIV S. 796.

6. Eine Anzahl verschiendenartig kombinierter Fälle und deren Entscheidung bei Noell, zu § 50. Vgl. OVG. **18** S. 96, **36** S. 34, **37** S. 66.

7. Die Grundsätze über Vermeidung der kommunalen Doppelbesteuerung in den §§ 47—52, insbesondere die §§ 49 und 50 sind durch das Kirchengesetz betr. die Erhebung von Kirchensteuern v. 26. Mai 1905 § 4 und durch das Ges. betr. die Erhebung von Kirchensteuern in den katholischen Kirchengemeinden v. 14. Juli 1905 auch für die Kirchenbesteuerung aufgestellt worden, womit die bereits bestehende Praxis sanktioniert worden ist.

§ 51. Ist das der Staatseinkommensteuer unterliegende Gesamteinkommen eines Steuerpflichtigen nach seinen Teilen in mehreren preußischen Gemeinden steuerpflichtig, so darf das in diesen Gemeinden steuerpflichtige Einkommen im ganzen den Höchstbetrag derjenigen Steuerstufe nicht übersteigen, in welche der Steuerpflichtige bei der Veranlagung zur Staatseinkommensteuer eingeschätzt worden ist. Zu diesem Behufe sind die Teile des Einkommens, sofern sie auch nach erfolgter Richtigstellung im ganzen den Höchstbetrag der Steuerstufe übersteigen, verhältnismäßig herabzusetzen (§§ 71 bis 74).

Besitzt der Steuerpflichtige in einer Gemeinde verschiedene Quellen von Einkommen, so sind dieselben für die Besteuerung in der Gemeinde als ein Ganzes zu erachten.

AH. Kom. § 43a. Pl. III.

1. Da die Forensalgemeinden infolge der von ihnen vorzunehmenden besonderen Einschätzung (§ 36 Abs. 2) unter Umständen das in ihnen gewonnene Einkommen höher als die Wohnsitzgemeinde veranlagen, es aber zweckmäßig erschien, die Staatssteuereinschätzung im ganzen als maßgebend gelten zu lassen, auch wenn die Besteuerung in der Forensalgemeinde die zutreffendere sein sollte, hat das AH. diese Bestimmung hinzugefügt. Gegen die Zweckmäßigkeit HH. KomBer. S. 412.

2. § 51 ist nur dann anwendbar, „wenn das in mehreren preußischen Gemeinden steuerpflichtige Einkommen und das der Staatseinkommensteuer unterliegende Einkommen sich decken". AA. Art. 33 Abs. 2.

3. Abs. 1 kann angesichts der Bestimmung in § 33 Ziff. 3 tatsächlich nur auf physische Personen Anwendung finden. OVG. **31** S. 72.

4. Abs. 2 enthält neues Recht nur für die nicht physischen Personen, bei denen nunmehr allgemein auch „der bei einer Quelle erlittene Verlust gegen den in demselben Jahre bei einer anderen Quelle erzielten Gewinn aufzurechnen" ist. AA. Art. 33 Abs. 3. OVG. **43** S. 61. Dies hat auch die Novelle zum Einkommensteuergesetz v. 26. Mai 1909 unberührt gelassen.

§ 52. In den Fällen der §§ 47 bis 51 sind behufs Ermittelung des gemeindesteuerpflichtigen Einkommens die selbständigen Gutsbezirke den Gemeinden gleichzuachten.

AH. Pl. III.

3. Verpflichtung der Betriebsgemeinden zur Leistung von Zuschüssen.

§ 53. Wenn in einer Gemeinde durch Personen, die in einer anderen Gemeinde im Betriebe von Berg-,

Hütten- oder Salzwerken, Steinbrüchen, Ziegeleien, Fabriken oder Eisenbahnen beschäftigt werden und dieser Beschäftigung wegen in der ersteren zugezogen oder verblieben sind, nachweisbar Mehrausgaben für Zwecke des öffentlichen Volksschulwesens oder der öffentlichen Armenpflege oder für polizeiliche Zwecke erwachsen, welche im Verhältnisse zu den ohne diese Personen für die erwähnten Zwecke notwendigen Gemeindeausgaben einen erheblichen Umfang erreichen und eine unbillige Mehrbelastung der Steuerpflichtigen herbeiführen, so ist eine solche Gemeinde berechtigt, von der Betriebsgemeinde einen angemessenen Zuschuß zu verlangen. Bei Bemessung desselben sind neben der Höhe der Mehrausgaben auch die nachweisbar der Gemeinde erwachsenden Vorteile, soweit sie in der Steuerkraft zum Ausdrucke kommen, zu berücksichtigen. Die Zuschüsse der Betriebsgemeinde dürfen in keinem Falle mehr als die Hälfte der gesamten in der Betriebsgemeinde von den betreffenden Betrieben zu erhebenden direkten Gemeindesteuern betragen.

Liegt der Betrieb in einem Gutsbezirke, so richtet sich der Anspruch gegen den Gewerbetreibenden. Die Zuschüsse dürfen alsdann die Hälfte der der Kreisbesteuerung dieses Betriebs zugrunde liegenden Einkommensteuer und Realsteuern und, wenn der Betrieb nicht gewerbesteuerpflichtig ist, drei Viertel der seiner Kreisbesteuerung zugrunde liegenden Einkommensteuer nicht übersteigen.

Die Bestimmungen des ersten und zweiten Absatzes finden auf den Anspruch eines Gutsbezirkes auf Zuschuß gleichmäßige Anwendung.

Wenn von mehreren Gemeinden oder Gutsbezirken Ansprüche auf Zuschüsse erhoben werden, welche zusammengerechnet die in den Abs. 1 und 2 vorgesehenen Höchstgrenzen übersteigen, so findet eine verhältnismäßige Kürzung der einzelnen Ansprüche bis zu der zulässigen Höchstgrenze statt.

Über streitige Ansprüche aus Abs. 1 bis 3 sowie über Streitigkeiten, die sich aus der Anwendung des Abs. 4 ergeben, beschließt der Kreisausschuß und, sofern die Stadt Berlin oder eine andere Stadtgemeinde beteiligt ist, der Bezirksausschuß. Gegen den Beschluß findet innerhalb zwei Wochen der Antrag auf mündliche Verhandlung im Verwaltungsstreitverfahren statt. Der Anspruch erlischt, wenn er nicht vor Ablauf des Rechnungsjahres, für welches er erhoben wird, durch schriftlichen Antrag bei der Betriebsgemeinde geltend gemacht wird und wenn der hiernach rechtzeitig angebrachte Anspruch nicht innerhalb eines Zeitraums von drei Monaten seit Zustellung des ablehnenden schriftlichen Bescheids der in Anspruch genommenen Betriebsgemeinde durch Stellung des Antrags beim Kreisausschusse bzw. Bezirksausschuß aufrecht erhalten wird.

Zutreffendenfalls kommen die Bestimmungen des § 58 des Gesetzes über die allgemeine Landesverwaltung v. 30. Juli 1883 (Gesetzsamml. S. 195) dahin zur Anwendung, daß auch in den Fällen, in welchen die Stadt Berlin beteiligt ist, der Minister des Innern den Bezirksausschuß bestimmt, welcher zu beschließen hat.

Vorstehende Bestimmungen finden auf die bei den Beschlußbehörden anhängigen Angelegenheiten keine Anwendung.

AH. Kom. § 44a. HH.

1. „Die Frage der Beteiligung der Gemeinden, welchen infolge des in einer anderen Gemeinde stattfindenden Betriebes

von industriellen Werken usw. Ausgaben erwachsen, an den von dem betreffenden Werke zu zahlenden Einkommens- und Realsteuern kam . . . anläßlich verschiedener Petitionen zur Sprache." AH. KomBer. S. 75. Die in diesem Paragraphen der Frage gegebene Lösung ist im wesentlichen das Werk einer Subkommission der Kom. des AH., deren Bericht auf S. 149 bis 163 (Anl. B) des KomBer. des AH. wiedergegeben ist. Durch das Gesetz v. 24. Juli 1906 (GS. S. 377) ist dem § 53 eine neue, in mehreren Punkten veränderte Fassung gegeben. Beseitigt ist die eine bisherige Voraussetzung für die Gewährung von Zuschüssen an eine Gemeinde, daß in derselben ein die Steuerpflicht nach § 35 begründender Betrieb nicht besteht; ferner ist die Voraussetzung, daß durch die eingangs erwähnten Betriebe erhebliche Mehrausgaben für Schul- und Armenwesen und zugleich eine Überbürdung herbeigeführt werden, dahin verändert, daß auch Mehrausgaben für polizeiliche Zwecke zu Forderungen berechtigen und nicht mehr eine Überbürdung, sondern nur eine unbillige Mehrbelastung erfordert wird. Diese Änderung beruht auf Initiativantrag des AH. und ist von diesem gegenüber dem Widerstande des HH. durchgesetzt worden, vgl. hierzu OVG. **56** S. 208 und 209. Über die Notwendigkeit des ursächlichen Zusammenhanges zwischen Betrieb und Belastung vgl. OVG. **32** S. 131, **33** S. 175, 186, **34** S. 124, **35** S. 123, **46** S. 128, **49** S. 162, 167 und 171. PVBl. XIX S. 308, XX S. 501, XXI S. 454, XXV S. 197, XXVI S. 907. Die in diesen Entscheidungen aufgestellten Grundsätze sind zum wesentlichen Teil in die Neufassung des Gesetzes von 1906 ausdrücklich aufgenommen worden.

2. Die andere Gemeinde (Betriebsgemeinde) braucht nicht notwendig eine benachbarte, unmittelbar angrenzende zu sein. (AH. K. C. S. 162.)

3. Zu den Eisenbahnen gehören auch Kleinbahnen.

4. Die Beweislast trifft die Zuschuß fordernde Gemeinde OVG. PVBl. XXIII S. 775; ihre genaue Durchführung kann

indes nicht für Einzelheiten verlangt werden, OVG. **35** S. 121, **41** S. 67, **43** S. 132, **49** S. 162.

5. Schematische Berechnung der Schulkosten auf den Kopf des Schulkindes reicht zur Begründung nicht aus, vielmehr ist der Nachweis erforderlich, daß gerade durch Hinzukommen der betreffenden Arbeiterkinder neue Lehrkräfte bzw. neue Schulklassen notwendig geworden sind, OVG. **33** S. 175, **35** S. 123. Dies gilt analog für die Polizeikosten.

6. Nur politische Gemeinden sind berechtigt, nicht Schul- und Kirchengemeinden. Vgl. OVG. **24** S. 135, **33** S. 175, **34** S. 119.

7. Die Zuschüsse können nur für die Zwecke des öffentlichen Volksschulwesens, des Armenwesens und für polizeiliche Zwecke in Anspruch genommen werden, jedoch nicht für bereits abgelaufene Rechnungsjahre. AA. Art. 38, 3. — Der Anspruch muß innerhalb des Rechnungsjahres erhoben sein. OVG. **37** S. 141, **38** S. 124. Abs. 5 hat jetzt neue Fassung.

8. Daß unter den der Gemeinde erwachsenden „Vorteilen" auch die den Gemeindeangehörigen erwachsenden Vorteile zu verstehen sind, z. B. Steigerung des Grundwertes u. a. m., meint HH. KomBer. S. 31. A. M. Noell zu § 53 A. 19. Vgl. OVG. **33** S. 175, **34** S. 124, **35** S. 123. PVBl. XVIII S. 464, XIX S. 308, XX S. 501, XXI S. 454. Nach dem Ges. v. 24. Juli 1906 sind die der Gemeinde erwachsenen Vorteile zu berücksichtigen, soweit sie in der Steuerkraft zum Ausdruck kommen. Der Nachweis der Vorteile liegt der Betriebsgemeinde ob. Als solche Vorteile sind nach OVG. Entsch. v. 1. Mai 1911 VII B 20. 10. Gemeinde Griesheim gegen Frankfurt a. M. anzusehen:

a) Steuern der Betriebsarbeiter, auch solcher, die nicht Kinder in die Schule schicken, aber unter Ausschluß der Grundsteuer;
b) die von den Betrieben selbst seitens der Wohnsitzgemeinde erhobenen Steuern;

c) eine etwaige Erhöhung der Steuerkraft der nicht zu den Betriebsarbeitern gehörigen Bevölkerung, sofern diese Erhöhung nachweisbar sein sollte; indes nur derjenige Bruchteil hiervon, der sich ergibt, wenn man die Schul-, Armen- und Polizeiausgaben mit den gesamten Ausgaben der Gemeinde vergleicht.

Als Vorteil hat auch die Entlastung zu gelten, welche der Wohnsitzgemeinde dadurch zuteil wird, daß umgekehrt Arbeiter in der Betriebsgemeinde wohnen und in Betrieben der Wohnsitzgemeinde Beschäftigung finden, OVG. **49** S. 162.

4. Verteilung des Steuerbedarfs auf die verschiedenen Steuerarten.

§ 54. Die vom Staate veranlagten Realsteuern sind in der Regel mindestens zu dem gleichen und höchstens zu einem um die Hälfte höheren Prozentsatze zur Kommunalsteuer heranzuziehen, als Zuschläge zur Staatseinkommensteuer erhoben werden.

Solange die Realsteuern 100 Prozent nicht übersteigen, ist die Freilassung der Einkommensteuer oder eine Heranziehung derselben mit einem geringeren als dem im ersten Absatze bezeichneten Prozentsatze zulässig.

Werden mehr als 150 Prozent der staatlich veranlagten Realsteuern erhoben und ist die Staatseinkommensteuer mit 150 Prozent belastet, so können von dem Mehrbetrage für jedes Prozent der staatlich veranlagten Realsteuern zwei Prozent der Staatseinkommensteuer erhoben werden.

Mehr als 200 Prozent der Realsteuern dürfen in der Regel nicht erhoben werden.

R. § 45. AH. Kom.

1. Die jetzige Fassung der §§ 54 und 55 entspricht einem in der zweiten Lesung der Komm. des AH. angenommenen

„Ausgleichsantrag". Durch denselben ist die von dem R. beabsichtigte Verteilung zugunsten der Realsteuern etwas verschoben. Vgl. KAG. 373, 374. Trotzdem sind diese Bestimmungen in einigen Gegenden großem Widerstand von seiten der Grundeigentümer, namentlich der Hausbesitzer, begegnet. Vgl. oben S. XXVIII. — Über die Auslegung und die für dieselbe maßgebenden Materialien vgl. insbesondere die oben S. XXVI erwähnte Denkschrift S. 2003 ff. und 2094 ff.

2. AA. Art. 39 II. 2 gibt folgende Erläuterungen:

„Den Gemeinden ist bei der Bestimmung des Verhältnisses, nach welchem der Steuerbedarf durch Realsteuern und durch Einkommensteuer gedeckt werden soll, ein gewisser Spielraum gelassen. Die Bewegung innerhalb dieses Spielraums darf aber keine willkürliche sein, zumal dann nicht, wenn die Deckung des Bedarfs eine Belastung der Einkommensteuer mit Zuschlägen von mehr als 100 % erfordert, für welche es nach § 55 der Genehmigung bedarf.

Bei der Feststellung des Verhältnisses, nach welchem der Gemeindebedarf durch Realsteuern und durch Einkommensteuer zu decken ist, bleibt daher zu prüfen, welche Ausgaben der Gemeinde vorzugsweise durch Realsteuern und welche vorzugsweise durch die Einkommensteuer aufzubringen sind.

Im allgemeinen sind folgende leitende Gesichtspunkte festzuhalten:

a) Diejenigen Aufwendungen, welche nach ihrem Wesen und ihrer Bestimmung allen Gemeindeangehörigen zugute kommen oder durch sie veranlaßt werden, sind vorzugsweise durch die Einkommensteuer zu decken; hierhin gehören insbesondere die Kosten der den Gemeinden obliegenden Erfüllung allgemeiner staatlicher Zwecke, wie die Aufwendungen für das Volksschul- und Armenwesen, für die öffentliche Sicherheit, die Gesundheitspflege usw., ferner die allgemeinen Verwaltungskosten der Gemeinden usw.

b) Aufwendungen, die ausschließlich oder doch ganz überwiegend dem Grundbesitz und Gewerbebetrieb zum Vorteil gereichen, wie die Anlegung und Unterhaltung von Wegen, Ent- und Bewässerungsanlagen, welche nur oder vorzugsweise dem Grundbesitz oder Gewerbebetrieb dienen, sind lediglich durch Realsteuern aufzubringen.

c) Die im allgemeinen Interesse gemachten Aufwendungen, aus denen zugleich den Grundbesitzern und Gewerbetreibenden besondere Vorteile erwachsen, sind auf die Realsteuern und die Einkommensteuer nach billigem Ermessen zu verteilen; es gilt dies namentlich von den Kosten über die Unterhaltung der öffentlichen Straßen, der Kanalisations- und Wasserleitungsanlagen, des Beleuchtungs- und Feuerlöschwesens.

d) Die vorstehenden allgemeinen Gesichtspunkte bilden nicht die ausschließliche Richtschnur für die Verteilung des Steuerbedarfs. Beispielsweise würde einer starken Verschuldung des Grundbesitzes oder einer besonders ungünstigen Lage des Gewerbebetriebes durch entsprechende niedrigere Bemessung des Prozentsatzes der Realsteuerbelastung Rechnung getragen werden können, andererseits würde es dort, wo die ausschließliche Aufbringung des gesamten Steuerbedarfs durch Realsteuern herkömmlich ist und die Verhältnisse der Steuerpflichtigen gleichartige sind, bei dem Herkommen belassen werden dürfen.

Im übrigen ist nicht außer acht zu lassen, daß eine Belastung der Staatseinkommensteuer mit Gemeindezuschlägen über das gerechtfertigte Maß hinaus um so weniger zugelassen werden kann, als die Staatseinkommensteuer nach ihrer jetzigen Gestaltung eine solche Belastung nicht zu ertragen vermag. Um gegenüber den früheren Zuständen eine entsprechende schärfere kommunale Belastung der Realsteuern zu ermöglichen, hat der Staat auf die Realsteuern gänzlich verzichtet und diese Steuerquelle ausschließlich den Gemeinden überlassen.

Auch bleibt zu berücksichtigen, daß durch diesen Verzicht zahlreiche Steuerpflichtige eine solche Erleichterung erhalten haben, daß ihre schärfere Heranziehung zu den kommunalen Realsteuern in nicht seltenen Fällen schon aus diesem Grunde für unbillig nicht zu erachten ist."

3. Dem § 54 liegen danach im wesentlichen zwei Erwägungen zugrunde:

1. daß für den durch direkte Steuern zu deckenden Finanzbedarf grundsätzlich zunächst vorzugsweise die Realsteuern — weil nach der Grundanschauung des Gesetzes bei den Gemeinden die Besteuerung nach dem Interesse im Vordergrund stehen soll — heranzuziehen sind;

2. daß aber anderseits die Leistungsfähigkeit der Pflichtigen bei den Realsteuern eine begrenztere ist als bei der Einkommensteuer, demgemäß sich das aus Ziff. 1 ergebende Verhältnis beider von 150 % Belastung ab umkehren und schließlich bei 200 % die Belastung der Realsteuern ihre Obergrenze finden soll.

4. ME. vom 7. Dez. 1895 (MBl. 1896 S. 5—9) gibt weitere Erläuterungen. Danach gehören nicht unter a, sondern unter c (vgl. A. 2): Kreis- und Provinzialabgaben, Beiträge der Gemeinden für Bürgermeistereien und Amtsvorstände in Rheinland und Westfalen, die Budgetposten insgemein und zur Disposition; ferner gehören z. B. auch unter c: Kosten der Reinigung der Straßen und Wege, Kosten von Brücken, Promenaden, Alleen und Anpflanzungen, Beiträge zu Eisenbahnbauten, für Erlangung von Garnisonen, Irrenanstalten usw.; Nachtwachtdienst. Unter b fallen z. B. Kosten der Feldhut, Fluchtlinienregulierung, gewerblicher Fortbildungsschulen und Gewerbegerichte. — Andererseits sind die Kosten des Armen- und Schulwesens sowie der Polizei- und allgemeinen Verwaltung keineswegs immer durch die Einkommensteuer aufzubringen, viel-

mehr in manchen Fällen, z. B. wenn dieſe Koſten weſentlich durch die induſtriellen Betriebe veranlaßt ſind, den Realſteuern zur Laſt zu bringen.

5. Der Ertrag beſonderer Gemeindeſteuern vom Grundbeſitz, Gewerbebetrieb oder Einkommen iſt entſprechend anzurechnen (§ 57), mit Ausnahme jedoch der Bauplatzſteuer und Betriebsſteuer (§ 58). — Der Ertrag der Warenhausſteuer iſt nach § 14 des Geſ. v. 18. Juli 1909 nicht anzurechnen.

6. Hiernach iſt eine Heranziehung der Realſteuern mit mehr als 100% (d. h. dem bisher vom Staat erhobenen Betrage) nur zuläſſig (Abſ. 1), wenn mindeſtens 66 2/3 % Zuſchlag zur ſtaatlichen Einkommenſteuer erhoben wird; und wenn an Realſteuern 200% zur Hebung gelangen, ſo müſſen nach Abſ. 1 mindeſtens 133 1/3 % und können nach Abſ. 3 höchſtens 250 % Einkommenſteuerzuſchläge erhoben werden. AH. KomBer. S. 89. Vgl. Einleitung S. XXII, XXIV. — Eine Tabelle über das ziffernmäßige Verhältnis der zuläſſigen Real- und Einkommenſteuerbelaſtung ſ. im Anhang.

7. Der einzelne Steuerpflichtige kann aus den Verteilungsvorſchriften der §§ 54 ff. für ſich kein Recht herleiten. AHVerh. S. 2152, 2153. Vgl. OVG. 30 S. 43, PVBl. XXXI S. 393 über die Zuläſſigkeit verwaltungsgerichtlicher Kontrolle und deren Grenzen.

8. Nach ME. vom 21. April 1896 (bei Noell, A. 2 zu § 53) ſind die auf den Gemeindeetat übernommenen Kreislaſten uſw. auf Einkommenſteuern und Realſteuern nach demſelben Maßſtab zu verteilen, nach welchem ſie ausgeſchrieben worden.

§ 55. Zuſchläge über den vollen Satz der Staatseinkommenſteuer hinaus, ſowie Abweichungen von den im § 54 enthaltenen Vorſchriften bedürfen der Genehmigung; die Abweichungen ſind nur aus beſonderen Gründen zu geſtatten.

In beiden Fällen ist davon auszugehen, daß Aufwendungen der Gemeinde, welche in überwiegendem Maße dem Grundbesitze und dem Gewerbebetriebe zum Vorteile gereichen, insoweit in der Regel durch Realsteuern gedeckt werden sollen, sofern die Ausgleichung nicht nach §§ 4, 9, 10 oder 20 erfolgt. Zu solchen Aufwendungen gehören namentlich die Ausgaben für den Bau und die Unterhaltung von Straßen und Wegen, für Ent- und Bewässerungsanlagen sowie für die Verzinsung und Tilgung der zu derartigen Zwecken aufgenommenen Schulden.

R. § 46. AH. Kom. Plen. II. HH.

1. Vgl. § 54 A. 1.

2. Als der „volle Satz der Staatseinkommensteuer" ist bei besonderen Gemeindeeinkommensteuern der Betrag anzusehen, welcher eingeht, wenn die Gemeindeeinkommensteuer nach dem Tarif der Staatseinkommensteuer veranlagt wird. Unrichtig KAG. S. 376. Vgl. Noell, A. 2 zu § 55.

3. Diese Genehmigung bedarf der ministeriellen Zustimmung. § 77 Abs. 3 b und c.

4. Die Unterverteilung des Gesamtaufkommens der Realsteuern unter die einzelnen Realsteuern regelt der § 56.

5. Die §§ 4, 9, 10, 29 handeln von den Gebühren, Beiträgen und Vorausleistungen.

6. Zu Abs. 2 vgl. A. 2 und 3 zu § 54.

§ 56. Zur Deckung des durch Realsteuern aufzubringenden Steuerbedarfs sind die veranlagten Grund-, Gebäude- und Gewerbesteuern in der Regel mit dem gleichen Prozentsatze heranzuziehen.

Genießen jedoch die Grund- (Haus-) Besitzer oder Gewerbetreibenden von Veranstaltungen der Gemeinde besondere Vorteile oder verursachen sie der Gemeinde besondere Kosten, so ist, sofern die Ausgleichung nicht nach §§ 4, 9, 10 oder 20 erfolgt, der durch die Realsteuern aufzubringende Steuerbedarf (§§ 54, 55) auf die Steuern vom Grund- (Haus-) Besitz und Gewerbebetrieb, in Prozenten der veranlagten Realsteuern berechnet, anderweitig entsprechend unterzuverteilen, jedoch mit der Maßgabe, daß Grund- und Gebäudesteuer höchstens doppelt so stark herangezogen werden, wie die Gewerbesteuer und umgekehrt.

Ausnahmen können aus besonderen Gründen von den Ministern des Innern und der Finanzen zugelassen werden.

Vorstehende Bestimmungen finden sinngemäße Anwendung auf die Heranziehung der Grundsteuer im Verhältnis zur Gebäudesteuer.

Die Unterverteilung (Abs. 2 und 4) bedarf der Genehmigung.

R. § 47. AH. Kom. HH.

1. Über „Veranstaltungen" vgl. § 4.

2. Über die verschiedene Abstufung der Gewerbesteuersätze vgl. § 31.

3. Der im Herrenhause hinzugefügte Abs. 3 ist für die Entwicklung besonderer Realsteuern von ganz besonderer Bedeutung. (Vgl. A. 3 zu § 57.) Er bezieht sich nicht nur auf Abs. 2, sondern auch auf Abs. 1, so daß Abweichungen von der normalen Verteilung auch in anderen Fällen als in denen des Abs. 2 zugelassen werden können. Die Zulassungsbefugnis kann nicht durch die nachgeordneten Behörden übertragen werden.

Die Zulassung muß auch erwirkt werden, wenn die besonderen Gemeindesteuerordnungen, deren Ausführung Abweichungen von Abs. 1 und 2 zur Folge haben, bereits die

Genehmigung und Zustimmung erfahren haben. Vgl. OVG. PVBl. 27 S. 819, OVG. 51 S. 127, ME. v. 14. April 1906, MBl. d. i. V. S. 154. Die Zulassung muß bestimmte von der Gemeinde beschlossene Prozente zum Gegenstand haben, sie darf nicht in der Festsetzung einer Maximalgrenze bestehen. OVG. Entsch. v. 17. Jan. und 19. Febr. 1908 II C 161 und 225/07 in Sachen Stadtgemeinde Frankfurt a. M.

4. Abs. 5 nimmt nur Abs. 2 und 4, nicht auch auf Abs. 1 in Bezug; hiernach bedürfen die nicht auf Abs. 2 beruhenden Abweichungen von der Regel des Abs. 1 (vgl. vorhergehende Anmerkung) nicht der Genehmigung (§ 77), sondern nur der Zulassung. In der Praxis pflegt indes auch bei diesen Abweichungen nicht von der Erwirkung und Erteilung der Genehmigung abgesehen zu werden, da es sich um eine materiell nicht beabsichtigte Lücke des Gesetzes handelt, die lediglich auf den Mangel an Einheitlichkeit bei dem Zustandekommen des Paragraphen zurückzuführen ist. (Vgl. Noell-Freund, Anm. 4 zu § 5b.

§ 57. Bei der Verteilung des Steuerbedarfs §§ 54, 55, 56) ist das Aufkommen besonderer Gemeindesteuern (§ 23 Abs. 2, §§ 25, 29, 37) je nach ihrer Einrichtung und Beschaffenheit auf denjenigen Teil des Steuerbedarfs zu verrechnen, welcher durch Prozente der entsprechenden, vom Staate veranlagten Steuer aufzubringen ist.

Mietssteuern von gewerblich benutzten Räumen sind auf die Gewerbesteuer zu verrechnen.

R. § 48. AH. Kom.

1. Der § 23 Abs. 2 handelt von den die Einkommensteuer ersetzenden Mietssteuern und anderen ähnlichen Aufwandssteuern, § 25 von besonderen Steuern auf Grundbesitz, § 29 von besonderen Gewerbesteuern und § 37 von besonderen Gemeindeeinkommensteuern. Vgl. § 54 A. 2.

2. „Der aus steuerlicher Vor- oder Mehrbelastung (§ 20) sich ergebende Betrag ist stets auf den Bedarf derjenigen Steuerart anzurechnen, auf welche sich die Vor- oder Mehrbelastung bezieht.“ AA. Art. 39, III 5.

3. Die §§ 54—56 sind auch auf die besonderen Gemeindesteuern mit Ausnahme der Betriebs- und Bauplatzsteuer anzuwenden, so wenig diese Verteilungsvorschriften auch auf die besonderen Steuern passen. Die dadurch entstehenden Schwierigkeiten können aber durch die der Ministerialinstanz eingeräumte Gewährung von Ausnahmen beseitigt werden. Studien S. 113 bis 119. Vgl. hierzu OVG. 33 S. 205, 38 S. 166. PVBl. XXI S. 302, XXII S. 22. Vgl. Anm. 3 zu § 56.

4. Zu Abs. 2. Es ist nicht erforderlich, daß die Räume ausschließlich gewerblich benutzt sind. (AH. StV. und KomBer.)

§ 58. Die Bestimmungen der §§ 54, 56 und 57 finden auf die Betriebssteuer und auf die Steuern von Bauplätzen (§ 27 Abs. 2) keine Anwendung. Zuschläge zu der Betriebssteuer, die 100 Prozent übersteigen, bedürfen der Genehmigung.

R. § 47. AH. Kom. Pl. III.

1. Die Betriebssteuer muß in der Höhe der staatlichen Veranlagung erhoben werden. Vgl. § 13 des Gesetzes wegen Aufhebung direkter Staatssteuern.

2. Bei den Zuschlägen zur Betriebssteuer im Sinne des § 58 handelt es sich nur um diejenigen Zuschläge, welche außer dem nach der staatlichen Veranlagung sich ergebenden und — soweit die Gemeinden nicht Stadtkreise sind — an die Kreise abzuführenden Ertrage dieser Steuer zugunsten der Gemeinden erhoben werden sollen. ME. v. 31. Jan. 1895 (MBl. S. 36).

§ 59. Über die Verteilung des Steuerbedarfs nach den vorstehenden Bestimmungen (§§ 54 bis 57) hat die Gemeinde bis zum Ablaufe der ersten drei Monate des Rechnungsjahres Beschluß zu fassen. Kommt bis zu diesem Zeitpunkte ein gültiger Beschluß nicht zustande, so werden behufs Deckung des Steuerbedarfs — unbeschadet der Vorschrift im § 96 Abs. 4 — die Realsteuern mit einem um die Hälfte höheren Prozentsatze als die Einkommensteuer, unter sich nach gleichen Prozentsätzen, herangezogen. Die Aufsichtsbehörde ist jedoch befugt, die Deckung des Steuerbedarfs nach Maßgabe der §§ 54, 55 anzuordnen.

Der hiernach zur Anwendung gelangende Maßstab behält so lange Geltung, als nicht bis zum Ablaufe der ersten drei Monate des jedesmaligen Rechnungsjahres ein gültiger Gemeindebeschluß über die Verteilung des Steuerbedarfs zustande gekommen ist.

R. § 49. AH. Kom.

1. „Die Beschlußfassung erstreckt sich auf die für die Gemeinde maßgebende Rechnungsperiode (§ 95); sie kann jedoch, wenn die für die Verteilung des Steuerbedarfs maßgebenden Voraussetzungen erheblichen Schwankungen nicht unterworfen sind, für mehrere Rechnungsperioden oder auch dauernd bis auf anderweitige Bestimmung erfolgen.“ AA. Art. 40.

2. Gegen die Angemessenheit des Verteilungsbeschlusses kann der Verwaltungsrichter nicht angerufen werden. OVG. PVBl. XVIII S. 255.

3. Der Auflage im ersten Satze des § 59 ist genügt, wenn die Gemeinde innerhalb der ersten drei Monate einen materiell und formell gegen kein Gesetz verstoßenden Beschluß gefaßt hat; wenn demnächst die Genehmigung versagt wird,

so ist von neuem zu beschließen. Da die Gemeinde inzwischen Steuern nicht erheben kann, liegt in der Sachlage ein wirksamer Zwang, dem Verlangen der Aufsichtsbehörde nach anderweiter Verteilung zu entsprechen. ME. v. 28. Nov. 1896 im MBl. 1897 S. 4; vgl. OVG. PVBl. XXXI S. 374.

4. Der § 96 Abs. 4 bezieht sich auf die bis zum Inkrafttreten des Gesetzes in Kraft gewesenen Ordnungen, welche zunächst — mit Ausnahme der Miets- und besonderen Einkommensteuer (§§ 23 und 37) — bis zu anderweiter Beschlußfassung der Gemeinde oder Verfügung der Aufsichtsbehörde nach § 78 in Kraft bleiben.

5. Zeitliche Begrenzung der Steuerpflicht.

§ 60. Soweit sich die Gemeindesteuern den Staatssteuern anschließen und etwas anderes nicht bestimmt ist, gelten für den Zeitpunkt des Beginnes und des Erlöschens der Steuerpflicht die für die entsprechende Staatssteuer bestehenden Vorschriften.

Im übrigen gelten hinsichtlich der Dauer der Steuerpflicht folgende Bestimmungen:

1. Die Steuerpflicht beginnt:
   a) soweit sie von der Begründung eines Wohnsitzes oder Sitzes in einer Gemeinde abhängt, mit dem ersten Tage des auf die Begründung des Wohnsitzes oder Sitzes folgenden Monats;
   b) soweit sie von dem Aufenthalte in einer Gemeinde abhängt, mit dem ersten Tage des nach dem Ablaufe der maßgebenden Aufenthaltsfrist (§ 33 Abs. 4) beginnenden Monats;
   c) soweit sie durch Grundvermögen, Betrieb von Handel oder Gewerbe, einschließlich des Bergbaues, bedingt ist (§ 33 Nr. 2, § 35), mit dem

ersten Tage des auf den Erwerb des Grundvermögens oder den Beginn des Betriebes folgenden Monats.

Ist in dem zu b bezeichneten Falle die Steuerpflicht infolge des Ablaufs der Aufenthaltsfrist oder der früheren Begründung eines Wohnsitzes eingetreten, so muß die Steuer seit dem ersten Tage des nach erfolgter Aufenthaltsnahme begonnenen Monats nachentrichtet werden.

2. Die Steuerpflicht erlischt:

a) durch den Tod des Steuerpflichtigen mit dem Ablaufe des Monats, in welchem der Tod erfolgt ist;

b) durch das Aufgeben des Wohnsitzes, Sitzes oder Aufenthalts mit dem Ablaufe des Monats, in welchem der Wohnsitz, Sitz oder Aufenthalt tatsächlich aufgegeben worden ist, sofern jedoch bis zu diesem Zeitpunkte der Gemeindebehörde hiervon keine Anzeige erstattet ist, erst mit dem Ablaufe des folgenden Monats;

c) durch die Veräußerung des Grundvermögens bzw. die Einstellung des die Steuerpflicht bedingenden Betriebes von Handel oder Gewerbe, einschließlich des Bergbaues (§ 33 Nr. 2, § 35) mit dem Ablaufe des Monats, in welchem die Veräußerung bzw. die Einstellung des Betriebes erfolgt ist.

R. § 50.

1. Zu Abs. 1 „sich . . . anschließen" OVG. **32** S. 21.

2. „Soweit . . . etwas anderes nicht bestimmt ist." — Diese Worte in Abs. 1 beziehen sich auf die sofortige Heranziehung neuerbauter usw. Häuser. Vgl. § 26 A. 2.

3. Die Steuerpflicht in der Aufenthaltsgemeinde (1 b) beginnt nach Ablauf der drei Monate (§ 33 Abs. 4), tritt dann aber auch für die zurückliegenden Monate ein. AH. KomBer.

4. Über Beginn der Steuerpflicht vgl. OVG. **35** S. 56 (Grundbeſitzſteuern), PVBl. XIX S. 177 (Gewerbeſteuern), XXVIII S. 948; über Aufgabe des Wohnſitzes PVBl. XXIX S. 706, OVG. **49** S. 36.

5. Gegen OVG. **32** S. 37 vgl. Noell, A. 10 zu § 60 und unten A. 6 zu § 84.

6. Veranlagung und Erhebung.

§ 61. Die Veranlagung erfolgt durch den Gemeindevorſtand oder einen beſonderen Steuerausſchuß der Gemeinde.

Die Zuſammenſetzung und die Geſchäftsordnung der Steuerausſchüſſe ſind unter ſinngemäßer Anwendung der Vorſchriften der §§ 50 Abſ. 3 bis einſchließlich 54 des Einkommenſteuergeſetzes vom 24. Juni 1891 durch Gemeindebeſchluß zu beſtimmen.

R. § 51.

1. „Wird ein Steuerausſchuß nicht gebildet, ſo beruht die Veranlagung kraft Geſetzes beim Gemeindevorſtande." (Mot.) Eine etwaige Beſchlußfaſſung der Gemeindevertretung iſt ohne Rechtswirkung für den Gemeindevorſtand und für den Pflichtigen. OVG. PVBl. XXIX S. 151.

2. „Die Pflicht zur Übernahme des Amtes als Mitglied des Steuerausſchuſſes ſowie die Befugnis zur Niederlegung des Amtes regeln ſich nach den entſprechenden Beſtimmungen der Gemeindeverfaſſungsgeſetze." AA. Art. 42.

§ 62. Dem Gemeindevorſtande (Steuerausſchuß) ſind von den zuſtändigen Staatsbehörden diejenigen bei der Veranlagung oder Feſtſetzung der Staatsſteuern bekannt gewordenen Beſteuerungsmerkmale, deren er für die Veranlagung bedarf, auf Ersuchen mitzuteilen.

Zu dem gleichen Zwecke haben die Behörden anderer Gemeinden hinsichtlich der ihnen bekannten Besteuerungsmerkmale dem Gemeindevorstande (Steuerausschuß) auf Erfordern Auskunft zu erteilen.

R. § 52. AH. Kom. red.

1. Zu Abs. 2. Nicht über Sparkasseneinlagen ME. v. 25. Jan. 1893 in Mitteilungen aus der Verwaltung der direkten Steuern Nr. 26 S. 15.

§ 63. Durch die Steuerordnung können die Rechte des Gemeindevorstandes (Steuerausschusses) und die Obliegenheiten der Steuerpflichtigen nach Maßgabe folgender Bestimmungen geregelt werden.

Der Gemeindevorstand (Steuerausschuß) kann, soweit er nicht auf anderem Wege (§ 62) zur Kenntnis der für die Veranlagung maßgebenden Besteuerungsmerkmale gelangt ist, ermächtigt werden, von den Steuerpflichtigen hierüber binnen einer angemessenen Frist Auskunft zu erfordern. Die Aufforderung muß in jedem einzelnen Falle durch eine besondere, dem Steuerpflichtigen zuzustellende Zuschrift erfolgen.

Die Verpflichtung zur Auskunftserteilung erstreckt sich nur auf die Beantwortung der bei der Aufforderung gestellten Fragen über bestimmte Tatsachen. Soweit es sich um Schätzungen handelt, ist der Steuerpflichtige eine Erklärung abzugeben berechtigt, aber nicht verpflichtet.

Wird die Auskunftserteilung beanstandet, so sind dem Steuerpflichtigen vor der Veranlagung die Gründe der Beanstandung mit dem Anheimstellen mitzuteilen, hierüber binnen einer angemeſſenen Friſt eine weitere Erklärung abzugeben.

Die im vorſtehenden wegen der Steuerpflichtigen getroffenen Beſtimmungen finden auf Bevollmächtigte und geſetzliche Vertreter der Steuerpflichtigen ſinngemäße Anwendung.

R. § 53. AH. Kom. red.

1. „Das Geſetz (§ 63 Abſ. 1) verweiſt wegen der Regelung der Rechte des Gemeindevorſtandes (Steuerausſchuſſes) und der Obliegenheiten der Steuerpflichtigen auf die Steuerordnungen. Des Erlaſſes einer Steuerordnung bedarf es nach §§ 18, 23 nur, wenn es ſich um die Einführung neuer oder die Veränderung beſtehender indirekter Gemeindeſteuern, oder um die Einführung neuer oder die Veränderung beſtehender direkter Gemeindeſteuern handelt, welche nicht in Prozenten der vom Staate veranlagten Steuern erhoben werden. Beiſpielsweiſe bedarf es ſomit einer Steuerordnung nicht zu einer Veranlagung auf Grund des § 36 Abſ. 2. Ob die Einrichtung eines Steuerausſchuſſes und die Regelung der Geſchäftsordnung desſelben nach § 61 auch in Fällen dieſer Art angängig iſt, bleibt nach dem beſtehenden Gemeindeverfaſſungsgeſetze zu beurteilen. Dagegen würde die Verſagung der Auskunftserteilung nur durch Steuerordnung mit Strafe bedroht werden können (§ 82)." (AA. Art. 42) Nr. 3.)

2. Die in Abſ. 2 vorgeſehene Ermächtigung iſt in der Steuerordnung ſelbſt zu erteilen. AH. KomBer.

3. Obwohl ſich § 63 formell nur auf direkte Steuern bezieht, können ſeine Grundſätze auch in Steuerordnungen für indirekte Steuern aufgenommen werden, Entſch. des Kammergerichts v. 9. März 1908 PVBl. XXIV S. 1033.

§ 64. Durch Steuerordnung kann beſtimmt werden, daß die Veranlagung beſonderer Realſteuern für mehrere aufeinander folgende Rechnungsjahre zu erfolgen hat. Soweit eine Bestimmung nicht getroffen ist, geschieht die Veranlagung für je ein Rechnungsjahr.

R. § 54. AH. Kom. red.

1. Zu Satz 1 zu vgl. OVG. **43** S. 56, **50** S. 107, **52** S. 146 PVBl. XXVII S. 819, XXX S. 405.

§ 65. Im Falle der Erhebung von Prozenten der vom Staate veranlagten Realsteuern, sowie von Zuschlägen zur Staatseinkommensteuer erfolgt die Bekanntmachung der Steuern durch den Gemeindevorstand für diejenigen Steuerpflichtigen, bezüglich deren die staatlich veranlagte Steuer die unveränderte Grundlage der Prozente oder Zuschläge bildet, durch eine in ortsüblicher Weise zu bewirkende Veröffentlichung der zu erhebenden Prozentsätze, für andere Steuerpflichtige durch besondere Mitteilung.

Bei Erhebung besonderer Gemeindesteuern geschieht die Bekanntmachung durch den Gemeindevorstand für die im Gemeindebezirke wohnenden steuerpflichtigen physischen Personen mittels Auslegung der Hebeliste während eines zweiwöchigen Zeitraums in einem oder mehreren, in ortsüblicher Weise zur öffentlichen Kenntnis zu bringenden Räumen des Gemeindebezirks, für die übrigen Steuerpflichtigen durch besondere Mitteilung.

Bei Zugängen im Laufe des Jahres bedarf es stets besonderer Mitteilung.

Durch Gemeindebeschluß kann an Stelle der Bekanntmachung durch Auslegung eine besondere Mitteilung an jeden einzelnen Pflichtigen angeordnet werden.

R. § 55. AH. Kom.

1. Nach OVG. PVBl. XX S. 239 kann die Heranziehung von Forensen zu Kommunalabgaben in keinem Falle durch Auslegung einer Hebeliste geschehen. AM. Noell-Freund, Anm. 6 zu § 65.

2. „Hat eine besondere Mitteilung zu erfolgen, so ist die Zustellung dieser Mitteilung innerhalb Preußens durch einen öffentlichen Beamten unter Bescheinigung der Behändigung auszuführen. Die Post kann um die Bewirkung der Zustellung ersucht werden. Für die Zustellung gelten die in den §§ 9 bis 16 der Verordnung v. 7. Sept. 1879 (GS. S. 591) gegebenen Vorschriften mit der Maßgabe, daß an die Stelle der Vollstreckungsbehörde der Gemeindevorstand tritt, welcher die Zustellung anordnet, und daß es nicht der Aufnahme einer förmlichen Zustellungsurkunde bedarf; es genügt eine Bescheinigung des öffentlichen Beamten, welche Ort und Zeit der Zustellung, die Bezeichnung des zugestellten Schriftstückes, die Person, an welche dasselbe übergeben ist, sowie die Unterschrift der Beamten enthalten muß. OVG. PVBl. XXIV S. 321. Diese Bescheinigungen können für eine Mehrzahl von Zustellungen tabellarisch zusammengefaßt werden.

Die Zustellungen außerhalb Preußens sind in der Regel mittels eingeschriebenen Briefes gegen einen zu den Akten zurückgelangenden Empfangschein zu bewirken. — Sind Wohnsitz und Aufenthalt eines Steuerpflichtigen unbekannt, so kann die Zustellung an denselben durch Anheften des zuzustellenden Schriftstücks an der zu Aushängen bestimmten Stelle der veranlagenden Gemeinde erfolgen. Die Zustellung gilt für vollzogen, wenn seit der Anheftung zwei Wochen verstrichen sind." AA. Art. 43, 1.

3. ME. v. 18. April 1898 (MBl. S. 89) empfiehlt, die Benachrichtigungen über Veranlagung tunlichst verschlossen erfolgen zu lassen.

4. Mit der Mitteilung braucht keine Belehrung über die zulässigen Rechtsmittel verbunden zu werden. Wird aber

eine Belehrung zugefügt, muß sie vollständig sein. Vgl. ME. v. 2. Juni 1897 (MBl. S. 5) über Belehrung bei der Einkommensteuer. A. 5 zu § 69.

§ 66. Nach erfolgter Bekanntmachung (§ 65) ist die Steuer in den ersten acht Tagen eines jeden Monats zu entrichten. An Stelle des Monats kann durch Gemeindebeschluß eine zwei- oder dreimonatliche Hebeperiode eingeführt werden. Auch können durch Gemeindebeschluß bestimmte Hebungstage festgesetzt werden.

Wenn die zu erhebenden Prozentsätze der vom Staate veranlagten Realsteuern oder die Zuschläge zur Einkommensteuer 50 vom Hundert nicht übersteigen, so kann durch Gemeindebeschluß unter Festsetzung der Hebetermine die Hebung der Steuer in halbjährigen Beträgen oder auch im Betrage des ganzen Jahres angeordnet werden.

Dem Pflichtigen ist stets die Vorausbezahlung mehrerer Raten bis zum ganzen Jahresbetrage gestattet.

R. § 56. AH. Kom. red.

1. „Nach § 62 des Einkommensteuergesetzes v. 24. Juni 1891 ist die Staatseinkommensteuer in vierteljährlichen Beträgen in der ersten Hälfte des zweiten Monats eines jeden Vierteljahres an die Empfangsstelle abzuführen. Sofern aus den Verhältnissen der Steuerpflichtigen Bedenken nicht herzuleiten sind, wird es sich in denjenigen Gemeinden, von denen zugleich die Hebung der Staatseinkommensteuer zu bewirken ist, im Interesse der Steuerpflichtigen empfehlen, auch für den Gemeindeempfang eine dreimonatliche Hebeperiode einzuführen." AA. Art. 43, 2.

§ 67. Die Gemeinden können die von den Mitgliedern einer Gesellschaft mit beschränkter Haftung gemäß § 33 Nr. 2 und 3 zu entrichtende Gemeindeeinkommensteuer von der Geſellſchaft einziehen.

AH. Pl. II. § 67. HH.

1. Da nach den Beſchlüſſen des AH. zu § 33 die Geſellſchaften mit beſchränkter Haftung nicht — wie die Aktiengeſellſchaften uſw. — als ſolche zur Steuer heranzuziehen, vielmehr die einzelnen Geſellſchafter ſteuerpflichtig gemacht ſind, erſchien dieſe Beſtimmung nötig, um die Einziehung der Steuer zu ſichern. Vgl. § 33 A. 5.

2. „Die Befugnis der Gemeinde tritt nicht ein, ſofern das Mitglied einer Geſellſchaft mit beſchränkter Haftung nicht nur als ſolches (§ 33 Nr. 2, 3), ſondern außerdem noch aus anderem Grunde gemeindeeinkommenſteuerpflichtig iſt. Denn in dieſem Falle erſtreckt ſich die Steuerpflicht auf das geſamte ſteuerpflichtige Einkommen in der Gemeinde (vgl. Art. 23).“ AA. Art. 43, 3.

Vierter Titel.

Naturaldienſte.

§ 68. Die Steuerpflichtigen können durch Gemeindebeſchluß zu Naturaldienſten (Hand- und Spanndienſten) herangezogen werden.

Spanndienſte ſind von den Grundbeſitzern nach dem Verhältnis der Anzahl der Zugtiere, welche die Bewirtſchaftung ihres im Gemeindebezirk belegenen Grundbeſitzes erfordert, Handdienſte von ſämtlichen Steuerpflichtigen gleichheitlich zu leiſten. Ob und inwieweit hierbei den geſpannhaltenden Grundbeſitzern die ihnen obliegenden Spanndienſte auf das Maß der auf ſie entfallenden Handdienſte anzurechnen ſind, beſtimmt ſich nach den hierüber getroffenen vertragsmäßigen oder ſtatutariſchen Feſtſetzungen oder dem Herkommen. Im

Zweifelsfalle wird vermutet, daß die gespannhaltenden Grundbesitzer nur bei solchen Arbeiten, bei welchen zugleich Spanndienste vorkommen, von den Handdiensten befreit sind. Abweichungen von diesen Bestimmungen, insbesondere die Heranziehung von anderen gespannhaltenden Steuerpflichtigen zu Spanndiensten, bedürfen der Genehmigung.

Die Dienste können mit Ausnahme von Notfällen durch taugliche Stellvertreter abgeleistet werden.

Die Gemeinde kann gestatten, daß an Stelle des Naturaldienstes ein angemessener Geldbeitrag geleistet wird.

Die gemäß § 38 dieses Gesetzes von den Gemeindeabgaben ganz oder teilweise freigelassenen Steuerpflichtigen können nach Maßgabe der Bestimmung des Absatzes 2 zu Naturaldiensten herangezogen werden.

Die in §§ 40, 41, 42 aufgeführten Personen sind von Naturaldiensten, soweit diese nicht auf den ihnen gehörigen Grundstücken lasten, befreit; untere Kirchendiener insoweit, als ihnen diese Befreiung seither rechtsgültig zustand.

R. § 57. AH. Kom. Bl. II. und III.

1. Der Paragraph bezieht sich auf alle irgendwie Gemeindesteuerpflichtigen.

2. Wenn die Gemeinde beschließt, die Dienste in Geld zu schätzen und leisten zu lassen, steht nicht mehr die Leistung von Naturaldiensten, sondern lediglich von Gemeindesteuern in Frage. AA. Art. 44.

3. Naturaldienste umfassen nicht Naturallieferungen oder sonstige Leistungen, wie Herstellung von Bürgersteigen. OVG. PVBl. XIX S. 501, XXI S. 26, **34** S. 174, **36** S. 170. Die Naturaldienste sind an sich unentgeltlich zu leisten.

Die Gemeinde kann aber eine Vergütung bewilligen. OVG. PVBl. XXIV S. 216.

4. „Handdienste" umfassen alle Dienste, welche nicht mit Zugtieren zu leisten sind, also z. B. auch Botendienste und Nachtwachen. (Mot., AH. KomBer. und AA. Art. 44.)

5. Die analoge Anwendung des § 20 Abs. 2 (Mehr- oder Minderbelastung) ist zulässig. (HH. KomBer.).

Fünfter Titel.

Rechtsmittel.

§ 69. Dem Abgabepflichtigen steht gegen die Heranziehung (Veranlagung) zu Gebühren, Beiträgen, Steuern und Naturaldiensten der Einspruch zu. Das Rechtsmittel ist binnen einer Frist von vier Wochen bei dem Gemeindevorstande einzulegen.

Der Lauf der Frist beginnt:

1. soweit die Bekanntmachung durch Auslegung der Hebelisten erfolgt ist, mit dem ersten Tage nach Ablauf der Auslegungsfrist;
2. soweit eine besondere Mitteilung vorgeschrieben ist, mit dem ersten Tage nach erfolgter Mitteilung;
3. in allen übrigen Fällen mit dem ersten Tage nach der Aufforderung zur Zahlung bzw. Leistung.

Einsprüche, welche sich gegen den der Veranlagung zugrunde liegenden Staatssteuersatz (§§ 26, 30, 36, 38) und bei besonderen Gemeindeeinkommensteuern (§ 37) gegen die Höhe des zur Staatseinkommensteuer veranlagten Einkommens richten, sind unzulässig.

Vorstehende Bestimmungen finden sinngemäße Anwendung auf Einsprüche wegen Heranziehung oder Veranlagung von Grundbesitzern, Gewerbetreibenden und

Einwohnern eines Gutsbezirkes zu den öffentlichen Lasten desselben.

R. § 58. AH. Kom.

1. § 69 bezieht sich auch auf die Anliegerbeiträge nach dem Ges. v. 2. Juli 1895 (AA. Art. 45); auch auf das Schulgeld an höheren Unterrichtsanstalten (Gebühr) OVG. 49 S. 201.

2. „Die Verkürzung der Einspruchsfrist, welche nach § 1 des Ges. v. 18. Juni 1840 und nach § 37 der Landgem.O. v. 3. Juli 1891 drei Monate beträgt, auf vier Wochen, schließt sich der Vorschrift in § 40 des EinkStG. v. 24. Juni 1891 an und liegt im Interesse der Ordnung in der Finanzverwaltung der Gemeinden." (Mot.)

3. In Ziffer 3 ist insbesondere auch der Fall einer Bekanntmachung der zu entrichtenden Steuer mittels ortsüblicher Verkündigung der zu erhebenden Prozentsätze getroffen. AA. Art. 45. Vgl. hierzu Noell A. 28 zu § 69.

4. Die Veranlagungsbehörde kann eine auf Grund ungültigen Ortsrechts vorgenommene Heranziehung zurücknehmen und vor Ablauf des Steuerjahres durch eine neue, auf geändertes Ortsrecht gestützte ersetzen, jedoch darf sie hierbei im Hinblick auf § 84 keinen höheren Steuerbetrag fordern. OVG. Entsch. v. 8. Nov. 1910 VIII C. 78 10 in Sachen Stadtgemeinde Frankfurt a. M.

5. Über die Rechtsmittel gegen den zugrunde liegenden Steuersatz usw. (Abs. 2) vgl. § 4 des Gesetzes wegen Aufhebung direkter Staatssteuern. OVG. 30 S. 53 PVBl. XVIII S. 330, XXVIII S. 768.

6. In den Belehrungen über die Rechtsmittel wegen Veranlagung zur Einkommensteuer ist auch auf die §§ 71—74 und den danach zustehenden Antrag auf Verteilung hinzuweisen. ME. v. 1. Jan. 1897, MBl. S. 5.

7. Der Einspruch braucht nicht mit diesem Worte bezeichnet zu werden. OVG. **35** S. 136. Die Eingabe muß aber bestimmt angeben, worauf sich der Angriff richtet. OVG. PVBl. XXII S. 615 („zu hoch veranlagt" ungenügende Angabe). Vgl. jedoch OVG. **30** S. 149. Bedingter Einspruch unzulässig. OVG. PVBl. XXIV S. 436.

8. Der Einspruch muß am letzten Tage der Frist der Behörde übergeben oder in ihren Briefkasten gelegt sein, vgl. auch Anm. 2 zu § 70. OVG. **34** S. 446, **36** S. 451. PVBl. XVII S. 286, XIX S. 312.

Wiedereinsetzung in den vorigen Stand ist auch stillschweigend möglich, jedoch nur anzunehmen, wenn der entsprechende Wille der Veranlagungsbehörde erkennbar geworden ist. OVG. **35** S. 136, PVBl. XVII S. 74, XXIX S. 49, XXX S. 338.

9. Die an keine Frist gebundene Beschwerde gemäß §§ 18 und 34 Zust.Ges. geht nebenher, sie setzt aber die Veranlagung als ursprünglich richtig voraus und kann nur auf nachträglich im Laufe des Steuerjahres eingetretene Umstände gestützt werden.

§ 70. Über den Einspruch beschließt der Gemeindevorstand.

Gegen den Beschluß steht dem Pflichtigen binnen einer, mit dem ersten Tage nach erfolgter Zustellung beginnenden Frist von zwei Wochen die Klage im Verwaltungsstreitverfahren offen. Zuständig in erster Instanz ist für Landgemeinden (Gutsbezirke) der Kreisausschuß, für Stadtgemeinden der Bezirksausschuß. Der Gemeindevorstand kann zur Wahrnehmung der Rechte der Gemeinde einen besonderen Vertreter bestellen. Gegen die Entscheidung des Bezirksausschusses bei Stadtgemeinden ist nur das Rechtsmittel der Revision zulässig.

Der Entscheidung im Verwaltungsstreitverfahren unterliegen desgleichen Streitigkeiten zwischen Beteiligten über ihre in dem öffentlichen Rechte begründete

Verpflichtung zu den im § 69 Abs. 1 bezeichneten Lasten.

R. § 59.

1. Der Gemeindevorstand beschließt auch dann, wenn die Veranlagung durch den Steuerausschuß (§ 61) erfolgt war. Der Beschluß ist schriftlich abzufassen. AA. Art. 45. — An Stelle des Gemeindevorstandes kann eine Verwaltungsdeputation treten. OVG. **34** S. 85. Vgl. im übrigen zu Abs. 1 OVG. **35** S. 136. PVBl. XX S. 472, XXI S. 242, 600, XXII S. 335, 550, XXIII S. 25.

2. Über die Klagefrist vgl. OVG. **9** S. 84, **27** S. 41, **29** S. 108. Für die Fälle der Abholung der Postsendungen durch die Behörde vgl. PVBl. XVI S. 389.

3. Feststellungsklagen sind unzulässig; nur Klagen über einzelne bereits erforderte Gemeindeabgaben gestattet. OVG. **29** S. 50. PVBl. XVII S. 200, 390, 406, XXI S. 305; gegen jede Art sächlichen Bescheides. PVBl. XXII S. 10, 133, 547.

4. Die Klagforderung muß in den Grenzen des Einspruchs bleiben. PVBl. XXI S. 457.

§ 71. Über die Verteilung gemeindesteuerpflichtiger Einkommen auf eine Mehrzahl steuerberechtigter (Wohnsitz-, Aufenthalts-, Belegenheits-, Betriebs-) Gemeinden gemäß den Vorschriften dieses Gesetzes (§§ 47 bis 51 in Verbindung mit §§ 33 und 52) beschließt auf Antrag des Steuerpflichtigen unter Zugrundelegung der Einschätzung der einzelnen Gemeinden der Kreisausschuß und, soweit die Stadt Berlin oder andere Stadtgemeinden in Betracht kommen, der Bezirksausschuß nach Anhörung sämtlicher Beteiligten.

Der Antrag des Steuerpflichtigen, welcher binnen der Frist von vier Wochen, vom Tage der Bekanntmachung der Steuer (§ 65) seitens der zweiten oder einer weiteren eine Steuerforderung erhebenden Gemeinde ab gerechnet, zu stellen ist, tritt an die Stelle des Einspruches gegen die Heranziehung (Veranlagung) zu den bezüglichen Steuern in jeder einzelnen der beteiligten Gemeinden (§ 69).

Der Kreis- (Bezirks-) Ausschuß hat nach verhandelter Sache den auf jede Gemeinde entfallenden Teil des steuerpflichtigen Einkommens und den von demselben zu entrichtenden Steuerbetrag festzusetzen.

Zutreffendenfalls kommen die Bestimmungen des § 58 des Gesetzes über die allgemeine Landesverwaltung vom 30. Juli 1883 dahin zur Anwendung, daß auch in den Fällen, in welchen die Stadt Berlin beteiligt ist, der Minister des Innern den Bezirksausschuß bestimmt, welcher zu beschließen hat.

AH. Kom. § 59a. Pl. III.

1. Nach § 71 kann ein in mehreren Gemeinden Steuerpflichtiger eine Verteilung seines Einkommens auf die verschiedenen steuerberechtigten Gemeinden durch die höheren Behörden beantragen, wodurch eine Doppelbesteuerung ausgeschlossen werden soll. Ein solcher Antrag tritt an die Stelle des Einspruches (§ 69), durch welchen der Pflichtige gleichfalls seine Rechte verfolgen kann. ME. v. 17. Dez. 1896 (MBl. 1897 S. 5). — Diese Bestimmung sowie die weiteren Ausführungsvorschriften in den folgenden Paragraphen sind in der Kom. des AH. hinzugefügt, vgl. Ber. S. 68, 69. Der Antrag kann bei einer der heranziehenden Gemeinde oder bei der zuständigen Beschlußbehörde gestellt werden. OVG. PVBl. XXX S. 72. Die beteiligten Gemeinden sind zur Stellung eines solchen Antrages nicht berechtigt.

2. Über das Verhältnis von Antrag und Einspruch OVG. PVBl. XVIII S. 295—299, XXI S. 365, XXII S. 226, XXIV S. 71 und 731. OVG. **43** S. 74, **52** S. 159.

3. Den im letzten Absatz zitierten § 58 siehe bei § 72 A. 1.

4. Vgl. auch § 14 Abs. 3 Kreis- und Provinzialabgabengeſ. v. 23. April 1906.

§ 72. Gegen den Beschluß des Kreis- (Bezirks-) Ausschusses findet binnen einer Frist von zwei Wochen der Antrag auf mündliche Verhandlung im Verwaltungsstreitverfahren statt. In den Fällen, in welchen der § 58 a. a. O. zur Anwendung kommt, ist für das Verwaltungsstreitverfahren derjenige Kreis-(Bezirks-)Ausschuß zuständig, welcher in Ansehung des Beschlußverfahrens für zuständig erklärt worden war.

Der Antrag auf mündliche Verhandlung im Verwaltungsstreitverfahren steht sowohl dem Steuerpflichtigen, als auch einer jeden Gemeinde zu, auf deren Steuerforderung sich der Beschluß erstreckt, und richtet sich gegen sämtliche Beteiligte, deren Teilverhältnis durch den von dem Kläger verfolgten Anspruch berührt wird.

AH. Kom. § 59b.

1. Zu Abs. 2 vgl. OVG. PVBl. XIX S. 58, XXII S. 6, XXIX S. 223, 455. OVG. **51** S. 147, **52** S. 159.

2. Der § 58 des LandesverwGes. v. 30. Juli 1883 bestimmt: „Sind Grundstücke in mehreren Bezirken belegen, oder ist es zweifelhaft, zu welchem Bezirke sie gehören, so wird die zuständige Behörde

1. für das Verwaltungsstreitverfahren durch den Bezirksausschuß und, wenn die Grundstücke in verschiedenen Regierungsbezirken liegen, durch das Oberverwaltungsgericht,

2. für das Beschlußverfahren durch den Regierungspräsidenten, den Oberpräsidenten oder den Minister des Innern, je nachdem die betreffenden Bezirke demselben Regierungsbezirke, derselben Provinz oder verschiedenen Provinzen angehören,

endgültig bestimmt."

Dasselbe findet statt, wenn die Personen oder Korporationen, deren Angelegenheit den Gegenstand der Entscheidung oder Beschlußfassung bildet, „in mehreren Bezirken wohnen oder ihren Sitz haben".

§ 73. Wird während schwebenden Beschluß- oder Verwaltungsstreitverfahrens eine weitere Forderung auf Zahlung von Gemeindesteuern in Ansehung des dem Verfahren unterliegenden Einkommens erhoben, so hat der Steuerpflichtige binnen der Frist von vier Wochen, vom Tage der Bekanntmachung der bezüglichen Steuerforderung (§ 65) ab gerechnet, deren Einbeziehung in das schwebende Verfahren bei derjenigen Behörde zu beantragen, bei welcher die Sache anhängig ist. In diesem Verfahren ist alsdann gleichzeitig auch über die später erhobene Steuerforderung zu beschließen oder zu entscheiden.

AH. Kom. § 59c.

1. Unter der „Behörde, bei welcher die Sache anhängig ist", ist auch das Verwaltungsgericht zu verstehen. (HH. KomBer.)

§ 74. Wird nach rechtskräftig entschiedener Sache eine weitere Steuerforderung in Ansehung des Einkommens erhoben, welches den Gegenstand des früheren Verfahrens gebildet hat, so finden die vorstehenden Bestimmungen (§§ 71 bis 73) sinngemäße Anwendung mit der Maßgabe, daß derjenige Kreis- (Bezirks-) Ausschuß, welcher in dem ersten Verfahren beschlossen und entschieden hat, auch für das zweite Verfahren zuständig ist, und daß das rechtskräftig festgesetzte Anteilsverhältnis der bei dem ersten Verfahren beteiligt gewesenen Gemeinden in dem zweiten Verfahren nicht mehr geändert, in dem letzteren vielmehr nur noch darüber beschlossen und entschieden werden kann, welchen Betrag die früher aufgetretenen Steuergläubiger dem später aufgetretenen nach dem durch das rechtskräftige Urteil für sie festgesetzten Anteilsverhältnisse zu erstatten haben.

AH. Kom. § 59d.

1. Dieser Paragraph bezieht sich auch auf den Fall, wenn ein im Beschlußverfahren ergangener Beschluß endgültig geworden, weil Klage gegen denselben nicht erhoben ist (AH. KomBer.)

§ 75. Durch Einspruch und Klage wird die Verpflichtung zur Zahlung oder Leistung nicht aufgeschoben.

R. § 60.

1. Demgemäß ist auch der Anspruch auf Rückerstattung von Beitreibungskosten und Verzugszinsen für den obsiegenden Kläger ausgeschlossen, OVG. 16 S. 241, PVBl. XXX S. 205.

§ 76. Gegen die Feststellung des Gesamtsteuersatzes für einen Gewerbebetrieb, der sich über mehrere Gemeinden erstreckt und nicht zur Staatsgewerbesteuer, aber gemäß § 28 Nr. 2 bis 6 zur Gemeindegewerbesteuer herangezogen wird (§ 32), finden dieselben Rechtsmittel statt, die im Falle der Veranlagung dieses Betriebes zur Staatsgewerbesteuer gegeben sein würden (§§ 35 bis 37 des Gewerbesteuergesetzes vom 24. Juni 1891).

Desgleichen finden auch in diesem Falle hinsichtlich der Zerlegung des Steuersatzes in die auf die einzelnen

Betriebsorte entfallenden Teilbeträge die im § 38 a. a. O. wegen der Rechtsmittel getroffenen Vorschriften Anwendung.

R. § 61.

Sechster Titel.

Aufsicht.

§ 77. Für die Erteilung der in diesem Gesetze vorbehaltenen Genehmigungen ist nach Maßgabe der folgenden Bestimmungen bei Stadtgemeinden der Bezirksausschuß, bei Landgemeinden der Kreisausschuß zuständig.

Gegen den auf Beschwerde ergehenden Beschluß — bei Stadtgemeinden des Provinzialrats, bei Landgemeinden des Bezirksausschusses — steht dem Vorsitzenden dieser Behörde aus Gründen des öffentlichen Interesses die Einlegung der weiteren Beschwerde an die Minister des Innern und der Finanzen zu. Hierbei finden die Bestimmungen des § 123 des Gesetzes über die allgemeine Landesverwaltung vom 30. Juli 1883 Anwendung.

Die Genehmigung von Gemeindebeschlüssen, durch welche

a) besondere direkte oder indirekte Gemeindesteuern neu eingeführt oder in ihren Grundsätzen verändert,

b) Abweichungen von den im § 54 vorgeschriebenen Verteilungsregeln,

c) Zuschläge über den vollen Satz der Staatseinkommensteuer hinaus (§ 55) angeordnet werden,

bedarf der Zustimmung der Minister des Innern und der Finanzen. Den Ministern ist gestattet, die Erteilung der Zustimmung auf die ihnen untergeordneten Aufsichtsbehörden höherer Instanz zu übertragen.

Die Erteilung der Genehmigung kann auf eine von vornherein zu bestimmende Frist von einem oder mehreren Jahren beschränkt werden.

R. § 62 Abs. 1 bis 4. A.H. Kom.

1. Genehmigung ist erforderlich nach den §§ 4, 6, 8, 9, 13, 18, 20, 23, 27, 31, 37, 38, 39, 43, 54, 55, 56, 58, 68. Erst nach erteilter Genehmigung kann auf Grund des Gemeindebeschlusses oder der Steuerordnung usw. eine rechtsgültige Heranziehung zu Abgaben (§ 69) erfolgen. OVG. PVBl. XVII S. 444, XXIII S. 806. Die im Laufe des Steuerjahres erfolgte Genehmigung einer Steuerordnung berechtigt aber zur Erhebung der betreffenden direkten Steuer als einer Jahressteuer für das ganze Jahr. OVG. Entsch. v. 8. Nov. 1910 II VIII C. 78. 10 in Sachen Frankfurt a. M.

2. Zu den Landgemeinden im Sinne von Abs. 1 gehören auch die Amtsbezirke, Ämter und Landbürgermeistereien. ME. v. 2. Jan. 1895.

3. Für Berlin bewendet es bei §§ 44 ff. des Landesverwaltungsgesetzes v. 30. Juli 1883. AA. Art. 46.

4. Das Erfordernis ministerieller Zustimmung zur Genehmigung neuer oder veränderter direkter oder indirekter Steuern (lit. a) bestand schon nach dem Zuständigkeitsgesetz v. 1. Aug. 1883. (§§ 16, 31.) Die Ausdehnung dieses Erfordernisses auf die Fälle unter b und c ist neu und mit Rücksicht auf die Notwendigkeit einheitlicher Handhabung des Gesetzes begründet. Die Delegation ist nur auf die Aufsichtsbehörden höherer Instanz, d. h. die Oberpräsidenten für die Städte und die Regierungspräsidenten für das Land, gestattet. KomBer. AH. S. 101, 102. — Ministerieller Genehmigung bedarf überdies die Forterhebung der Mietsteuer (§ 23) und der dem § 37 Abs. 1 widerstreitenden bestehenden besonderen Gemeindeeinkommensteuern; Ausnahmen von § 56 bedürfen der „Zulassung“. Vgl. § 56 Abs. 3.

Die Erteilung der Zustimmung ist für Landgemeinden auf die Regierungspräsidenten, für Stadtgemeinden auf die Oberpräsidenten übertragen. Ausgenommen von letzterem sind die Stadt Berlin sowie die Beschlüsse von Gemeinden mit mehr als 100000 Einwohnern, durch welche Abweichungen von den Verteilungsregeln des § 54 oder Zuschläge über den vollen Satz der Staatssteuer hinaus angeordnet werden. Kraft Gesetzes können die Zulassungen usw. gemäß § 56 Abs. 3 und 4 auf nachgeordnete Behörden nicht übertragen werden. In bestimmten Fällen ist den Regierungs- und Oberpräsidenten vor Erteilung der Zustimmung eine Berichterstattung behufs Einholung vorheriger Ermächtigung vorgeschrieben. Vgl. ME. v. 26. Juni 1907 (MBl. S. 236), welcher an Stelle der ME. v. 3. Dez. 1900, 21. Okt. 1903 und 8. März 1907 getreten ist.

Die Erteilung der Genehmigung auf W i d e r r u f ist ausgeschlossen. AA. Art. 46. Wenn eine Genehmigung nur mit der M a ß g a b e einer wesentlichen A b ä n d e r u n g erteilt worden ist, entbehrt die Gebühren- bzw. Steuerordnung so lange der gesetzlichen Gültigkeit, als nicht die so vorgesehene Änderung die ausdrückliche oder stillschweigende Zustimmung der Gemeindevertretung gefunden hat. OVG. **31** S. 61, **47** S. 38. PVBl. XVIII S. 301, XXIV S. 361, 755, XXIX S. 323 unter 3.

§ 78. Bestehen bei dem Inkrafttreten des Gesetzes in einzelnen Gemeinden Ordnungen über die Aufbringung von Gebühren, Beiträgen, indirekten, direkten Steuern oder Diensten, welche den Vorschriften dieses Gesetzes zuwiderlaufen, oder werden derartige Gemeindebeschlüsse gefaßt, so ist die Aufsichtsbehörde befugt, deren Abänderung oder Ergänzung unter Angabe der Gründe anzuordnen.

Dieselbe Befugnis steht der Aufsichtsbehörde zu,

wenn die Abstufungen des Grundbesitzes, nach welchen die Steuer umgelegt wird (§ 25), wegen wesentlicher Veränderungen der Besitzverhältnisse zur Grundlage der Besteuerung nicht mehr geeignet sind und ein Antrag auf Abänderung oder Ergänzung von der Mehrheit der einer Abstufung angehörigen Steuerpflichtigen gestellt wird.

Die Einführung neuer und die Erhöhung bestehender indirekter Steuern darf nicht angeordnet werden.

Gegen die Anordnung findet innerhalb vier Wochen nach Ablauf der in derselben gestellten Frist die Klage im Verwaltungsstreitverfahren, für Landgemeinden bei dem Bezirksausschusse, für Stadtgemeinden bei dem Oberverwaltungsgerichte statt.

Wird die Klage innerhalb dieser Frist nicht erhoben, so ist die Aufsichtsbehörde befugt, die in Ansehung der Aufbringung der Gebühren, Beiträge, indirekten, direkten Steuern oder Dienste erforderliche Ordnung auf Grundlage der erlassenen Verfügung selbst festzustellen. Das gleiche gilt für den Fall der rechtskräftigen Abweisung der Klage. Wird die Klage endgültig für begründet erkannt, so tritt die Anordnung außer Kraft.

Sofern das öffentliche Interesse es erheischt, beschließt im Falle der Erhebung der Klage über die vorläufige Ordnung des Steuerwesens bis zur rechtskräftigen Entscheidung für Landgemeinden der Kreisausschuß, für Stadtgemeinden der Bezirksausschuß.

R. § 62 Abs. 5—8. AH. Kom. § 62a.

1. Die Bestimmungen finden auf Verwaltungsordnungen städtischer Gewerbebetriebe (§ 3) keine Anwendung.

2. Das im Regierungsentwurf im Abs. 1 hinter „Vorschriften" stehende und seiner Vieldeutigkeit wegen lebhaft

angefochtene Wort „und Besteuerungsgrundsätze" ist im AH. gestrichen. Vgl. § 96 A. 2.

3. Während das Genehmigungsrecht nach § 77 den Selbstverwaltungsbehörden zusteht, ist zu den in diesem Paragraphen zugelassenen Eingriffen die Aufsichtsbehörde, vorbehaltlich der Entscheidung der Verwaltungsgerichte (Abs. 4), berechtigt.

4. Die von der Aufsichtsbehörde erlassene Ordnung gilt so lange, bis von den Gemeindebehörden eine den gesetzlichen Bestimmungen entsprechende Ordnung beschlossen ist.

5. Der in der Kom. des AH. hinzugefügte Abs. 2 soll die Möglichkeit geben, gewisse überkommene, aber unhaltbar gewordene Verhältnisse auch gegen den Willen der interessierten Mehrheit zu ändern.

6. Über den Umfang der Befugnisse der Aufsichtsbehörde nach Abs. 5 vgl. OVG. **34** S. 159.

Siebenter Titel.

Strafen.

§ 79. Wer in der Absicht der Steuerhinterziehung an zuständiger Stelle auf die an ihn gerichteten Fragen oder bei der Begründung eines Einspruchs unrichtige oder unvollständige Angaben macht, wird mit dem vier- bis zehnfachen Betrage der stattgehabten oder beabsichtigten Verkürzung, mindestens aber mit einer Geldstrafe von einhundert Mark bestraft.

Ist eine unrichtige oder unvollständige Angabe, welche geeignet ist, eine Verkürzung der Steuer herbeizuführen, zwar wissentlich, aber nicht in der Absicht der Steuerhinterziehung erfolgt, so tritt Geldstrafe von drei bis einhundert Mark ein.

Straffrei bleibt, wer seine unrichtige oder unvollständige Angabe, bevor Anzeige erfolgt oder eine Untersuchung eingeleitet ist, an zuständiger Stelle berichtigt oder ergänzt und die vorenthaltene Steuer in der ihm gesetzten Frist entrichtet.

R. § 63. AH. Kom. Pl. III.

1. Über die Einziehung und Verjährung hinterzogener Steuern (Abs. 1) vgl. § 83 und über die Zahlung der Nachsteuer (Abs. 2) vgl. § 84.

2. Der § 79 bezieht sich nur auf Gemeindesteuern (direkte und indirekte), nicht auf Gebühren und Beiträge. AA. Art. 48. ME. v. 19. Jan. 1898 (MBl. S. 24). OVG. 50 S. 116.

3. Der Abs. 2 trifft namentlich den Fall des Rechtsirrtums.

4. Der ganze Paragraph ist dem Einkommensteuergesetz § 66 (jetzt § 72) und dem Ergänzungssteuergesetz § 43 (jetzt § 72) nachgebildet.

5. „Die Untersuchung gilt als eingeleitet, sobald die Ermittelungen darüber begonnen haben, ob die gemachten Angaben richtig und vollständig sind." AA. Art. 48.

6. Über vorläufige Straffestsetzung durch den Gemeindevorstand vgl. § 81.

§ 80. Der Gemeindevorstand beziehungsweise die Mitglieder des Gemeindevorstandes, die Mitglieder der Steuerausschüsse, sowie die bei der Veranlagung beteiligten Gemeindebeamten werden, wenn sie die zu ihrer Kenntnis gelangten Erwerbs-, Vermögens- oder Einkommensverhältnisse eines Steuerpflichtigen, insbesondere auch den Inhalt einer Auskunftserteilung (§ 63) oder der darüber gepflogenen Verhandlungen unbefugt offenbaren, mit Geldstrafe bis zu eintausendfünfhundert Mark oder mit Gefängnis bis zu drei Monaten bestraft.

Die Verfolgung findet nur auf Antrag des Gemeindevorſtandes oder des Steuerpflichtigen bzw. deſſen Vertreters ſtatt. Iſt das Vergehen von dem Gemeindevorſtande oder von Mitgliedern des Gemeindevorſtandes begangen, ſo iſt auch die Aufſichtsbehörde zur Stellung des Antrages berechtigt.

R. § 64.

1. Dem § 69 des Einkommenſteuergeſetzes vom 24. Juni 1891 (jetzt § 75) nachgebildet.

2. Der Antrag iſt binnen drei Monaten nach erlangter Kenntnis von der Handlung und von der Perſon des Täters zu ſtellen. StGB. §§ 61 ff.

3. Der § 80 gilt unbeſchadet der diſziplinarrechtlichen Beſtrafung der Beamten, Kabinettsorder v. 21. Nov. 1835.

§ 81. Die auf Grund der §§ 79 und 80 feſtgeſetzten, aber unbeitreiblichen Geldſtrafen ſind nach Maßgabe der für Übertretungen geltenden Beſtimmungen der §§ 28 und 29 des Strafgeſetzbuches für das Deutſche Reich in Haft umzuwandeln.

Die Unterſuchung und Entſcheidung in betreff der im § 79 bezeichneten ſtrafbaren Handlungen ſteht dem Gerichte zu, wenn nicht der Beſchuldigte die von dem Gemeindevorſtande vorläufig feſtgeſetzte Geldſtrafe nebſt den durch das Verfahren gegen ihn entſtandenen Koſten binnen einer ihm bekanntgemachten Friſt freiwillig an die Gemeindekaſſe zahlt.

Hat der Beſchuldigte in Preußen keinen Wohnſitz, ſo erfolgt das Einſchreiten des Gerichts ohne vorläufige Feſtſetzung der Strafe durch den Gemeindevorſtand. Dasſelbe findet ſtatt, wenn der Gemeindevorſtand aus ſonſtigen Gründen von der vorläufigen Feſtſetzung der

Strafe Abstand zu nehmen erklärt oder der Angeschuldigte hierauf verzichtet.

Bei Zuwiderhandlungen wegen der Verpflichtung zur Geheimhaltung (§ 80) findet nur das gerichtliche Strafverfahren statt.

R. § 65.

1. Vgl. § 70 (jetzt 76) des Einkommensteuergesetzes.

2. „Die sachliche Zuständigkeit des Gerichts bestimmt sich nach § 27 Nr. 1 und 2 und § 75 Nr. 15 des Gerichtsverf.Ges. v. 27. Jan. 1877; der Gerichtsstand ist begründet nach §§ 77 ff. der StPO. v. 1. Febr. 1877." AA. Art. 48.

3. „Die Beitreibung der vorläufig festgesetzten Strafe im Verwaltungszwangsverfahren ist unstatthaft." AA. Art. 48.

§ 82. In den Steuerordnungen können Strafen gegen Zuwiderhandlungen bis zur Höhe von dreißig Mark angedroht werden.

Die Strafen sind durch den Gemeindevorstand festzusetzen und nach eingetretener Rechtskraft (§ 459 der Strafprozeßordnung vom 1. Februar 1877, Reichs-Gesetzbl. S. 253) im Verwaltungszwangsverfahren beizutreiben.

R. § 66.

1. Diese Strafbefugnis gilt nur für Steuerordnungen, nicht auch für Gebührenordnungen usw. Vgl. PVBl. XIX S. 256, XXII S. 321 (Nr. 6), XXIII S. 52. OVG. **43** S. 114.

2. „Der Strafbescheid muß die strafbare Handlung, das angewendete Strafgesetz (die Steuerordnung) und die Beweismittel bezeichnen, auch die Eröffnung enthalten, daß der Beschuldigte, sofern er nicht eine nach den Gesetzen zugelassene Beschwerde an die höhere Verwaltungsbehörde ergreift, binnen einer Woche nach der Bekanntmachung bei der Verwaltungsbehörde, welche denselben erlassen, oder

bei derjenigen, welche ihn bekanntgemacht hat, auf gerichtliche Entscheidung antragen könne. Die Beschwerde richtet sich in Stadtgemeinden nach den Vorschriften im § 7 des Zuständigkeitsgesetzes v. 1. Aug. 1883, in Landgemeinden nach den Vorschriften im § 24 des erwähnten Zuständigkeitsgesetzes, bzw. im § 139 der Landgemeindeordnung für die östlichen Provinzen v. 3. Juli 1891 und im § 139 der Landgemeindeordnung für die Provinz Schleswig-Holstein v. 4. Juli 1892.

Wird auf gerichtliche Entscheidung angetragen, so sind die Akten — falls der Stafbescheid bei nochmaliger Erwägung der Angelegenheit nicht zurückgezogen wird — an die zuständige Staatsanwaltschaft zu übersenden. (Vgl. §§ 459 und 460 der StPO. v. 1. Febr. 1877.)" AA. Art. 50. Erfolgt gerichtliche Entscheidung, so fließt die Strafe in die Staatskasse, ME. v. 4. Mai 1905, MBl. S. 165; a. M. Delius PVBl. XXV S. 319 und XXVI S. 887.

Achter Titel.

Nachforderungen und Verjährungen.

§ 83. Die Einziehung hinterzogener direkter Steuern (§ 79) zur Gemeindekasse erfolgt neben und unabhängig von der Strafe.

Die Verbindlichkeit zur Nachzahlung der Steuer verjährt in zehn Jahren und geht auf die Erben, jedoch für diese mit einer Verjährungsfrist von fünf Jahren und nur auf Höhe ihres Erbanteils, über. Die Verjährung beginnt mit Ablauf des Rechnungsjahres, in welchem die Hinterziehung begangen wurde.

Die Festsetzung der Nachsteuer steht dem Gemeindevorstande zu, gegen dessen Beschluß nach Maßgabe der §§ 69, 70 der Einspruch und die Klage im Verwaltungsstreitverfahren zulässig sind.

R. § 67. AH. Kom. red.

1. § 83 handelt von der Nachzahlung hinterzogener Steuer, § 84 von der Nachsteuer im Fall einer ohne strafbare Hinterziehung eingetretenen Steuerfreiheit. Vgl. § 79 Abs. 1 und 2. — Die §§ 83 und 84 sind den §§ 67 (jetzt 73) und 80 (jetzt 85) des Einkommensteuergesetzes nachgebildet. Vgl. OVG. **52** S. 182.

2. Den Erben wird der bei Lebzeiten des Erblassers abgelaufene Teil der Frist voll angerechnet.

§ 84. Steuerpflichtige, welche entgegen den Vorschriften dieses Gesetzes oder der auf Grund desselben erlassenen Steuerordnungen bei der Veranlagung direkter Gemeindesteuern übergangen oder steuerfrei geblieben sind, ohne daß eine strafbare Hinterziehung der Steuer stattgefunden hat (§§ 79, 83), sind zur Entrichtung des der Gemeindekasse entzogenen Betrags verpflichtet. Die Verpflichtung erstreckt sich auf die drei Rechnungsjahre zurück, welche dem Rechnungsjahre, in dem die Verkürzung festgestellt worden, vorausgegangen sind.

Die Verpflichtung zur Zahlung der Nachsteuer geht auf die Erben, jedoch nur bis zur Höhe ihres Erbanteils über.

Die Veranlagung der Nachsteuer erfolgt einheitlich für den ganzen Zeitraum, auf welchen sich die Verpflichtung erstreckt, nach den Vorschriften dieses Gesetzes oder der maßgebenden Steuerordnungen.

R. § 68 AH. Kom. red.

1. Dieser § 84 weicht vom § 80 des Einkommensteuergesetzes insoweit ab, als nach letzterem auch diejenigen Steuerpflichtigen, welche zu einer ihrem wirklichen Einkommen nicht entsprechenden niedrigeren Steuerstufe veranlagt sind der Nachforderung unterliegen.

2. Über Begriff und Zulässigkeit von Nachforderungen vgl. OVG. **35** S. 22, **37** S. 47, **49** S. 28. PVBl. XXI S. 468. Keine unzulässige Nachforderung ist die Zurücknahme einer auf ungültiger Steuerordnung beruhenden Veranlagung und Ersetzung derselben durch eine neue auf Grund abgeänderter Steuerordnung vgl. Anm. 4 zu § 69.

3. Ein Steuerpflichtiger ist nicht „übergangen", wenn ein Grundstück nur zum Teil zur Grundsteuer veranlagt ist. OVG. PVBl. XXII S. 348.

4. Behufs Veranlagung der Nachsteuer ist, wenn die Verkürzung während mehrerer Jahre stattgefunden hat, der Betrag der Verkürzung für jedes Jahr zu ermitteln, so daß die Summe der einzelnen Beträge sich als das Ergebnis der einheitlichen Veranlagung für den ganzen in Betracht zu ziehenden Zeitraum darstellt.

Die Veranlagung ist von dem Gemeindevorstande, jedoch in denjenigen Gemeinden, in welchen ein Steuerausschuß besteht, von diesem zu bewirken. AA. Art. 52.

5. Dem Abgabepflichtigen steht gegen die Veranlagung der Einspruch und gegen den hierauf ergangenen Beschluß des Gemeindevorstandes die Klage im Verwaltungsstreitverfahren offen (§§ 69, 70). AA. Art. 52.

6. Das OVG. beschränkt das Nachforderungsrecht der Gemeinde auf die Fälle, in denen das Band, das den Zensiten mit ihr verbindet (Wohnsitz, Grundbesitz usw.), noch besteht. Dagegen Noell-Freund, A. 6 zu § 84, ebenso PVBl. XXVI S. 651 und XXVIII S. 185. Vgl. oben A. 5 zu § 60.

§ 85. Ist nach den Bestimmungen der §§ (67, 80) 73, 85 des Einkommensteuergesetzes vom $\frac{\text{24. Juni 1891}}{\text{19. Juni 1906}}$ eine Nachsteuer für den Staat festgesetzt, so haben die zur Entrichtung der Nachsteuer Verpflichteten gemäß den hierfür geltenden Vorschriften die entsprechenden Zuschläge an die Gemeinde nachzuzahlen.

Die Festsetzung der nachträglich zu entrichtenden Zuschläge geschieht durch den Gemeindevorstand einheitlich für den ganzen Zeitraum, auf welchen sich die Verpflichtung erstreckt, nach den Vorschriften dieses Gesetzes oder der maßgebenden Steuerordnungen.

R. § 69. AH. Kom. red.

1. Wegen des in § 84 A. 1 vermerkten Unterschiedes zwischen der staatlichen und der kommunalen Nachsteuer ist ein Zuschlag an die Gemeinde im Fall zu niedriger Veranlagung nicht nachzuzahlen. OVG. **32** S. 40, **39** S. 63, PVBl. XXIV S. 210.

2. § 85 gilt nur für den Fall, daß staats- und gemeindesteuerpflichtiges Einkommen sich decken, nicht also für die Fälle des § 36 Abs. 2 OVG. **52** S. 182.

§ 86. Hat infolge der Einlegung von Rechtsmitteln oder einer anderweiten Veranlagung (§ [57] 62 des Einkommensteuergesetzes vom $\left(\frac{\text{24. Juni 1891}}{\text{19. Juni 1906}}\right)$ eine Erhöhung der ursprünglich vom Staate veranlagten Steuer stattgefunden (§ 30 Abs. 2, § 36 Abs. 3), so kann die hieraus entspringende Nachforderung der Gemeinde nur innerhalb der Frist von einem Jahre, welche mit dem Tage der ergangenen endgültigen Entscheidung über die Erhöhung der Steuer beginnt, erhoben werden.

R. § 70. AH. Kom. red.

§ 87. Die Berechtigung der Gemeinden zur Nachforderung anderer Gemeindeabgaben als direkter Steuern beschränkt sich ohne Unterscheidung, ob die Abgabe gar nicht oder mit einem zu geringen Betrage erhoben worden ist,

1. bei Verbrauchsabgaben auf die Frist eines Jahres, vom Tage des Eintrittes der Zahlungsverpflichtung an gerechnet,
2. bei sonstigen indirekten Steuern, Gebühren und Beiträgen (§§ 4 bis 11) sowie bei Kosten auf die Frist von drei Jahren seit dem Ablaufe desjenigen Jahres, in welchem die Forderung entstanden ist.

Die Nachforderung von Naturaldiensten ist, sofern die Nachleistung nach den Zwecken der zu leistenden Dienste überhaupt noch möglich ist, auf die Dauer des laufenden Rechnungsjahres beschränkt.

R. § 71.

1. Zu Nr. 2. Unter Jahr ist das Rechnungsjahr zu verstehen. AA. Art. 55.

2. Über die indirekten Steuern handeln die §§ 13 und 14.

3. Über die Entstehung der Forderung bei Beiträgen vgl. OVG. **33** S. 126, 129, **36** S. 62, **37** S. 30, **49** S. 76, 80. PVBl. XXVII S. 122.

§ 88. Zur Hebung gestellte Gemeindeabgaben und Kosten, welche im Rückstande verblieben oder befristet sind, verjähren in vier Jahren, von dem Ablaufe des Jahres an gerechnet, in welches der Zahlungstermin fällt.

Die Verjährung wird durch eine an den Pflichtigen erlassene Zahlungsaufforderung, durch Verfügung der Zwangsvollstreckung und durch Stundung unterbrochen.

Nach Ablauf des Jahres, in welchem die letzte Aufforderung zugestellt, die Zwangsvollstreckung verfügt oder die bewilligte Frist abgelaufen ist, beginnt eine neue vierjährige Verjährungsfrist.

R. § 72.

1. Unter Ablauf des Jahres ist der Ablauf des Rechnungsjahres zu verstehen. AA. Art. 56, vgl. auch Anm. 1 zu § 87.

2. Entsprechend dem § 8 des Ges. v. 18. Juni 1840 über die Verjährungsfristen bei öffentlichen Abgaben. — Der Ausdruck „Gemeindeabgaben" umfaßt alle Steuern, Gebühren, Beiträge (vgl. § 87) und wohl auch die Kurtaxen (§ 12).

3. „Im Rückstand verblieben" sind alle Abgaben, welche zur Hebung gestellt, aber bis zum Fälligkeitstermin nicht gezahlt sind. OVG. 33 S. 215.

Neunter Titel.

Kosten und Zwangsvollstreckung.

§ 89. Die Kosten der Veranlagung und Erhebung der Abgaben fallen, insoweit hierüber nicht durch § 14 des Gesetzes wegen Aufhebung direkter Staatssteuern anderweitige Bestimmung getroffen ist, der Gemeindekasse zur Last. Jedoch sind diejenigen Kosten, welche durch die gelegentlich eines Einspruches erfolgenden Ermittelungen veranlaßt werden, von dem Abgabepflichtigen zu erstatten, wenn sich seine Angaben in wesentlichen Punkten als unrichtig erweisen. Die Festsetzung dieser Kosten kann nur in der Entscheidung über den Einspruch erfolgen.

R. § 73.

1. Zu den Kosten der Erhebung sind diejenigen Kosten nicht zu rechnen, welche der Pflichtige zum Zwecke der Ablieferung der Abgaben an die Gemeindekasse etwa aufzuwenden hat. AA. Art. 57.

2. § 14 cit. siehe Abschnitt II, S. 158, 159.

3. Der zweite Satz schließt sich dem § 71 (jetzt 77) des Einkommensteuergesetzes v. 24. Juni 1891 an.

§ 90. Gebühren, Beiträge, Steuern und Kosten, sowie die nach einem von der Aufsichtsbehörde festgestellten Tarife erhobenen Vergütungen (Kurtaxen usw.) unterliegen der Beitreibung im Verwaltungszwangsverfahren nach Maßgabe der Verordnung vom [7. September 1879 (Gesetzsamml. S. 591)] 5. November 1899 (Gesetzsamml. S. 545).

Sind Naturaldienste zu leisten, so ist der Gemeindevorstand bei Säumnis der Pflichtigen befugt, die Dienste durch Dritte leisten und die entstehenden Kosten von den ersteren im Verwaltungszwangsverfahren beitreiben zu lassen.

B. 74. AH. Kom.

1. Die Aufsichtsbehörde im Sinne dieses Paragraphen ist bei Stadtgemeinden der Bezirksausschuß, bei Landgemeinden der Kreisausschuß. AA. Art. 58.

2. Grund- und Gebäudesteuern sowie Beiträge genießen als gemeine Lasten, OVG. **41** S. 133, gemäß § 10 Abs. 1 Nr. 3 RG. über die Zwangsversteigerung usw. v. $\frac{\text{24. März 1857}}{\text{20. Mai 1898}}$ auch Vorzugsrechte bei der Zwangsvollstreckung (vgl. PVBl. XXIV S. 276); dagegen Umsatzsteuern und Gebühren nach OVG. PVBl. XXV S. 472 und OVG. **51** S. 62 nicht. Ob Gebühren und Beiträge im Konkurs nach § 61 Nr. 2 der Konkursordnung bevorrechtigt sind, ist bestritten. Vgl. Noell-Freund, A. 3 Abs. 2 zu § 90.

3. An Stelle der Verordnung v. 7. Sept. 1879 ist jetzt Verordnung v. 15. Nov. 1899 (GS. S. 545) und 18. März 1904 (GS. S. 36) getreten. Vgl. PVBl. XXI S. 122, 214 ff., XXIV S. 491, 524.

Teil II. **Kreis- und Provinzialsteuern***).

§ 91. Die bestehenden Vorschriften über die Aufbringung der Kreis- und Provinzialsteuern bleiben mit folgenden Maßgaben unberührt:

1. Wie den Städten, bleibt auch den Landgemeinden die Beschlußfassung darüber vorbehalten, in welcher Weise ihre Anteile an den Kreissteuern aufgebracht werden sollen.
2. Bei der Verteilung der Kreissteuern sind die Grund-, Gebäude- und die Gewerbesteuer der Klassen I und II in der Regel mit dem gleichen Betrage desjenigen Prozentsatzes heranzuziehen, mit welchem die Staatseinkommensteuer belastet wird.

   Mit Genehmigung des Bezirksausschusses kann der Betrag, mit welchem die Realsteuern heranzuziehen sind, bis auf das Anderthalbfache jenes Prozentsatzes erhöht oder bis auf die Hälfte desselben herabgesetzt werden.

   Die zur Ausführung der vorstehenden Bestimmungen erforderlichen Beschlüsse der Kreistage und Bezirksausschüsse können bereits innerhalb eines Jahres vor dem Inkrafttreten des gegenwärtigen Gesetzes gefaßt werden. Mit dem bezeichneten Zeitpunkte treten Maßstäbe für die Verteilung der Kreisabgaben, welche den Bestimmungen dieses Gesetzes nicht entsprechen oder die danach

*) An Stelle dieser Bestimmungen (§§ 91—93) ist das Kreis- und Provinzialabgabengesetz vom 23. April 1906 getreten, das im Anhang Abschnitt IV S. 167 ff. abgedruckt ist. Vgl. oben S. XXXI.

erforderliche Genehmigung nicht erhalten haben, außer Kraft.

3. Die Mehr- oder Minderbelastung einzelner Kreisteile mit Kreissteuern und einzelner Kreise mit Provinzialsteuern darf auch nach einem anderen Maßstabe, als nach Quoten der Kreissteuern bzw der direkten Staatssteuern erfolgen.

4. Insoweit juristische Personen, Gesellschaften usw. zur Entrichtung der in Kreisen oder Provinzen vom Einkommen zu erhebenden Steuern verpflichtet sind oder physische Personen in verschiedenen Kreisen bzw. Provinzen solchen Steuern unterliegen, kommen bei Veranlagung der Pflichtigen die die Gemeindeeinkommensteuer betreffenden Vorschriften dieses Gesetzes sinnentsprechend zur Anwendung.

Die auf Grund der Einlegung von Rechtsmitteln erfolgte Erhöhung oder Ermäßigung der der Verteilung von Kreis- und Provinzialsteuern zugrunde gelegten Staatssteuersätze zieht die entsprechende Abänderung der Veranlagung zu den Kreis- bzw. Provinzialsteuern nach sich.

R. § 75. AH. Kom. Pl. II. III.

1. Wenn die Gemeinden das Kreisabgabensoll im Wege der Kommunalbesteuerung aufzubringen beschließen — statt nach dem Maßstabe der Kreisabgaben —, so werden diese Abgaben dadurch zu gewöhnlichen Gemeindeabgaben, insbesondere auch in bezug auf Rechtsmittel.

2. Nr. 3 entspricht der Bestimmung in § 20, in welchem der bisher allein zulässige Maßstab der Mehr- und Minderbelastung nach Quoten der Kreis- bzw. direkten Staatssteuern für die Gemeinden nicht für bindend erklärt ist.

3. Nr. 4 entspricht dem § 13 des Gesetzes vom 27. Juli 1885.

§ 92. Die Vorschriften der §§ 51, 71 bis 74 finden bei der Kreis- und Provinzialbesteuerung mit nachstehenden Maßgaben sinnentsprechende Anwendung:

1. Über die Verteilung des dem Besteuerungsrechte mehrerer Kreise (Stadt- oder Landkreise) unterliegenden Einkommens beschließt der Bezirksausschuß.

   An Stelle der Frist von vier Wochen tritt eine solche von zwei Monaten.

2. Über die Verteilung des dem Besteuerungsrechte mehrerer Provinzen unterliegenden Einkommens beschließt — auch wenn die Stadt Berlin mit in Betracht kommt — derjenige Provinzialrat, welchen der Minister des Innern bestimmt.

   Gegen den Beschluß findet binnen zwei Wochen die Klage bei dem Oberverwaltungsgericht statt.

AH. Pl. III.

1. Die Frist von zwei Monaten gilt allgemein für Beschwerden und Einsprüche betr. Kreisabgaben. Vgl. Kreisordnung v. 12. Dez. 1872 § 19.

2. Über einzelne Fragen vgl. OVG. **31** S. 4, **34** S. 1, **35** S. 9. PVBl. XVIII S. 128, XIX S. 490.

§ 93. Die Kreise sind befugt, das Halten von Hunden zu besteuern. Die Steuer darf jährlich 5 Mark für den Hund nicht übersteigen und ist durch Steuerordnung zu regeln. Auf die Steuerordnung finden die Vorschriften des § 82 mit der Maßgabe Anwendung, daß an die Stelle des Gemeindevorstandes der Kreisausschuß tritt.

Die Steuerordnung bedarf der Genehmigung des Bezirksausschusses. Die Genehmigung unterliegt der

Zuſtimmung der Miniſter des Innern und der Finanzen. Den Miniſtern iſt geſtattet, die Erteilung der Zuſtimmung auf den Oberpräſidenten zu übertragen.

Die Erhebung einer Hundeſteuer ſeitens der Kreiſe berührt das Recht der Gemeinden zur Beſteuerung der Hunde nicht (§ 16).

AH. Kom. § 75a.

1. Der jetzige Wortlaut des § 93 iſt — zur Beſeitigung von Unklarheiten — durch Art. 3 des Geſ. v. 30. Juli 1895 anderweit feſtgeſtellt.

2. Durch ME. v. 24. März 1896 (MBl. S. 65) iſt die Erteilung der Zuſtimmung dem Oberpräſidenten übertragen.

3. Über gleichzeitige Erhebung von Kreishundeſteuer und Gemeindehundeſteuer OVG. **30** S. 109.

Schluß-, Ausführungs- und Übergangsbeſtimmungen.

§ 94. Alle in dem gegenwärtigen Geſetze vorgeſchriebenen Friſten ſind Ausſchlußfriſten. Die Friſten beginnen, ſoweit in dieſem Geſetze nichts anderes beſtimmt iſt, mit der Zuſtellung des Beſchluſſes oder der ſonſtigen Anordnung. Der Tag der Zuſtellung wird nicht mitgerechnet. Im übrigen ſind für den Beginn und die Berechnung der Friſten die bürgerlichen Prozeßgeſetze maßgebend.

R. § 76.

1. Anderweite Beſtimmungen über Beginn des Friſtenlaufes z. B. in den §§ 69, 71, 73, 78, 86, 87.

2. Die Friſtbeſtimmungen können durch Vertrag nicht abgeändert werden und ſind von Amts wegen zu beachten.

3. Über den Charakter der in §§ 83—88 feſtgeſetzten Friſten (Verjährungs-, nicht Ausſchlußfriſten, und deshalb

der Unterbrechung durch Betätigung des Rechtes zugänglich) vgl. OVG. **38** S. 131, **50** S. 327 und PVBl. XXIX S. 954 und (zum Teil a. M.) Noell, A. 2 zu § 94.

4. Die Frist kann auch durch rechtzeitig eingehendes Telegramm gewahrt werden.

5. Vgl. § 222 Zivilprozeßordnung in neuer Fassung v. 17. Mai 1898 und im Verfolg der dortigen Bestimmungen §§ 186 ff. BGB.

§ 95. Das Rechnungsjahr für den Gemeindehaushalt beginnt mit dem 1. April und schließt mit dem 31. März.

Der Beschlußfassung der Gemeindebehörden bleibt überlassen, an Stelle des Rechnungsjahres eine Periode von zwei oder drei Rechnungsjahren treten zu lassen.

R. § 77. AH. Kom. red.

1. Nach dem Ges. v. 29. Juni 1876, welches die Verlegung des Etatsjahres für den Staatshaushalt auf die Zeit vom 1. April bis 31. März anordnet, stand den Gemeinden die Annahme dieses veränderten Etatsjahres frei. Behufs Vermeidung von Schwierigkeiten bei Erhebung der Zuschläge zu den Staatssteuern, namentlich der Einkommensteuer, ist nunmehr dieses unveränderte Etatsjahr allgemein eingeführt.

§ 96. Das gegenwärtige Gesetz tritt gleichzeitig mit dem Gesetze wegen Aufhebung direkter Staatssteuern in Kraft.

Die Gemeinden sind verpflichtet, die Ordnungen (Observanzen, Statuten, Regulative, Gemeindebeschlüsse usw.) über die Aufbringung von Gebühren, Beiträgen, indirekten und direkten Steuern oder Diensten mit den Vorschriften dieses Gesetzes in Übereinstimmung zu bringen.

Zu diesem Behufe können die zur Ausführung des gegenwärtigen Gesetzes erforderlichen Gemeindebeschlüsse bereits innerhalb eines Jahres vor dem Inkrafttreten desselben im voraus gefaßt und die dadurch bedingten Anordnungen und Entscheidungen der Verwaltungs- und Verwaltungsgerichtsbehörden nach Maßgabe der Bestimmungen dieses Gesetzes getroffen werden.

Ordnungen, welche bis zum Inkrafttreten des gegenwärtigen Gesetzes in Geltung gewesen sind, bleiben — unbeschadet der Bestimmungen im § 23 Abs. 4 und § 37 Abs. 2 — bis zur Abänderung durch rechtsgültigen Gemeindebeschluß oder Anordnung der Aufsichtsbehörde (§ 78) bestehen.

Mit dem Inkrafttreten des gegenwärtigen Gesetzes treten alle demselben entgegenstehenden gesetzlichen Bestimmungen außer Kraft.

Wo in den Gesetzen auf diese Bestimmungen Bezug genommen ist, kommen diejenigen des gegenwärtigen Gesetzes sinnentsprechend zur Anwendung.

Unberührt bleiben die Vorschriften wegen Erhebung von Bürgerrechtsgeldern, Einkaufsgeldern und gleichartigen Abgaben.

R. § 78. AH. Kom. Pl. II, III.

1. Nach § 29 des Ges. wegen Aufhebung direkter Staatssteuern tritt das KAG. am 1. April 1895 in Kraft.

2. Über den unbedingten Charakter der Verpflichtung der Gemeinden nach Abs. 2 vgl. OVG. **34** S. 163.

3. Die Worte „und Besteuerungsgrundsätze", welche in dem R. in Abs. 2 hinter „Vorschriften" standen, sind im AH. Pl. II gestrichen. Vgl. § 78 Abs. 2.

4. Mit dem Inkrafttreten des Gesetzes treten die entgegenstehenden gesetzlichen und die ihnen gleichzuachtenden gewohnheitsrechtlichen Bestimmungen sofort außer Kraft (Abs. 5); nicht jedoch die auf Grund der bisherigen

Gesetze bestehenden Ordnungen des Gemeindesteuerwesens, welche vielmehr bis zur Abänderung durch rechtsgültigen Gemeindebeschluß oder Anordnung der Aufsichtsbehörde (§ 78) zunächst in Kraft bleiben (Abs. 4 vgl. hierzu OVG. **30** S. 88, **34** S. 35, PVBl. XX 58, 472). „Auszunehmen von dieser allgemeinen Regelung für die bestehenden Ordnungen waren die besonderen Einkommensteuern, soweit sie den Grundsätzen des § 30 — jetzt 37 — Abs. 1 nicht entsprechen, und die Miets- und Wohnungssteuern. Letztere sind bis zum 1. April 1898 geduldet (§ 23); erstere verlieren mit dem Inkrafttreten des neuen Gesetzes (§ 37 Abs. 2) ohne weiteres ihre Gültigkeit, wenn sie nicht bis dahin mit Zustimmung der Minister besonders weiter genehmigt sind." AH. KomBer. S. 119, 120. Dieser Auffassung entsprechend ist Abs. 4 von der Kom. eingefügt und Abs. 5 auf die gesetzlichen Bestimmungen beschränkt.

5. Über die Tragweite von Abs. 4 vgl. OVG. PVBl. XIX S. 391, XX S. 171, XXI S. 26, XXII S. 444, XXIII S. 690, XXIV S. 97, XXVI S. 78.

6. Durch Abs. 4 ist § 147 der Landgemeindeordnung dahin abgeändert, daß die bestehenden Ordnungen, Ortsstatute usw., welche nach dem genannten § 147 Abs. 1 am 31. März 1895 außer Kraft treten würden, nunmehr in Gemäßheit dieses Abs. 4 in Kraft bleiben. AH. KomBer. S. 120. OVG. **30** S. 120.

7. Über Bürgerrechtsgeld vgl. OVG. **33** S. 12, **34** S. 80, 81, **38** S. 69.

§ 97. Der Minister des Innern und der Finanzminister sind mit der Ausführung dieses Gesetzes beauftragt.

Urkundlich usw.

Vgl. Anweisung zur Ausführung des KAG. v. 10. Mai 1894; ferner Denkschrift der Staatsregierung v. 4. April 1896 AH. 18 LP. III Drucks. Nr. 130 über die erfolgte Ausführung.

Anhang.

1. Über das Verhältnis der Real- und der Einkommensteuerbelastung nach § 54 des KAG. gibt die AA. in der Anlage folgende Zusammenstellung:

(Siehe Seite 139 und 140.)

2. Die neuesten Muster zu Gebühren- und Steuerordnungen finden sich für:

a) Baugebühren. MBl. 1896 S. 162, vgl. § 6 A. 4.

b) Biersteuer. MBl. 1900 S. 10, PVBl. XXI S. 169, vgl. § 13 A. 1.

c) Umsatzsteuer. MBl. 1896 S. 71 und neuerdings MBl. 1906 S. 221 ff., vgl. § 13 A. 2 und Zusammenstellung der Rechtsprechung des OVG., hierzu PVBl. XXIV S. 755 und 777, XXVIII S. 665, 685.

d) Lustbarkeitssteuern. MBl. 1889 S. 38—40; vgl. AA. Art. 11 und MBl. 1895 S. 15, § 15 A. 2, 3 und PVBl. XXIX S. 613.

e) Wirtschaftskonzessionssteuer. MBl. 1906 S. 277 und 1907 S. 91 und 236.

f) Hundesteuer. AA. vgl. § 16 A. 2 und PVBl. XIX S. 505, XXI S. 581 ff.

g) Grundsteuer. AA. Neues Muster (Steuer vom gemeinen Wert) MBl. 1899 S. 160, PVBl. XXI S. 47, vgl. § 25 A. 3.

h) Gewerbesteuer. MBl. 1897 S. 150 und MBl. 1905 S. 203, vgl. § 29 A. 3 und PVBl. XXVII S. 423 ff.

3. Muster zu Gemeindebeschlüssen über Veranlagung und Erhebung der direkten Gemeindesteuern zu den §§ 3 Abs. 4, 38, 49, 50, 61, 65 und 66 im ME. v. 16. März 1895, MBl. S. 116. Vgl. MBl. 1896 S. 66.

Realsteuerbelastung (in Prozenten der vom Staate veranlagten Realsteuern)	Mindestbetrag der Einkommensteuerbelastung (in Prozenten der Staatseinkommensteuer)	Höchster Betrag der Einkommensteuerbelastung (in Prozenten der Staatseinkommensteuer)	Realsteuerbelastung (in Prozenten der vom Staate veranlagten Realsteuern)	Mindestbetrag der Einkommensteuerbelastung (in Prozenten der Staatseinkommensteuer)	Höchster Betrag der Einkommensteuerbelastung (in Prozenten der Staatseinkommensteuer)
101	67 1/3	101	131	87 1/3	131
102	68	102	132	88	132
103	68 2/3	103	133	88 2/3	133
104	69 1/3	104	134	89 1/3	134
105	70	105	135	90	135
106	70 2/3	106	136	90 2/3	136
107	71 1/3	107	137	91 1/3	137
108	72	108	138	92	138
109	72 2/3	109	139	92 2/3	139
110	73 1/3	110	140	93 1/3	140
111	74	111	141	94	141
112	74 2/3	112	142	94 2/3	142
113	75 1/3	113	143	95 1/3	143
114	76	114	144	96	144
115	76 2/3	115	145	96 2/3	145
116	77 1/3	116	146	97 1/3	146
117	78	117	147	98	147
118	78 2/3	118	148	98 2/3	148
119	79 1/3	119	149	99 1/3	149
120	80	120	150	100	150
121	80 2/3	121	151	100 2/3	152
122	81 1/3	122	152	101 1/3	154
123	82	123	153	102	156
124	82 1/3	124	154	102 2/3	158
125	83 1/3	125	155	103 1/3	160
126	84	126	156	104	162
127	84 2/3	127	157	104 2/3	164
128	85 1/3	128	158	105 1/3	166
129	86	129	159	106	168
130	86 2/3	130	160	106 2/3	170

Realsteuerbelastung (in Prozenten der vom Staate veranlagten Realsteuern)	Mindestbetrag der Einkommensteuerbelastung (in Prozenten der Staatseinkommensteuer)	Höchster Betrag der Einkommensteuerbelastung (in Prozenten der Staatseinkommensteuer)	Realsteuerbelastung (in Prozenten der vom Staate veranlagten Realsteuern)	Mindestbetrag der Einkommensteuerbelastung (in Prozenten der Staatseinkommensteuer)	Höchster Betrag der Einkommensteuerbelastung (in Prozenten der Staatseinkommensteuer)
161	$107^{1}/_{3}$	172	181	$120^{2}/_{3}$	212
162	108	174	182	$121^{1}/_{3}$	214
163	$108^{2}/_{3}$	176	183	122	216
164	$109^{1}/_{3}$	178	184	$122^{2}/_{3}$	218
165	110	180	185	$123^{1}/_{3}$	220
166	$110^{2}/_{3}$	182	186	124	222
167	$111^{1}/_{3}$	184	187	$124^{2}/_{3}$	224
168	112	186	188	$125^{1}/_{3}$	226
169	$112^{2}/_{3}$	188	189	126	228
170	$113^{1}/_{3}$	190	190	$126^{2}/_{3}$	230
171	114	192	191	$127^{1}/_{3}$	232
172	$114^{2}/_{3}$	194	192	128	234
173	$115^{1}/_{3}$	196	193	$128^{2}/_{3}$	236
174	116	198	194	$129^{1}/_{3}$	238
175	$116^{2}/_{3}$	200	195	130	240
176	$117^{1}/_{3}$	202	196	$130^{2}/_{3}$	242
177	118	204	197	$131^{1}/_{3}$	244
178	$118^{2}/_{3}$	206	198	132	246
179	$119^{1}/_{3}$	208	199	$132^{2}/_{3}$	248
180	120	210	200	$133^{1}/_{3}$	250

Abschnitt II.

Gesetz wegen Aufhebung direkter Staatssteuern.

Vom 14. Juli 1893.

(Gesetzsammlung von 1893, Nr. 21, S. 119. Ausgegeben zu Berlin, den 28. Juli 1893.)

Vorbemerkung.

Die Bestimmungen des Gesetzes betreffen im allgemeinen:

A. die Aufhebung derjenigen direkten Staatssteuern, auf welche der Staat verzichtet, um den Kommunalverbänden in dem durch die Neuregulierung der Kommunalabgaben bedingten Umfange Steuerquellen zu erschließen (§§ 1, 2);

B. diejenigen Vorkehrungen, welche erforderlich sind, um einerseits den Kommunalverbänden die Nutzung der ihnen vom Staate eröffneten Steuerquellen zu ermöglichen oder zu erleichtern, andererseits für solche Verwaltungszweige, in deren Bereiche die aufzuhebenden Staatssteuern oder deren Einrichtungen die Grundlage für die Bestimmung von Rechten und Rechtsverhältnissen usw. bilden, die fernerweite Benutzung dieser Grundlagen zu sichern oder entsprechenden Ersatz zu schaffen (§§ 3, 4);

C. Abänderungen gesetzlicher Vorschriften und Einrichtungen, welche infolge der Umwandlung der Staatssteuern in Kommunalsteuern notwendig oder zweckmäßig erscheinen (§§ 5 bis 16);

D. Maßnahmen zur Deckung des Ausfalls, welcher für die Staatskasse durch die Aufhebung von Staatssteuern entsteht; insbesondere Rückerstattung von Grundsteuerentschädigungen (§§ 17 bis 26) und Aufhebung der sog. lex Huene (§ 27).

Wir Wilhelm usw.

§ 1. Behufs Erleichterung und anderweitiger Regelung der öffentlichen Lasten der Gemeinden (Gutsbezirke) werden die folgenden direkten Staatssteuern gegenüber der Staatskasse außer Hebung gesetzt:

1. die nach den Gesetzen vom 21. Mai 1861 (Gesetzsamml. S. 253 und 317) sowie nach den hierzu ergangenen ergänzenden und abändernden Gesetzen veranlagte Grund- und Gebäudesteuer,
2. die nach dem Gesetze vom 24. Juni 1891 (Gesetzsamml. S. 205) veranlagte Gewerbe- und Betriebssteuer.

§ 2. Ferner werden außer Hebung gesetzt:

1. die von den Bergwerken in den älteren rechtsrheinischen Landesteilen zu entrichtende Aufsichtssteuer und Bergwerksabgabe (Gesetz über die Besteuerung der Bergwerke für den ganzen Umfang der Monarchie, mit Ausnahme der auf dem linken Rheinufer belegenen Landesteile, vom 12. Mai 1851, § 8 — Gesetzsamml. S. 261 —, Gesetz, die Berg-

werksabgaben betreffend, vom 20. Oktober 1862, § 4 —, Gesetzsamml. S. 351 —),

2. die in den übrigen Landesteilen zu entrichtende Bergwerksabgabe (Gesetz, die Bergwerksabgaben betreffend, vom 20. Oktober 1862, § 6; Verordnungen für das Gebiet des vormaligen Königreichs Hannover, vom 8. Mai 1867, Artikel XXI — Gesetzsamml. S. 601 —, für das Gebiet des vormaligen Kurfürstentums Hessen, die Stadt Frankfurt und die vormals Königlich Bayrischen Gebietsteile vom 1. Juni 1867, Artikel XVII — Gesetzsamml. S. 770 —, für das vormalige Herzogtum Nassau, die vormals Großherzoglich Hessischen Landesteile und die vormalige Landgrafschaft Hessen-Homburg einschließlich des Oberamtsbezirks Meisenheim, vom 1. Juni 1867, Artikel I § 2 — Gesetzsamml. S. 802 —; Gesetz, betreffend die Einführung des Allgemeinen Berggesetzes vom 24. Juni 1865 in das Gebiet des Herzogtums Lauenburg, vom 6. Mai 1868, Artikel VII — Offizielles Wochenblatt für das Herzogtum Lauenburg für 1868 Nr. 36 —; Gesetz, betreffend die Einführung des Allgemeinen Berggesetzes vom 24. Juni 1865 in das Gebiet der Herzogtümer Schleswig und Holstein, vom 12. März 1869, Artikel IX — Gesetzsamml. S. 453 —).

1. Abgesehen von den allgemeinen, für den staatlichen Verzicht auf die Bergwerksabgaben sprechenden Gründen „gebietet auch die Rücksicht auf das Steuerbedürfnis der Kommunalverbände die völlige Aufhebung der Bergwerksabgaben. Gerade der Bergbau verursacht vielfach den Kommunen im Vergleich mit anderen Gewerbebetrieben ungewöhnlich hohe Ausgaben auf den Gebieten des Armen-

und Schulwesens, des Straßen- und Wegebaues, der öffentlichen Sicherheit usw. Es erscheint daher gerechtfertigt, nicht nur die Bergbautreibenden, wie schon bisher geschehen, zu den kommunalen Einkommensteuern heranzuziehen, sondern auch die Betriebe selbst, je nach den besonderen Verhältnissen, der gewerblichen Besteuerung der Kommunen zu unterwerfen, sei es im Anschlusse an die staatlich veranlagte Gewerbesteuer, sei es mittels besonderer kommunaler Gewerbesteuern ... Das Ziel, den Gemeinden eine ihren Aufwendungen entsprechende gewerbliche Besteuerung der Bergbaubetriebe zu ermöglichen, kann aber nur bei einer gänzlichen Aufhebung der Bergwerksabgaben erreicht werden". (Mot.) Vgl. KAG. § 28 Nr. 3.

2. Im Anschluß an die Abänderung der Eingangsworte, welche im R. lauteten: „Aufgehoben werden", wurde in der AH. Kom. ausdrücklich allseitig festgestellt, daß die Rechtsverhältnisse zwischen den Privatregalberechtigten und -verpflichteten durch das vorliegende Gesetz in keiner Weise berührt werden sollen. AH. KomBer. S. 26, Drucks. Nr. 126.

§ 3. Die Vorschriften der in den §§ 1 und 2 bezeichneten Gesetze bleiben, soweit nicht in dem gegenwärtigen Gesetze und in dem Kommunalabgabengesetze Abweichendes bestimmt ist, in Kraft.

Die Veranlagung und Verwaltung der Grund-, Gebäude- und Gewerbesteuer wird, soweit nicht in dem gegenwärtigen Gesetze Abweichendes bestimmt ist, unter Aufrechterhaltung der dieserhalb bestehenden gesetzlichen Einrichtungen vom Staate für die Zwecke der kommunalen Besteuerung ausgeführt. Die landständische Mitwirkung bei der Verwaltung der Grundsteuer innerhalb des kommunalständischen Verbandes der Oberlausitz (Gesetz, betreffend die definitive Unterverteilung und Erhebung der Grundsteuer usw., vom 8. Februar 1867,

§ 49 — Gesetzsamml. S. 185 —) wird hierdurch nicht berührt.

1. Die weitere staatliche Veranlagung der Realsteuern ist auch für andere Zwecke als die der kommunalen Besteuerung nötig, z. B. für Feststellung des Wahlrechts, für die Zugehörigkeit zum Großgrundbesitz, für die Aufbringung der Schulsozietätslasten und der Kreisabgaben; ebenso unentbehrlich ist zurzeit auch die Fortführung der Kataster usw. „Sollte die weitere Entwicklung . . . die erwähnten Geschäfte in Zukunft entbehrlich machen, so würde alsdann eine Beseitigung derselben durch die Gesetzgebung einzutreten haben.“ AH. KomBer. vgl. Mot. S. 19, 20.

§ 4. Die Veranlagung (§ 3) ist auf diejenigen Liegenschaften, Gebäude und Gewerbebetriebe auszudehnen, welche von der entsprechenden Staatssteuer freigeblieben, aber gemäß den Bestimmungen des Kommunalabgabengesetzes der Kommunalsteuerpflicht unterworfen sind.

Für die Veranlagung gelten, soweit nicht in dem gegenwärtigen Gesetze und in dem Kommunalabgabengesetze Abweichendes bestimmt ist, die allgemeinen gesetzlichen Vorschriften, welche bei der Heranziehung zu den entsprechenden Staatssteuern anzuwenden gewesen sein würden. Insbesondere sind gegen die Veranlagung dieselben Rechtsmittel zulässig, mit denen die Veranlagung der entsprechenden Staatssteuer hätte angefochten werden können.

Vgl. oben S. XVIII und 41.

§ 5. Die bestehenden gesetzlichen Bestimmungen, welche von der Veranlagung der im § 1 Nr. 1 und 2 bezeichneten Steuern oder von einzeln derselben anderweitige Rechtsfolgen, insbesondere die Begründung von

Rechten oder Pflichten abhängig machen, bleiben aufrecht erhalten; soweit hierbei die Entrichtung solcher Steuern vorausgesetzt wird, treten an die Stelle der zu entrichtenden die veranlagten Beträge.

Auf die Bestimmungen im § 9 I Nr. 4 des Einkommensteuergesetzes vom 24. Juni 1891 (Gesetzsamml. S. 175) findet diese Vorschrift keine Anwendung.

Die Vorschrift findet gleichfalls keine Anwendung auf die Bildung der Urwählerabteilungen für die Wahlen zum Hause der Abgeordneten. Über diese sowie über die Bildung der Wählerabteilungen für die Wahl von Gemeindevertretungen ergeht besondere gesetzliche Bestimmung.

1. Die in Abs. 2 zitierte Bestimmung des § 9 lautet: „Von dem Einkommen (§ 7) sind in Abzug zu bringen: — Nr. 4 die von dem Grundeigentum, dem Bergbau und dem Gewerbebetriebe zu entrichtenden direkten Staatssteuern." Diese Bestimmung ist nunmehr hinfällig geworden.

2. Vgl. das Gesetz betr. Änderung des Wahlverfahrens.

§ 6. Die für die Provinzen Rheinland und Westfalen bestehenden besonderen Vorschriften über den Grundsteuerdeckungsfonds und den Fonds zur Erhaltung und Erneuerung des Katasters (Grundsteuergesetz für die westlichen Provinzen vom 21. Januar 1839, § 2 zu b und c, §§ 4, 44 bis 48 — Gesetzsamml. S. 30 —, Verordnung, betreffend die Feststellung und Unterverteilung der Grundsteuer in den beiden westlichen Provinzen, vom 12. Dezember 1864, §§ 3, 4, 21 — Gesetzsamml. S. 683 —) treten außer Kraft.

An Stelle dieser Vorschriften treten die in den übrigen Landesteilen geltenden allgemeinen Bestimmungen.

Mit der Auflösung der Fonds gehen die Bestände sowie die alsdann noch bestehenden Forderungen und Verpflichtungen

a) des Grundsteuerdeckungsfonds auf die Kreise der betreffenden Regierungsbezirke nach Maßgabe der veranlagten Grundsteuer,

b) des Fonds zur Erhaltung und Erneuerung des Katasters auf die Staatskasse

über.

§ 7. Die auf di Aufbewahrung der Kopien der Katasterdokumente und auf die Erteilung beglaubigter Auszüge aus denselben bezüglichen Bestimmungen im Artikel II des Gesetzes über die Veräußerung und hypothekarische Belastung von Grundstücken im Geltungsbereiche des Rheinischen Rechts vom 20. Mai 1885 (Gesetzsamml. S. 139) werden auf die übrigen Teile der Rheinprovinz und auf die Provinz Westfalen ausgedehnt.

§ 8. Soweit die Bestrafung von Zuwiderhandlungen gegen die Vorschriften über die Grund-, Gebäude- und Gewerbesteuer von der Vorenthaltung oder von dem Verluste der Steuer gegenüber dem Staate abhängig gemacht ist (Gebäudesteuergesetz vom 21. Mai 1861, § 17 Absatz 3; Gesetz, betreffend die definitive Unterverteilung und Erhebung der Grundsteuer in den sechs östlichen Provinzen vom 8. Februar 1867, § 34 Absatz 3; Gesetz, betreffend die Ausführung der anderweiten Regelung der Grundsteuer in den Provinzen Schleswig-Holstein, Hannover und Hessen-Nassau, sowie in dem Kreise Meisenheim, vom 11. Februar 1870, § 1 — Gesetzsamml. S. 85 —, Gewerbesteuergesetz vom 24. Juni 1891, § 70), gilt als vorenthalten (verloren) derjenige Betrag, welcher im Falle fortdauernder Hebung der Steuer zur Staatskasse nach Maßgabe der Veranlagung (§ 3 Absatz 2, § 4) zu entrichten gewesen sein würde.

Die im § 17 Absatz 3 des Gebäudesteuergesetzes vom 21. Mai 1861 bestimmte dreimonatige Anmeldefrist für neuentstandene Gebäude (§ 15 zu 4 a. a. O.), desgleichen für wesentliche Verbesserungen von Gebäuden sowie Vergrößerungen der zu ihnen gehörigen Hofräume und Hausgärten (§ 15 zu 5 a. a. O.) beginnt mit dem Ablaufe des Rechnungsjahres, in welchem die Veränderung eingetreten ist.

1. Vgl. S. 44 A. 2 zu § 26.

§ 9. Zum Bezuge von Nachsteuern (Gebäudesteuergesetz vom 21. Mai 1861, § 17 Absatz 4; Gesetz vom 8. Februar 1867, § 34 Absatz 4; Gesetz vom 11. Februar 1870, § 1; Gewerbesteuergesetz vom 24. Juni 1891, §§ 70, 78) ist diejenige Gemeinde berechtigt, welcher nach den Bestimmungen des Kommunalabgabengesetzes das entsprechende Steueraufkommen zusteht.

§ 10. Die Bestimmungen im § 81 des Gewerbesteuergesetzes vom 24. Juni 1891 werden aufgehoben.

Das Aufhören eines steuerpflichtigen Gewerbes ist nicht der Hebestelle (§ 58 Absatz 1 a. a. O.), sondern dem Vorsitzenden des für die Veranlagung zuständigen Steuerausschusses anzuzeigen.

1. Der § 81 cit. enthält die Bestimmungen über die Kontingentierung der Gewerbesteuer auf 19811359 Mark, deren Aufrechterhaltung nach Aufhebung der Steuer als Staatssteuer unzweckmäßig erscheinen mußte.

§ 11. Die Hebung und Beitreibung der Grund-, Gebäude- und Gewerbesteuer liegt derjenigen Gemeinde ob, welche nach den Bestimmungen des Kommunalabgabengesetzes zum Bezuge des entsprechenden Steueraufkommens berechtigt ist.

Die Ausfälle treffen die Gemeindekasse. Die Ermächtigung zum Erlasse und zur Ermäßigung veranlagter Steuern (Gesetz, betreffend den Erlaß oder die Ermäßigung der Grundsteuer infolge von Überschwemmungen, vom 15. April 1889, § 1 Nr. 1 — Gesetzsamml. S. 99 —, Gewerbesteuergesetz vom 24. Juni 1891, §§ 44, 45) geht auf die Gemeinden über.

Die gesetzlichen Bestimmungen über Ansprüche der Gemeinden auf Mitverwaltung ihrer Kassen durch staatliche Kassenbeamte (Gemeindeordnung für die Rheinprovinz vom 23. Juli 1845, §§ 79, 106 — Gesetzsamml. S. 523 —, Landgemeindeordnung für die Provinz Westfalen vom 19. März 1856, §§ 44, 73 — Gesetzsamml. S. 265 —) werden aufgehoben.

1. Vgl. Einleitung S. XIII, XIV und XVI.

§ 12. Die auf die Betriebssteuer bezüglichen Vorschriften des Gewerbesteuergesetzes vom 24. Juni 1891 gelangen nach Maßgabe folgender Bestimmungen zur Anwendung:

1. Erstreckt sich ein betriebssteuerpflichtiges Gewerbe über mehrere Kreise, so ist für jeden dieser Kreise die Hälfte der im § 60 Nr. 1 und 2 a. a. O. bestimmten Steuersätze zu entrichten. Auf die im § 60 Absatz 2 a. a. O. bezeichneten Betriebsstätten findet diese Bestimmung keine Anwendung.

2. Die Betriebssteuer wird in den Landkreisen vom Landrat, in den Stadtkreisen vom Gemeindevorstande, in Berlin von der Direktion für die Verwaltung der direkten Steuern festgestellt.

Diesen Behörden stehen auch die Befugnis zur Herabsetzung der Betriebssteuer gemäß § 61 und die anderweite Feststellung gemäß § 65 Absatz 2 a. a. O. zu.

3. Die Betriebssteuer ist binnen zwei Wochen nach erfolgter Behändigung der Steuerzuschrift in einer Summe zu entrichten.

Die im § 61 a. a. O. bezeichneten Steuerpflichtigen haben die Steuer vor Eröffnung des Betriebes zu entrichten, oder, falls bis dahin die Steuerzuschrift noch nicht behändigt ist, einen von dem Gemeinde-(Guts-) Vorstande zu bestimmenden Geldbetrag bei der gleichzeitig zu bezeichnenden Kasse zur Deckung der Steuer zu hinterlegen, widrigenfalls ihnen die Ausübung des Betriebes nach Maßgabe des § 63 a. a. O. untersagt werden kann.

§ 13. Die Gemeinden (Gutsbezirke) haben die Betriebssteuer in den veranlagten Beträgen (§ 12) von den Pflichtigen ihres Bezirks zu erheben.

Die Gemeinden (Gutsbezirke) der Landkreise haben die erhobenen Beträge am Schlusse eines jeden Vierteljahres an die Kreiskommunalkasse abzuführen.

Sofern die Gemeinden nach den Bestimmungen des Kommunalabgabengesetzes besondere Betriebssteuern eingeführt haben, müssen sie denjenigen Betrag, welcher sich bei Anwendung der Bestimmungen der §§ 60 bis 69 des Gewerbesteuergesetzes vom 24. Juni 1891 und des § 12 des gegenwärtigen Gesetzes ergeben würde, an die Kreiskommunalkasse abführen.

Die Kreise haben das ihnen zufließende Aufkommen der Betriebssteuer (Absatz 2 und 3) zur Bestreitung ihrer Ausgaben zu verwenden.

1. Da die Betriebssteuer zugleich polizeilichen Zwecken dient, mußte ihre Erhebung in allen Gemeinden und Gutsbezirken auch für die Zukunft gesichert werden. Da aber ihr Fortbestand als Staatssteuer mit der Aufhebung aller staatlichen Objektsteuern unverträglich war, empfahl sich, zumal die Betriebssteuer sich gerade besonders für die kommunale Besteuerung eignet, als Ausweg die Überweisung an die Kreise, denen hierdurch ein erwünschtes Einkommen gegeben wird. Die geringe Höhe des auf etwa $2^1/_2$ Millionen Mark zu veranschlagenden Gesamtertrages läßt die nachteiligen Folgen des Dotationsprinzips nicht befürchten. (Mot.)

§ 14. Die Kosten der Veranlagung und Verwaltung der Steuern (§ 3 Absatz 2, § 4) werden, soweit sie nicht durch die den Gemeinden hierbei übertragenen Geschäfte entstehen, aus der Staatskasse bestritten.

Das Aufkommen an Gebühren, Kosten und Strafen im Bereiche der Grund-, Gebäude- und Gewerbe-(Betriebs-) Steuer fließt in die Staatskasse.

Sofern im Bereiche der Katasterverwaltung die Ausführung von Neumessungen ganzer Gemarkungen oder größerer Teile von solchen seitens einer Gemeinde oder der beteiligten Grundbesitzer beantragt wird, oder vorzugsweise der Gemeinde oder den beteiligten Grundbesitzern zum Vorteile gereicht, kann die Ausführung nach Bestimmung des Finanzministers von der Entrichtung eines seitens der Gemeinde oder der beteiligten Grundbesitzer zu leistenden Beitrages zu den Kosten der Neumessung abhängig gemacht werden.

§ 15. Die Kosten der Hebung und Beitreibung der Steuern (§§ 11, 13) sind von den Gemeinden zu tragen.

Die gesetzlichen Bestimmungen über die Verpflichtung der Grundsteuerpflichtigen zur Entrichtung von Beischlägen behufs Bestreitung der Elementarerhebungskosten (Grundsteuergesetz für die westlichen Provinzen vom 21. Januar 1839, §§ 2a, 3; Gesetz vom 11. Februar 1870, § 11) werden aufgehoben.

§ 16. Die gesetzlichen Bestimmungen über die Ansprüche der Gemeinden (Gutsbezirke) auf den Bezug von Vergütungen für die bei Veranlagung der Gewerbesteuer und der Einkommensteuer ihnen übertragenen Geschäfte (Gewerbesteuergesetz vom 24. Juni 1891, § 75 Absatz 1; Einkommensteuergesetz vom 24. Juni 1891, § 73 Absatz 1) treten außer Kraft.

Durch Königliche Verordnung kann den Gemeinden und selbständigen Gutsbezirken die Verpflichtung auferlegt werden, in ihren Bezirken die Elementarerhebung der sämtlichen direkten Staatssteuern, der Domänen-, Rentenbank- und Grundsteuerentschädigungsrenten sowie die Abführung der erhobenen Beträge an die zuständigen Staatskassen ohne Vergütung zu bewirken.

1. Vgl. Einl. S. XVI.

§ 17. Ansprüche auf Grundsteuerentschädigungen aus den §§ 1, 15 bis 17 des Gesetzes vom 11. Februar 1870 und aus dem Grundsteuerentschädigungsgesetze vom 21. Mai 1861 — Gesetzsamml. S. 327 — sowie auf sonstige, seitens des Staates zu leistende Entschädigungen, welche die Entrichtung der Grundsteuer an den Staat zur Voraussetzung haben, finden nicht ferner statt.

§ 18. Die auf Grund der §§ 1 bis 4 des Grundsteuerentschädigungsgesetzes vom 21. Mai 1861 und der §§ 1, 15 des Gesetzes vom 11. Februar 1870 für die Aufhebung von Grundsteuerbefreiungen und Grundsteuerbevorzugungen geleisteten Entschädigungen sind nach Maßgabe der folgenden Bestimmungen an die Staatskasse zurückzuerstatten.

Hierbei ist, soweit die Entschädigung durch Erlaß von Domänenabgaben oder Domänenamortisationsrenten stattgefunden hat, das zu erstattende Entschädigungskapital nach dem zwanzigfachen Betrage der erlassenen Abgabe bzw. Rente zu berechnen.

§ 19. Die Rückerstattung (§ 18) bleibt ausgeschlossen bezüglich derjenigen Güter und Grundstücke, welche nach erfolgter Entschädigung durch lästiges (entgeltliches) Rechtsgeschäft veräußert worden sind.

Wenn sich die Veräußerung nur auf einen Teil des Gutes bzw. Grundstückes erstreckt hat, so wird der Betrag der Rückerstattung nach dem Verhältnisse der Grundsteuer ermittelt.

Falls jedoch der veräußerte Teil nur aus Absplissen zu öffentlichen Wegen, zu Flüssen, Bächen, Kanälen oder zu Eisenbahnen besteht, wird der hierauf entfallende Entschädigungsbetrag von der für das ganze Gut oder Grundstück geleisteten Entschädigung nur dann abgerechnet, wenn der zur Rückerstattung Verpflichtete nachweist, daß der Grundsteuerreinertrag der Absplisse mehr als den zehnten Teil des Grundsteuerreinertrages des ganzen

Gutes oder Grundstücks und zugleich mehr als 30 Mark beträgt.

Die Rückerstattung (§ 18) bleibt ferner in denjenigen Fällen ausgeschlossen, in welchen die Vorschriften im § 5 des Gesetzes vom 25. Mai 1885 (Gesetzsamml. S. 170) deshalb nicht zur Anwendung gekommen sind, weil der Besitzer der betreffenden Grundstücke die im § 7 a. a. O. vorgesehenen Voraussetzungen nicht erfüllt hat.

Bezüglich derjenigen Güter und Grundstücke, deren Eigentum nach erfolgter Entschädigung durch Schenkung, Vermächtnis, infolge von Erbteilungen oder Gutsüberlassungsverträgen übergegangen ist, bleibt die Rückerstattung des Entschädigungskapitals zu demjenigen Bruchteile ausgeschlossen, zu welchem der zeitige Eigentümer weder unmittelbar noch mittelbar Erbe des Entschädigten geworden ist.

§ 20. Diejenigen Städte, welche gemäß § 7 des Gesetzes vom 21. Mai 1861 entschädigt worden sind, haben die empfangene Entschädigung an die Staatskasse zurückzuerstatten.

Sofern die einer Stadtgemeinde überwiesene Entschädigungssumme auf die einzelnen Besitzer der Grundstücke in der städtischen Feldmark verteilt worden ist (§ 18 Abs. 2 a. a. O.), haben diese nach Maßgabe der §§ 18, 19 die Rückerstattung an die Staatskasse zu bewirken.

§ 21. Solchen Gemeinden, welche die Grundsteuerentschädigung zu gemeinnützigen, keine entsprechende Verzinsung gewährenden Einrichtungen verwendet haben, kann die Rückerstattung durch den Finanzminister ganz oder teilweise erlassen werden.

Kommt infolge von privatrechtlichen Abmachungen dem Grundbesitzer die Außerhebungsetzung der staatlichen Grund- und Gebäudesteuer nicht zustatten, so kann durch den Finanzminister der Zeitpunkt der Rückerstattung und der Beginn der Verzinsung bis zum Ablauf des betreffenden Vertrages, längstens aber bis zum 1. April 1910 hinausgeschoben werden.

§ 22. Soweit durch Vertrag eine Ablösung der durch die Gesetze vom 21. Mai 1861 (Gesetzsamml. S. 253 und 317) und 11. Februar 1870 aufrecht erhaltenen Befreiungen von der Grund- und Gebäudesteuer stattgefunden hat, ist die empfangene Entschädigung an die Staatskasse zurückzuerstatten.

Die Bestimmungen des § 19 finden entsprechende Anwendung.

§ 23. Die zurückzuerstattenden Kapitalien (§§ 18 bis 22) sind seitens der Pflichtigen vom 1. April 1895 ab mit $3\frac{1}{2}$ vom Hundert zu verzinsen.

Die Feststellung der zurückzuerstattenden Kapitalien gebührt dem Finanzminister.

Gegen die Feststellung steht dem Pflichtigen binnen einer vom Tage der Mitteilung des zu erstattenden Betrages ab laufenden Ausschlußfrist von drei Monaten der Rechtsweg offen.

Die Beschreitung des Rechtsweges hat aufschiebende Wirkung.

§ 24. Kapitalbeträge (§ 23), welche den Betrag von 25 Mark nicht erreichen, sowie Kapitalbeträge, welche über einen durch 25 ohne Rest teilbaren, in Mark ausgedrückten Geldbetrag hinausgehen, müssen binnen einer

Frist von sechs Monaten nach erfolgter endgültiger Feststellung nebst den bis zum Zahlungstage aufgelaufenen Zinsen zur Staatskasse eingezahlt werden.

Dem Verpflichteten steht es frei, nach seiner Wahl entweder

a) den noch verbleibenden Betrag des zu erstattenden Kapitals nebst den Zinsen binnen sechs Monaten nach erfolgter endgültiger Feststellung ebenfalls zur Staatskasse zurückzuzahlen, oder

b) statt dessen für die Zeit vom 1. April 1895 ab auf die Dauer von $60^1/_2$ Jahren eine in vierteljährigen Teilbeträgen fällige Tilgungsrente von jährlich 4 vom Hundert des Kapitals zu entrichten, wodurch das Kapital mit $3^1/_2$ vom Hundert verzinst sowie mit $^1/_2$ vom Hundert und mit den durch die fortschreitende Tilgung ersparten Zinsen des ursprünglichen Kapitalbetrages getilgt wird.

Auch während des Zeitraums von $60^1/_2$ Jahren kann der Verpflichtete die Tilgungsrente zum Beginn eines jeden Rechnungsjahres durch Barzahlung des noch nicht getilgten Teils des Kapitals ganz oder teilweise ablösen, mit der Beschränkung, daß bei teilweiser Ablösung der fortzuentrichtende Teil der Tilgungsrente einen auf volle Mark abgerundeten Jahresbetrag ergeben muß. Welche Beträge in den verschiedenen Jahren der $60^1/_2$ jährigen Tilgungsdauer zur Ablösung erforderlich sind, ergibt die beiliegende Tilgungstafel.

Die fälligen Beträge an Kapital und Renten unterliegen der Beitreibung im Verwaltungszwangsverfahren.

§ 25. Die aus den §§ 18, 19, 20 Absatz 2, §§ 22 bis 24 folgenden Verpflichtungen ruhen auf den Gütern und Grundstücken, wofür die Entschädigung geleistet worden ist, als eine öffentliche, auf jeden Besitzer übergehende Last.

Wird ein mit einer Tilgungsrente behaftetes Gut oder Grundstück zerstückelt, so ist die Tilgungsrente nach den Vorschriften der §§ 2 bis 5 des Gesetzes, betreffend die Verteilung der öffentlichen Lasten bei Grundstücksteilungen usw., vom 25. August 1876 (Gesetzsamml. S. 405) zu verteilen, mit der Maßgabe, daß die Bestätigung des Verteilungsplanes durch die Bezirksregierung erfolgt.

Die bei der Verteilung sich ergebenden, hinter dem Jahresbetrage von einer Mark zurückbleibenden Tilgungsrenten oder über volle Markbeträge überschießenden Rententeile sind nach den Grundsätzen des § 24 durch Kapitalzahlung abzulösen.

In den Fällen des § 19 Absatz 3 bleibt die Verteilung ausgeschlossen.

§ 26. Insoweit nicht in den §§ 24, 25 ein anderes bestimmt ist, regeln sich die Zahlung, Sicherstellung und Tilgung der Kapitalien und Tilgungsrenten nach den entsprechenden Vorschriften in den §§ 18 bis 27 des Gesetzes über die Errichtung von Rentenbanken vom 2. März 1850 (Gesetzsamml. S. 112), mit der Maßgabe, daß die Bezirksregierung an die Stelle der Rentenbank tritt.

§ 27. Die sämtlichen, behufs Rückerstattung von Kapitalien nebst Zinsen (§§ 18 bis 25) im Laufe eines jeden Rechnungsjahres gezahlten Beträge werden zum Zwecke der Tilgung von Staatsschulden durch Rückkauf eines entsprechenden Betrages von Schulddokumenten der Staatsschuldentilgungskasse überwiesen.

§ 28. Das Gesetz, betreffend Überweisung von Beträgen, welche aus landwirtschaftlichen Zöllen eingehen, an die Kommunalverbände, vom 14. Mai 1885 (Gesetzsamml. S. 128) tritt außer Kraft.

Soweit die Kreise bis zum 1. April 1895 die ihnen für das Rechnungsjahr 1894/95 zu überweisenden Summen noch nicht empfangen oder über die Verwendung dieser Summen noch keine endgültige Entscheidung getroffen haben, kommen die Vorschriften jenes Gesetzes auch ferner zur Anwendung.

1. Den Kommunalverbänden sollen die ihnen für das Rechnungsjahr 1894/95 zukommenden Anteile an dem Ertrage der landwirtschaftlichen Zölle, welche bestimmungsgemäß erst im Rechnungsjahr 1895/96 zur Auszahlung gelangen, unverkürzt zufließen. Hiermit wird zugleich den Kreisen der Übergang zu den neuen Einrichtungen wesentlich erleichtert werden. (Mot.)

§ 29. Die Bestimmungen der §§ 1 bis 27 finden auf die Hohenzollernschen Lande keine Anwendung.

Die Umgestaltung des Systems der direkten Steuern in diesen Landen bleibt einem besonderen Gesetze vorbehalten.

Bis zum Erlasse eines solchen Gesetzes wird für die Hohenzollernschen Lande vom 1. April 1896 ab ein fester Jahresbetrag von 62 020 Mark aus der Staatskasse überwiesen.

Dieser Betrag wird nach den Verhältnissen der durch die letztvorangegangene Volkszählung ermittelten Einwohnerzahlen auf die einzelnen Gemeinden verteilt. Den

Vertretern der letzteren steht die Beschlußfassung über die Verwendung zu.

§ 30. Das gegenwärtige Gesetz tritt mit dem 1. April 1895, jedoch nur gleichzeitig mit dem Kommunalabgabengesetze und dem Ergänzungssteuergesetze in Kraft; die Bestimmungen der §§ 7, 10 Absatz 1, § 11 Absatz 3, § 14 Absatz 3, §§ 17, 25 Absatz 1 gelangen mit dem Tage der Verkündigung zur Geltung.

Die Veranlagung für die Zwecke der kommunalen Besteuerung (§ 3 Absatz 2, § 4) erfolgt nach den Vorschriften dieses Gesetzes zunächst für das Rechnungsjahr 1895/96.

Die am 1. April 1895 verbliebenen Rückstände der in den §§ 1, 2 bezeichneten Steuern werden nach Maßgabe der bis dahin geltenden Bestimmungen zur Staatskasse eingezogen; das gleiche gilt von Nachsteuern und Strafen im Bereiche der Grund-, Gebäude- und Gewerbe- (Betriebs-) Steuer.

§ 31. Die Minister der Finanzen und des Innern werden mit der Ausführung dieses Gesetzes beauftragt.

Urkundlich usw.

Anlage.

Tilgungstafel.

Anlage zu §§ 24 und 25 des Gesetzes wegen Aufhebung direkter Staatssteuern vom 14. Juli 1893.

Tilgung eines mit 3½ vom Hundert verzinslichen Kapitals von 100 Mark durch eine jährliche Rente von 4 vom Hundert				Das Ablösungskapital beträgt				
nach Jahren	treffen von der Rente auf Zinsen ℳ	treffen von der Rente auf Kapital ℳ	und es bleiben vom Kapital noch zu tilgen ℳ	im Laufe des Rechnungsjahres vom 1. April	von 10 Mark ℳ	von 9 Mark ℳ	von 8 Mark ℳ	von 7 Mark ℳ
0	—	—	100,0000	1895—1896	250,00	225,00	200,00	175,00
1	3,5000	0,5000	99,5000	1896—1897	248,75	223,88	199,00	174,13
2	3,4825	0,5175	98,9825	1897—1898	247,46	222,71	197,97	173,22
3	3,4644	0,5356	98,4469	1898—1899	246,12	221,51	196,89	172,28
4	3,4456	0,5544	97,8925	1899—1900	244,73	220,26	195,79	171,31
5	3,4262	0,5738	97,3187	1900—1901	243,30	218,97	194,64	170,31
6	3,4062	0,5938	96,7249	1901—1902	241,81	217,63	193,44	169,27
7	3,3854	0,6146	96,1103	1902—1903	240,28	216,25	192,22	168,19
8	3,3639	0,6361	95,4742	1903—1904	238,69	214,82	190,95	167,08
9	3,3416	0,6584	94,8158	1904—1905	237,04	213,34	189,63	165,93
10	3,3186	0,6814	94,1344	1905—1906	235,34	211,80	188,27	164,74
11	3,2947	0,7053	93,4291	1906—1907	233,57	210,22	186,86	163,50
12	3,2700	0,7300	92,6991	1907—1908	231,75	208,57	185,40	162,22
13	3,2445	0,7555	91,9436	1908—1909	229,86	206,87	183,89	160,90
14	3,2180	0,7820	91,1616	1909—1910	227,90	205,11	182,32	159,53
15	3,1907	0,8093	90,3523	1910—1911	225,88	203,29	180,70	158,12
16	3,1623	0,8377	89,5146	1911—1912	223,79	201,41	179,03	156,65
17	3,1330	0,8670	88,6476	1912—1913	221,62	199,46	177,30	155,13
18	3,1027	0,8973	87,7503	1913—1914	219,38	197,44	175,50	153,56
19	3,0713	0,9287	86,8216	1914—1915	217,05	195,35	173,64	151,94
20	3,0388	0,9612	85,8604	1915—1916	214,65	193,19	171,72	150,26
21	3,0051	0,9949	84,8655	1916—1917	212,16	190,95	169,73	148,51
22	2,9703	1,0297	83,8358	1917—1918	209,59	188,63	167,67	146,71
23	2,9343	1,0657	82,7701	1918—1919	206,93	186,23	165,54	144,85
24	2,8970	1,1030	81,6671	1919—1920	204,17	183,75	163,33	142,92
25	2,8583	1,1417	80,5254	1920—1921	201,31	181,18	161,05	140,92
26	2,8184	1,1816	79,3438	1921—1922	198,36	178,52	158,69	138,85
27	2,7770	1,2230	78,1208	1922—1923	195,30	175,77	156,24	136,71
28	2,7342	1,2658	76,8550	1923—1924	192,14	172,92	153,71	134,50
29	2,6899	1,3101	75,5449	1924—1925	188,86	169,98	151,09	132,20
30	2,6441	1,3559	74,1890	1925—1926	185,47	166,93	148,38	129,83
31	2,5966	1,4034	72,7856	1926—1927	181,96	163,77	145,57	127,37
32	2,5475	1,4525	71,3331	1927—1928	178,33	160,50	142,67	124,83
33	2,4967	1,5033	69,8298	1928—1929	174,57	157,12	139,66	122,20
34	2,4440	1,5560	68,2738	1929—1930	170,68	153,62	136,55	119,48
35	2,3896	1,6104	66,6634	1930—1931	166,66	149,99	133,33	116,66

für die jährliche Tilgungsrente

von 6 Mark ℳ	von 5 Mark ℳ	von 4 Mark ℳ	von 3 Mark ℳ	von 2 Mark ℳ	von 1 Mark ℳ
150,00	125,00	100,00	75,00	50,00	25,00
149,25	124,38	99,50	74,63	49,75	24,88
148,47	123,73	98,98	74,24	49,49	24,75
147,67	123,00	98,45	73,84	49,22	24,61
146,84	122,37	97,89	73,42	48,95	24,47
145,98	121,65	97,32	72,99	48,66	24,33
145,09	120,91	96,72	72,54	48,36	24,18
144,17	120,14	96,11	72,08	48,06	24,03
143,21	119,34	95,47	71,61	47,74	23,87
142,22	118,52	94,82	71,11	47,41	23,70
141,20	117,67	94,13	70,60	47,07	23,53
140,14	116,79	93,43	70,07	46,71	23,36
139,05	115,87	92,70	69,52	46,35	23,17
137,92	114,93	91,94	68,96	45,97	22,99
136,74	113,95	91,16	68,37	45,58	22,79
135,53	112,94	90,35	67,76	45,18	22,59
134,27	111,89	89,51	67,14	44,76	22,38
132,97	110,81	88,65	66,49	44,32	22,16
131,63	109,69	87,75	65,81	43,88	21,94
130,23	108,53	86,82	65,12	43,41	21,71
128,79	107,33	85,86	64,40	42,93	21,47
127,30	106,08	84,87	63,65	42,43	21,22
125,75	104,79	83,84	62,88	41,92	20,96
124,16	103,46	82,77	62,08	41,39	20,69
122,50	102,08	81,67	61,25	40,83	20,42
120,79	100,66	80,53	60,39	40,26	20,13
119,02	99,18	79,34	59,51	39,67	19,84
117,18	97,65	78,12	58,59	39,06	19,53
115,28	96,07	76,86	57,64	38,43	19,21
113,32	94,43	75,54	56,66	37,77	18,89
111,28	92,74	74,19	55,64	37,09	18,55
109,18	90,98	72,79	54,59	36,39	18,20
107,00	89,17	71,33	53,50	35,67	17,83
104,74	87,29	69,83	52,37	34,91	17,46
102,41	85,34	68,27	51,21	34,14	17,07
100,00	83,33	66,66	50,00	33,33	16,67

Bemerkungen

1. Beispiel: Ist ein Kapital von .... 568,37 ℳ zu erstatten, so ist der nächst kleinere, durch 25 ohne Rest teilbare Kapitalbetrag .... 550,00 „

Der Ueberschuß von 18,37 ℳ nebst Zinsen ist sofort zurückzuzahlen, und für den Betrag von 550 ℳ ist eine jährliche Tilgungsrente von

$$\frac{550 \times 4}{100} = 22 \text{ ℳ}$$

zu entrichten. Soll der Gesamtbetrag dieser Rente nachdem sie für die Zeit vom 1. April 1895 bis zum 1. April 1914 gezahlt worden ist, im Rechnungsjahre 1914—1915 abgelöst werden, so berechnet sich das hierfür am 1. April 1914 zu zahlende Ablösungskapital wie folgt:

für 10 ℳ Rente auf 217,05 ℳ
„ 10 „ „ „ 217,05 „
„ 2 „ „ „ 43,41 „
zus. für 22 ℳ Rente auf 477,51 ℳ

Tilgung eines mit $3^1/_2$ vom Hundert verzinslichen Kapitals von 100 Mark durch eine jährliche Rente von 4 vom Hundert				Das Ablösungskapital beträgt				
nach Jahren	treffen von der Rente auf		und es bleiben vom Kapital noch zu tilgen	im Laufe des Rechnungsjahres vom 1. April	von 10 Mark	von 9 Mark	von 8 Mark	von 7 Mark
	Zinsen ℳ	Kapital ℳ	ℳ		ℳ	ℳ	ℳ	ℳ
36	2,3332	1,6668	64,9966	1931—1932	162,49	146,24	129,99	113,74
37	2,2749	1,7251	63,2715	1932—1933	158,18	142,36	126,54	110,73
38	2,2145	1,7855	61,4860	1933—1934	153,72	138,34	122,97	107,60
39	2,1520	1,8480	59,6380	1934—1935	149,10	134,19	119,28	104,87
40	2,0873	1,9127	57,7253	1935—1936	144,31	129,88	115,45	101,02
41	2,0204	1,9796	55,7457	1936—1937	139,36	125,43	111,49	97,55
42	1,9511	2,0489	53,6968	1937—1938	134,24	120,82	107,39	93,97
43	1,8794	2,1206	51,5762	1938—1939	128,94	116,05	103,15	90,26
44	1,8052	2,1948	49,3814	1939—1940	123,45	111,11	98,76	86,42
45	1,7283	2,2717	47,1097	1940—1941	117,77	106,00	94,22	82,44
46	1,6488	2,3512	44,7585	1941—1942	111,90	100,71	89,52	78,33
47	1,5665	2,4335	42,3250	1942—1943	105,81	95,23	84,65	74,07
48	1,4814	2,5186	39,8064	1943—1944	99,52	89,56	79,61	69,66
49	1,3932	2,6068	37,1996	1944—1945	93,00	83,70	74,40	65,10
50	1,3020	2,6980	34,5016	1945—1946	86,25	77,63	69,00	60,38
51	1,2076	2,7924	31,7092	1946—1947	79,27	71,35	63,42	55,49
52	1,1098	2,8902	28,8190	1947—1948	72,05	64,84	57,64	50,43
53	1,0087	2,9913	25,8277	1948—1949	64,57	58,11	51,66	45,20
54	0,9040	3,0960	22,7317	1949—1950	56,83	51,15	45,46	39,78
55	0,7956	3,2044	19,5273	1950—1951	48,82	43,94	39,05	34,17
56	0,6835	3,3165	16,2108	1951—1952	40,58	36,47	32,42	28,87
57	0,5674	3,4326	12,7782	1952—1953	31,95	28,75	25,56	22,36
58	0,4472	3,5528	9,2254	1953—1954	23,06	20,76	18,45	16,14
59	0,3229	3,6771	5,5483	1954—1955	13,87	12,48	11,10	9,71
60	0,1942	3,8058	1,7425	1955—1956	4,36	3,92	3,49	3 05

für die jährliche Tilgungsrente						Bemerkungen
von 6 Mark ℳ	von 5 Mark ℳ	von 4 Mark ℳ	von 3 Mark ℳ	von 2 Mark ℳ	von 1 Mark ℳ	
97,49	81,25	65,00	48,75	32,50	16,25	
94,91	79,09	63,27	47,45	31,64	15,82	
92,23	76,86	61,49	46,11	30,74	15,37	
89,46	74,55	59,64	44,73	29,82	14,91	
86,59	72,16	57,73	43,29	28,86	14,43	
83,62	69,68	55,75	41,81	27,87	13,94	
80,55	67,12	53,70	40,27	26,85	13,42	
77,36	64,47	51,58	38,68	25,79	12,89	
74,07	61,73	49,38	37,04	24,69	12,35	
70,66	58,89	47,11	35,33	23,55	11,78	
67,14	55,95	44,76	33,57	22,38	11,19	
63,49	52,91	42,33	31,74	21,16	10,58	
59,71	49,76	39,81	29,85	19,90	9,95	
55,80	46,50	37,20	27,90	18,60	9,30	
51,75	43,13	34,50	25,88	17,25	8,63	
47,56	39,64	31,71	23,78	15,85	7,93	
43,23	36,02	28,82	21,61	14,41	7,20	
38,74	32,28	25,83	19,37	12,91	6,46	
34,10	28,41	22,78	17,05	11,37	5,68	
29,29	24,41	19,53	14,65	9,76	4,88	
24,32	20,26	16,21	12,16	8,11	4,05	
19,17	15,97	12,78	9,58	6,39	3,19	
13,84	11,53	9,23	6,92	4,61	2,31	
8,32	6,94	5,55	4,16	2,77	1,39	
2,61	2,18	1,74	1,31	0,87	0,44	

2. Beispiel: Wird ein Gut od. Grundstück in zwei Teile zerstückelt, und werden bei der Verteilung der darauf ruhenden Tilgungsrente von 42 ℳ jährlich für die Zeit vom 1. April 1941 ab die Anteile der beiden Stücke auf 16,43 ℳ und 25,57 ℳ festgestellt, so betragen die weiter zu zahlenden Renten 16 ℳ u. 25 ℳ jährlich, während die überschießenden Rententeile von 0,43 ℳ und 0,57 ℳ durch Kapitalzahlung abzulösen sind. Die am 1. April 1941 zahlbaren Ablösungskapitalien berechnen sich im Rechnungsjahre 1941 bis 1942:

f. 0,40 ℳ Rente auf $\frac{44,76}{10} = 4,476$ ℳ

f. 0,03 „ „ „ $\frac{33,57}{100} = 0,3357$ „

zus. für 0,43 ℳ Rente auf 4,81 ℳ

f. 0,50 ℳ Rente auf $\frac{55,95}{10} = 5,595$ ℳ

f. 0,07 ℳ Rente auf $\frac{78,33}{100} = 0,7833$ „

zus. für 0,57 ℳ Rente auf 6,38 ℳ

Abschnitt III.

Gesetz, betreffend die Heranziehung der Beamten, Elementarlehrer und unteren Kirchendiener zur Gemeindeeinkommensteuer.

Vom 16. Juni 1909 (GS. S. 489).

Wir Wilhelm usw.

§ 1. Die unmittelbaren und mittelbaren Staatsbeamten, die Elementarlehrer und die seither bei der Gemeindeeinkommenbesteuerung bevorrechtigten unteren Kirchendiener sowie die Beamten des Königlichen Hofes werden in den Gemeinden zur Einkommensteuer gleich den übrigen dieser Steuer unterworfenen Personen herangezogen, sofern nicht mehr als 125 Prozent Zuschläge erhoben werden.

Werden Zuschläge in höherem Betrag erhoben, so trifft der Mehrbetrag der Zuschläge nur den auf das außerdienstliche Einkommen entfallenden Teil des Steuersatzes.

Werden besondere Einkommensteuern erhoben, so darf der Steuersatz, soweit er das dienstliche Einkommen trifft, nicht über den Betrag hinausgehen, der bei einer Zugrundelegung von 125 Prozent des Staatseinkommensteuertarifs bzw. des im § 38 des Kommunalabgabengesetzes vom 14. Juli 1893 (Gesetzsamml. S. 152) festgesetzten Tarifs auf dieses Einkommen entfallen würde. Die seitherige Befreiung der Geistlichen bleibt danach bestehen.

§ 2. Die Bestimmungen des § 1 gelten nur für diejenigen Beamten, Elementarlehrer und unteren Kirchendiener, welche nach dem 31. März 1909 in das Amtsverhältnis eingetreten sind.

Hinsichtlich der schon vor dem 1. April 1909 angestellten Beamten, Elementarlehrer und unteren Kirchendiener sowie hinsichtlich der Geistlichen und Militärpersonen bewendet es bei den bestehenden Bestimmungen. Dasselbe gilt von den Naturaldiensten und von der steuerlichen Behandlung der Ruhegehälter, der laufenden Unterstützungen, der Wartegelder, der Witwen- und Waisen- Sterbe- und Gnaden- sowie derjenigen Dienstbezüge, welche nur als Ersatz barer Auslagen zu betrachten sind, mit der Maßgabe, daß die bisherige Steuerfreiheit der Gnadenmonate sich auch auf die Gnadenvierteljahre erstreckt.

§ 3. Alle auf statutarische Rechte oder Privilegien gegründeten weitergehenden Befreiungen werden aufgehoben; indessen behalten die bei Inkrafttreten dieses Gesetzes bereits im Genusse solcher Befreiungen befindlichen Beamten, Elementarlehrer unteren Kirchendiener ihre Berechtigungen noch auf Lebenszeit.

§ 4. Die Vorschrift des § 15 Abs. 2 des Kreis- und Provinzialabgabengesetzes vom 23. April 1906 (Gesetzsamml. S. 159) wird dahin ergänzt, daß hinsichtlich der im § 2 Abs. 1 dieses Gesetzes bezeichneten Steuerpflichtigen an Stelle der Verordnung vom 23. September 1867 (Gesetzsamml. S. 1648) § 1 dieses Gesetzes sinnentsprechende Anwendung findet. Indessen verbleiben hierbei die den Satz von 100 Prozent übersteigenden Zuschläge (§ 1 Abs. 1) dem Kreise insoweit, als er zur Deckung seiner Bedürfnisse die Einkommensteuer mit Umlagen heranzieht.

§ 5. Dieses Gesetz tritt mit dem 1. April 1909 in Kraft.

Urkundlich usw.

Abschnitt IV.

Kreis- und Provinzialabgabengesetz.

Vom 23. April 1906.

(Gesetzsammlung 1906 Nr. 20 S. 159—169.)

Wir Wilhelm, von Gottes Gnaden König von Preußen ꝛc. verordnen mit Zustimmung beider Häuser des Landtags Unserer Monarchie für den Umfang derselben, mit Ausschluß der Insel Helgoland, was folgt:

Abschnitt 1.

Kreisabgaben.

§ 1. Die Kreise sind berechtigt, zur Deckung ihrer Ausgaben nach den Bestimmungen dieses Gesetzes Gebühren und Beiträge, indirekte und direkte Steuern zu erheben.

Hinsichtlich der Chausseegelder und anderen Verkehrsabgaben, der Jagdscheinabgaben, der Kosten im Verwaltungsstreit- und Beschlußverfahren sowie hinsichtlich der Erhebung der Betriebs-, der Wanderlager- und der Warenhaussteuer für Rechnung der Kreise bewendet es bei den bestehenden Bestimmungen.

§ 2. Die Kreise dürfen von der Befugnis, Steuern zu erheben, nur insoweit Gebrauch machen, als die sonstigen Einnahmen, insbesondere aus dem Kreisvermögen, aus Gebühren, Beiträgen und aus den ihnen vom Staate oder von Bezirks- oder Provinzialverbänden überwiesenen Mitteln zur Deckung ihrer Ausgaben nicht ausreichen. Auf Hundesteuern findet diese Bestimmung keine Anwendung.

Durch direkte Steuern darf nur der Bedarf aufgebracht werden, welcher nach Abzug des Aufkommens der indirekten Steuern von dem gesamten Steuerbedarfe verbleibt.

§ 3. Gewerbliche Unternehmungen der Kreise sind grundsätzlich so zu verwalten, daß durch die Einnahmen mindestens die gesamten, durch die Unternehmung dem Kreise erwachsenden Ausgaben, einschließlich der Verzinsung und der Tilgung des Anlagekapitals, aufgebracht werden.

Eine Ausnahme ist zulässig, sofern die Unternehmung zugleich einem öffentlichen Interesse dient, welches andernfalls nicht befriedigt wird.

§ 4. Der Kreistag kann beschließen, daß für die Benutzung der von dem Kreise im öffentlichen Interesse unterhaltenen Veranstaltungen (Anlagen, Anstalten und Einrichtungen) besondere Vergütungen (Gebühren) erhoben werden.

Die Gebühren sind im voraus nach festen Normen und Sätzen zu bestimmen. Dabei ist eine Abstufung der Gebührensätze — auch nach Maßgabe der Leistungsfähigkeit — bis zur gänzlichen Freilassung zulässig.

§ 5. Der Kreistag kann beschließen, daß behufs Deckung der Kosten für Herstellung und Unterhaltung von Veranstaltungen, welche durch das öffentliche Interesse erfordert werden, von denjenigen Grundeigentümern und Gewerbetreibenden, denen hierdurch besondere wirtschaftliche Vorteile erwachsen, Beiträge zu den Kosten der Veranstaltungen erhoben werden. Die Beiträge sind nach den Vorteilen zu bemessen.

Durch Beschluß des Kreistags kann den Beitragspflichtigen gestattet werden, die Beiträge ganz oder teilweise durch Naturalleistungen nach bestimmten, vom Kreistage festzustellenden Grundsätzen zu ersetzen.

Der Plan der Veranstaltung ist nebst einem Nachweise der Kosten offen zu legen. Der Beschluß des Kreistags wegen Erhebung von Beiträgen ist unter der Angabe, wo und während welcher Zeit Plan nebst Kostennachweis zur Einsicht offen liegen, durch das Kreisblatt mit dem Bemerken bekanntzumachen, daß Einwendungen gegen den Beschluß binnen einer bestimmt zu bezeichnenden Frist von vier Wochen bei dem Kreisausschuß anzubringen seien. Handelt es sich um eine Veranstaltung, welche nur einzelne Grundeigentümer oder Gewerbetreibende betrifft, so genügt an Stelle der Bekanntmachung eine Mitteilung an die Beteiligten. Der Kreisausschuß hat den Beschluß nebst den dazu gehörigen Vorverhandlungen und der Anzeige, ob und welche Einwendungen innerhalb der gestellten Frist erhoben sind, der Genehmigungsbehörde — § 19 Ziffer 1 — einzureichen.

Der Beschluß der Genehmigungsbehörde ist in gleicher Weise zur Kenntnis der Beteiligten zu bringen, wie der Beschluß des Kreistags bekanntgemacht worden ist.

§ 6. Der Kreistag ist befugt, mittels Erlasses von Steuerordnungen indirekte Steuern zu legen

1. auf den Erwerb von Grundstücken und von Rechten, für welche die auf Grundstücke bezüglichen Vorschriften gelten. Durch die Steuerordnung können Befreiungen von der Steuer, insbesondere einzelner Erwerbsarten, vorgesehen werden. Der Erwerb durch Erbgang, durch Enteignung und durch Übergabevertrag zwischen Verwandten auf- und absteigender Linie ist freizulassen;
2. auf die Erlangung der Erlaubnis zum ständigen Betriebe der Gastwirtschaft, Schankwirtschaft oder des Kleinhandels mit Branntwein oder Spiritus (§ 33 der Reichs-Gewerbeordnung);
3. auf das Halten von Hunden.

Dabei ist eine Abstufung der Steuersätze — insbesondere auch nach Kreisteilen — zulässig.

Die Einführung einer indirekten Steuer durch den Kreis berührt nicht das Recht der Gemeinden zur Erhebung einer entsprechenden Steuer.

§ 7. Zur Aufbringung der direkten Kreissteuern sind die einzelnen Gemeinden und Gutsbezirke verpflichtet.

Als Maßstab der Verteilung der Kreissteuern auf diese Verbände dient das Soll der Einkommensteuer und der vom Staate veranlagten Realsteuern, einschließlich der Betriebssteuer, wie es in Gemeinden nach den Vorschriften des Kommunalabgabengesetzes, nach Gemeindebeschlüssen und Vereinbarungen mit Steuerpflichtigen der Gemeindebesteuerung zugrunde zu legen und in Gutsbezirken gemäß § 13 für die Unterverteilung zu veranlagen ist.

Der Einkommensteuer sind die auf Einkommen von nicht mehr als 900 Mark entfallenden Steuerbeträge —

§ 38 Abs. 1 des Kommunalabgabengesetzes — hinzuzuzählen; indessen kann der Kreistag beschließen, diese Steuerbeträge insgesamt oder teilweise freizulassen oder mit einem geringeren Prozentsatz als die Einkommensteuer heranzuziehen.

Soweit in Gemeinden eine Steuerart zu den Gemeindeabgaben nicht herangezogen worden ist, wird das Steuersoll durch den Kreisausschuß veranlagt.

Maßgebend für die Verteilung ist das Steuersoll des dem jedesmaligen Etatsjahre vorangegangenen Rechnungsjahrs nach dem Stande des 1. Januar und zwar unter Berücksichtigung der bis zu diesem Zeitpunkt endgültig eingetretenen Berichtigungen und Veränderungen. Steuerbeträge, welche erst nach dem 1. Januar für das Rechnungsjahr veranlagt werden, obwohl die Steuerpflicht schon vor diesem Zeitpunkte begonnen hatte, werden dem Steuersoll des nächsten Rechnungsjahrs hinzugerechnet; Steuerbeträge, welche für Vorjahre veranlagt worden sind, werden dem Steuersoll des Jahres, in dem die Veranlagung erfolgt ist, oder dem des nächsten Rechnungsjahrs hinzugerechnet, je nachdem die Veranlagung vor oder nach dem 1. Januar erfolgt ist.

Neben den nach Abs. 1 Verpflichteten haben diejenigen im Kreise wohnenden oder darin ein Einkommen beziehenden (§ 33 Abs. 1 Ziffer 1 und 2 des Kommunalabgabengesetzes) Personen, welchen, in Abweichung von dem bisherigen Kreissteuerrechte, nach dem Kommunalabgabengesetz eine gänzliche oder teilweise Einkommensteuerfreiheit zusteht, zu den auf die Einkommensteuer gelegten Kreissteuern insoweit besonders beizutragen, als ihr Einkommen nicht schon gemeindesteuerpflichtig ist. In gleicher Weise wird der Fiskus mit seinem Einkommen aus den von ihm zu Ansiedlungszwecken angekauften Besitzungen zu den Kreisabgaben herangezogen. Die besonderen Steuersätze sind unter sinngemäßer Anwendung der für die Gemeindeeinkommensteuer geltenden Vorschriften einheitlich für den Kreis vom Kreisausschusse zu veranlagen und nach dessen näherer Bestimmung von den Veranlagten unmittelbar zu erheben. Die Rechtsmittel der Veranlagten regeln sich nach dem § 14 Abs. 2, 3 und nach dem § 11 Abs. 4, 5 dieses Gesetzes mit der Maßgabe, daß die Frist für den Antrag auf Verteilung kreissteuerpflichtigen Einkommens auf verschiedene Kreise zwei Monate beträgt und zur Beschlußfassung der Bezirksausschuß zuständig ist. Im übrigen findet auf die Veranlagung, Nachforderung, Verjährung und Beitreibung dieser Steuerbeträge § 16 Anwendung.

Vgl. auch § 17 Abs. 2 des Zweckverbandsgesetzes v. 19. Juli 1911 (GS. S. 115—123).

§ 8. Der Kreistag kann mittels Erlasses einer Steuerordnung beschließen, daß die der Verteilung der direkten Kreissteuern auf Gemeinden und Gutsbezirke zugrunde zu legende Grund- und Gebäudesteuer durch eine nach dem Maßstabe des Wertes zu veranlagende Steuer vom Grundbesitz ersetzt wird. Dabei soll der Bewertung von Grundstücken, welche dauernd land- oder forstwirtschaftlichen Zwecken zu dienen bestimmt sind, in der Regel der Reinertrag zugrunde gelegt werden, den die Grundstücke nach ihrer bisherigen wirtschaftlichen Bestimmung bei ordnungsmäßiger Bewirtschaftung nachhaltig gewähren.

Die Grundwertsteuer ist vom Kreisausschusse zu veranlagen.

§ 9. Die Realsteuern sind in der Regel mit dem gleichen Prozentsatze heranzuziehen, mit welchem die Einkommensteuer belastet wird; das auf Grund einer Grundwertsteuer (§ 8) zu erhebende Steuersoll ist nach der Steuersumme zu bemessen, mit welcher die Grund- und Gebäudesteuer im Kreise herangezogen werden darf.

Ausnahmen von dieser Vorschrift, insbesondere die geringere Belastung oder die Freilassung der untersten Gewerbesteuerklassen sind zulässig.

Der Kreistag kann den festgestellten Maßstab einer Revision unterwerfen, wenn seit der letzten Feststellung mindestens fünf Jahre verstrichen sind. In Ausnahmefällen ist die frühere Vornahme einer Revision zulässig.

§ 10. Handelt es sich um Veranstaltungen des Kreises, welche ausschließlich oder in besonders hervorragendem oder geringem Maße einzelnen Kreisteilen zustatten kommen, so kann der Kreistag eine ausschließliche Belastung oder eine nach Umfang und Maßstab näher zu bestimmende Mehr- oder Minderbelastung dieser Kreisteile beschließen. Die Bestimmung im § 5 Abs. 2 findet entsprechende Anwendung.

Soweit hinsichtlich der Vorausbelastung einzelner Kreisteile bei Aufbringung der Kosten für Anlegung oder Unterhaltung von Wegen besondere gesetzliche Vorschriften bestehen, behält es dabei sein Bewenden.

§ 11. Der vom Kreistage festgestellte Kreissteuerbedarf wird, nach Abzug der gemäß § 7 Abs. 6 besonders veranlagten Steuerbeträge, auf die Gemeinden und Gutsbezirke verteilt. Dabei wird ihnen in den Fällen des § 7 Abs. 4 und des § 8 das Ergebnis der Veranlagung der einzelnen Steuerpflichtigen mitgeteilt. Die Zahlung an die Kreiskommunalkasse hat zu den von dem Kreisausschusse zu bestimmenden Terminen zu erfolgen.

Gegen die Verteilung der Kreissteuern steht den Gemeinden und Gutsbezirken binnen einer Frist von vier Wochen der Einspruch zu, über welchen der Kreisausschuß beschließt.

Mit dem Einspruche kann die Veranlagung der einzelnen Steuerbeträge, aus denen sich das der Kreisbesteuerung zugrunde gelegte Steuersoll zusammensetzt, nur in den Fällen des § 7 Abs. 4 und des § 8 von den Gemeinden angegriffen werden. Ist in den Fällen des § 8 nach Vorschrift der Steuerordnung ein Grundstück nach demjenigen Werte zu veranlagen, welcher der staatlichen Veranlagung dieses Grundstücks zur Ergänzungssteuer zugrunde zu legen ist, so kann die Höhe dieses Wertes nicht angegriffen werden, wenn sie aus den Besteuerungsmerkmalen der staatlichen Ergänzungssteuer übernommen ist.

Gegen den Beschluß des Kreisausschusses findet innerhalb einer Frist von zwei Wochen die Klage bei dem Bezirksausschusse statt. Gegen die Entscheidung des Bezirksausschusses ist nur das Rechtsmittel der Revision zulässig.

Durch Einspruch und Klage wird die Verpflichtung zur Zahlung der Kreissteuern nicht aufgeschoben.

§ 12. Die Gemeinden haben den auf sie entfallenden Teil des Kreissteuerbedarfs gleich den übrigen Gemeindeausgaben aufzubringen. Vgl. § 18 Abs. 1 Zweckverbandsgesetz.

§ 13. In den Gutsbezirken wird der auf sie entfallende Teil des Kreissteuerbedarfs von dem Kreisausschusse gemäß den für die direkten Gemeindesteuern geltenden Bestimmungen des Kommunalabgabengesetzes — mit Ausschluß des § 49 Abs. 2 und des § 50 Abs. 1 Satz 2 — sowie des Gesetzes wegen Aufhebung direkter Staatssteuern vom 14. Juli 1893 (Gesetzsamml. S. 119) durch Veranlagung der Steuerpflichtigen unterverteilt. Die Veranlagung erfolgt nach dem vom Kreistage beschlossenen Maßstabe (§§ 9, 8).

Wo nach den bestehenden gesetzlichen Bestimmungen für die Veranlagung oder Erhebung von direkten Gemeindesteuern ein Gemeindebeschluß maßgebend ist, tritt an die Stelle eines solchen der Beschluß des Kreisausschusses.

§ 14. Der Kreisausschuß beschließt über die Art der Steuererhebung in den Gutsbezirken.

Gegen die Heranziehung zur Kreissteuer in den Gutsbezirken steht den Steuerpflichtigen binnen einer Frist von vier Wochen der Einspruch zu, über welchen der Kreisausschuß beschließt. Hinsichtlich der weiteren Rechtsmittel findet § 11 Abs. 4 und 5 dieses Gesetzes Anwendung.

Die Verteilung steuerpflichtigen Einkommens auf eine Mehrzahl steuerberechtigter Gutsbezirke und Gemeinden regelt sich nach den §§ 71 bis 74 des Kommunalabgabengesetzes.

§ 15. Ist in einer Gemeinde oder einem Gutsbezirke das der direkten Kreisbesteuerung zugrunde gelegte Gesamtsteuersoll im Laufe eines Rechnungsjahrs durch Abgänge nach Abzug der Zugänge um mehr als zehn Prozent verringert worden, so ist der Mehrbetrag des Ausfalls auf Antrag vom Kreise zu erstatten. Bei geringerem Ausfalle kann der Kreisausschuß auf Antrag Erstattung gewähren.

Das Diensteinkommen der unmittelbaren und mittelbaren Staatsbeamten darf zu den auf das Einkommen gelegten Kommunalsteuern nur mit den aus den §§ 4 und 5 Abs. 1 der Verordnung vom 23. September 1867 (Gesetzsamml. S. 1648) sich ergebenden Beschränkungen herangezogen werden. Soweit sich der von dem Diensteinkommen gemäß § 4 a. a. O. berechnete Kommunalsteuerbetrag zufolge der Bestimmungen der §§ 12 und 13 dieses Gesetzes über das nach dem § 5 Abs. 1 jener Verordnung zulässige Maß erhöhen würde, ist der Kreis auf Antrag der Gemeinde (des Gutsbezirkes) zur Erstattung des überschießenden Betrags verpflichtet.

§ 16. Auf die Rechtsmittel gegen die Heranziehung (Veranlagung) zu Gebühren, Beiträgen und indirekten Steuern finden § 14 Abs. 2 und § 11 Abs. 4, 5 dieses Gesetzes, auf die Nachforderung, Verjährung und Beitreibung von Kreisabgaben die §§ 87, 88 und 90 des Kommunalabgabengesetzes entsprechende Anwendung.

Die Gemeinden und Gutsbezirke sind zur Wahrnehmung örtlicher Geschäfte der Veranlagung und Erhebung von Kreisabgaben nach Anweisung des Kreisausschusses verpflichtet. Im übrigen finden auf diese Veranlagung die §§ 62 und 63 des Kommunalabgabengesetzes entsprechende Anwendung.

§ 17. In den Steuerordnungen der Kreise können Strafen gegen Zuwiderhandlungen bis zur Höhe von 30 Mark angedroht werden.

Die Strafen sind durch den Kreisausschuß festzusetzen und nach eingetretener Rechtskraft (§ 459 der Strafprozeßordnung) im Verwaltungszwangsverfahren beizutreiben

§ 18. Das Rechnungsjahr für den Kreishaushalt beginnt mit dem 1. April und endigt mit dem 31. März.

§ 19. Beschlüsse des Kreistags, welche folgende Angelegenheiten betreffen:

1. die Erhebung von Beiträgen (§ 5),
2. den Erlaß oder die Abänderung von Steuerordnungen über indirekte Kreissteuern (§ 6),
3. die Heranziehung der einzelnen Steuerarten zu den direkten Kreissteuern mit verschiedenen Prozentsätzen und die Vornahme einer Revision des Verteilungsmaßstabs vor Ablauf eines fünfjährigen Zeitraums (§ 9 Abs. 2 und 3),
4. die ausschließliche Belastung und die Mehr- oder Minderbelastung einzelner Kreisteile (§ 10),
5. die Erhebung direkter Kreissteuern in einem Betrage, welcher 50 Prozent des gemäß § 7 ihnen zugrunde zu legenden Steuersolls übersteigt,
6. den Erlaß oder die Abänderung einer Steuerordnung über eine Steuer vom Grundbesitze nach dem Veranlagungsmaßstabe des Wertes (§ 8),

bedürfen der Genehmigung des Bezirksausschusses. Die Genehmigung oder Versagung darf nur mit Zustimmung des Kollegiums ausgesprochen werden.

Gegen den auf Beschwerde ergehenden Beschluß des Provinzialrats steht dem Vorsitzenden aus Gründen des öffentlichen Interesses die Einlegung der weiteren Beschwerde an den Minister des Innern und den Finanzminister zu. Hierbei finden die Bestimmungen des § 123 des Gesetzes über die Allgemeine Landesverwaltung vom 30. Juli 1883 (Gesetzsamml. S. 195) Anwendung.

§ 20. Die Genehmigung der unter Ziffer 2 und 6 des § 19 bezeichneten Kreistagsbeschlüsse bedarf der Zustimmung des Ministers des Innern und des Finanzministers. Die Erteilung der Genehmigung oder Zustimmung kann in den Fällen dieser Ziffern auf eine bestimmte Frist beschränkt werden.

Die Minister können die Erteilung der Zustimmung auf die Oberpräsidenten übertragen.

Abschnitt 2.

Provinzialabgaben (Bezirksabgaben).

§ 21. Die Provinzen (Bezirksverbände) sind berechtigt, zur Deckung ihrer Ausgaben nach den Bestimmungen dieses Gesetzes Gebühren, Beiträge und direkte Steuern zu erheben.

Hinsichtlich der Chausseegelder und anderen Verkehrsabgaben bewendet es bei den bestehenden Bestimmungen.

§ 22. Die Provinzen (Bezirksverbände) dürfen von der Befugnis, Steuern zu erheben, nur insoweit Gebrauch machen, als die sonstigen Einnahmen, insbesondere aus dem Provinzial- (Bezirksverbands-) Vermögen, aus Gebühren, Beiträgen und aus den ihnen vom Staate überwiesenen Mitteln zur Deckung ihrer Ausgaben nicht ausreichen.

§ 23. Gewerbliche Unternehmungen der Provinzen (Bezirksverbände) sind grundsätzlich so zu verwalten, daß durch die Einnahmen mindestens die gesamten, durch die Unternehmung der Provinz (dem Bezirksverband) erwachsenden Ausgaben, einschließlich der Verzinsung und der Tilgung des Anlagekapitals, aufgebracht werden.

Eine Ausnahme ist zulässig, sofern die Unternehmung zugleich einem öffentlichen Interesse dient, welches andernfalls nicht befriedigt wird.

§ 24. Der Provinziallandtag (Kommunallandtag) kann die Erhebung von Gebühren und Beiträgen beschließen, auch deren Festsetzung auf den Provinzial- (Landes-) Ausschuß übertragen.

Auf die Gebühren und Beiträge finden die §§ 4 und 5 dieses Gesetzes entsprechende Anwendung.

§ 25. Zur Aufbringung der Provinzial- (Bezirks-) Steuern sind die einzelnen Land- und Stadtkreise verpflichtet.

Als Maßstab der Verteilung der Provinzial- (Bezirks-) Steuern auf diese Verbände dient das Soll der Einkommensteuer und der vom Staate veranlagten Realsteuern, einschließlich der Betriebssteuer, wie es in Landkreisen nach den Vorschriften dieses Gesetzes, mit Ausschluß des § 8, und in Stadtkreisen nach dem Kommunalabgabengesetze, nach Gemeindebeschlüssen und Vereinbarungen mit Steuerpflichtigen der Kreis- bzw. Gemeindebesteuerung zugrunde zu legen ist.

Der Einkommensteuer sind die auf Einkommen von nicht mehr als 900 Mark entfallenden Steuerbeträge (§ 38 Abs. 1 des Kommunalabgabengesetzes) hinzuzuzählen; indessen kann der Provinzial- (Kommunal-) Landtag beschließen, diese Steuerbeträge insgesamt oder teilweise freizulassen oder mit einem geringeren Prozentsatz als die Einkommensteuer heranzuziehen.

Maßgebend für die Verteilung ist in den Landkreisen das der Kreisbesteuerung des jeweilig laufenden Rechnungsjahrs gemäß § 7 Abs. 5 zugrunde gelegte Steuersoll, in den Stadtkreisen das Steuersoll des jeweilig vorangegangenen Rechnungsjahrs nach dem Stande des 1. Januar und zwar unter Berücksichtigung der bis zu diesem Zeitpunkt endgültig eingetretenen Berichtigungen und Veränderungen sowie mit der Maßgabe, welche aus dem Schlußsatze des Absatzes 5 a. a. O. folgt.

Vgl. Anm. zu § 7.

§ 26. Die Realsteuern sind mit dem gleichen Prozentsatze heranzuziehen, mit welchem die Einkommensteuer belastet wird.

§ 27. Handelt es sich um Veranstaltungen des Provinzial- (Bezirks-) Verbandes, welche ausschließlich oder in besonders hervorragendem oder geringem Maße einzelnen Kreisen zustatten kommen, so kann der Provinzial- (Kommunal-) Landtag eine ausschließliche Belastung oder eine nach Umfang und Maßstab näher zu bestimmende Mehr- oder Minderbelastung dieser Kreise beschließen. Die Bestimmung im § 5 Abs. 2 findet entsprechende Anwendung.

§ 28. Der vom Provinzial- (Kommunal-) Landtage festgestellte Steuerbedarf wird vom Provinzial- (Landes-) Ausschuß auf die Land- und Stadtkreise verteilt. Die Zahlung an die Provinzial- (Bezirks-, Landes-) Hauptkasse hat zu den von dem Provinzial- (Landes-) Ausschusse zu bestimmenden Terminen zu erfolgen.

Die Höhe des Steuerbedarfs, die Verteilung auf die Kreise und die für die Zahlung bestimmten Termine sind durch die Amtsblätter der Provinz (der Regierungsbezirke) öffentlich bekanntzumachen.

Gegen die Verteilung der Provinzial- (Bezirks-) Steuern steht den Land- und Stadtkreisen binnen einer

Frist von vier Wochen der Einspruch zu, über welchen der Provinzial- (Landes-) Ausschuß beschließt.

Gegen den Beschluß des Provinzial- (Landes-) Ausschusses findet innerhalb einer Frist von zwei Wochen die Klage bei dem Oberverwaltungsgerichte statt.

Durch Einspruch und Klage wird die Verpflichtung zur Zahlung der Provinzial- (Bezirks-) Steuern nicht aufgeschoben.

§ 29. Die Land- und Stadtkreise haben den auf sie entfallenden Teil des Provinzial- (Bezirks-) Steuerbedarfs gleich den übrigen Kreis- bzw. Gemeindeausgaben aufzubringen.

Vgl. Anm. zu § 12.

§ 30. Für die Aufbringung von Provinzialsteuern in der Provinz Hessen-Nassau gelten folgende Bestimmungen:

1. Als Maßstab der Verteilung der Provinzialsteuern auf die Bezirksverbände dient das Soll der Einkommensteuer und der vom Staate veranlagten Realsteuern, einschließlich der Betriebssteuer, wie es nach den Vorschriften dieses Gesetzes der Bezirksbesteuerung des laufenden Rechnungsjahrs zugrunde zu legen ist. Dabei finden die § 25 Abs. 3 und § 26 Anwendung.
2. Die ausschließliche Belastung und die Mehr- und Minderbelastung eines der beiden Bezirksverbände ist ausgeschlossen.
3. Der Provinzialsteuerbedarf wird vom Provinzialausschuß auf die Bezirksverbände verteilt. Die Zahlung an die Provinzialhauptkasse hat zu den von dem Provinzialausschusse zu bestimmenden Terminen zu erfolgen.

4. Gegen die Verteilung der Provinzialsteuern steht den Bezirksverbänden Einspruch und Klage nach näherer Bestimmung des § 28 Abs. 3 bis 5 zu.
5. Die Bezirksverbände haben den auf sie entfallenden Teil des Provinzialsteuerbedarfs gleich ihren übrigen Ausgaben aufzubringen.

§ 31. Gegen die Heranziehung (Veranlagung) zu Provinzial- (Bezirks-) Gebühren und -Beiträgen steht den Pflichtigen binnen einer Frist von vier Wochen der Einspruch zu, über welchen der Provinzial- (Landes-) Ausschuß beschließt. Im übrigen findet § 28 Abs. 4 und 5 entsprechende Anwendung.

Für die Nachforderung, Verjährung und Beitreibung der Gebühren und Beiträge sind die §§ 87, 88 und 90 des Kommunalabgabengesetzes maßgebend.

§ 32. Das Rechnungsjahr für den Haushalt des Provinzial- (Bezirks-) Verbandes beginnt mit dem 1. April und endigt mit dem 31. März.

§ 33. Beschlüsse des Provinzial- (Kommunal-) Landtags bzw. des Provinzial- (Landes-) Ausschusses (§ 24 Abs. 1), welche folgende Angelegenheiten betreffen:
1. die Festsetzung von Beiträgen (§ 24),
2. die ausschließliche Belastung und die Mehr- oder Minderbelastung einzelner Kreise (§ 27),
3. die Erhebung von Provinzial- (Bezirks-) Steuern in einem Betrage, welcher 25 Prozent des gemäß § 25 ihnen zugrunde zu legenden Steuersolls übersteigt,

bedürfen der Genehmigung, und zwar in den Fällen zu 1 und 2 des Ministers des Innern, in den Fällen zu 3 des Ministers des Innern nnd des Finanzministers.

Schluß- und Übergangsbestimmungen.

§ 34. Die Vorschriften dieses Gesetzes finden auf die Amts- und Landeskommunalabgaben in den Hohenzollernschen Landen mit der Maßgabe entsprechende Anwendung, daß

1. die Gefällsteuer den Grund- und Gebäudesteuern gleichgestellt wird,
2. die für die Hohenzollernschen Lande geltenden besonderen wegerechtlichen Bestimmungen durch § 27 nicht berührt werden,
3. der § 20 Abs. 2 außer Betracht bleibt.

§ 35. Diejenigen Bestimmungen des Gesetzes, welche die Einführung von Gebühren, Beiträgen und indirekten Steuern in den Kreisen treffen, treten mit dem Tage der Verkündigung, die übrigen am 1. April 1907 in Kraft.

§ 36. Der erstmaligen Verteilung der direkten Kreissteuern ist in den Fällen des § 7 Abs. 4 und des § 13 das für das Rechnungsjahr 1907 festgestellte Veranlagungssoll zugrunde zu legen.

§ 37. Der Minister des Innern und der Finanzminister sind mit der Ausführung dieses Gesetzes beauftragt.

Urkundlich usw.

Sachregister.

(Die Zahlen verweisen auf die Seiten, die römischen auf die der Einleitung).

T.

U.

V.

Druck von C. Schulze & Co., G. m. b. H., Gräfenhainichen.

8. Die Reichsgesetze über den **Unterstützungswohnsitz, die Freizügigkeit, den Erwerb und Verlust der Bundes- und Staatsangehörigkeit.** Von Geheimrat Dr. **J. Krech,** Mitglied des Bundesamtes für das Heimatwesen. **7. Aufl.** 1908. Mit Anhang: Gesetz für Elsaß-Lothringen v. 1909. 3 M.

9. Sammlung **kleinerer strafrechtlicher Reichsgesetze.** Von Dr. **R. H. Kriegsmann,** Privatdozent in Kiel. **3. Aufl.** 1910. 4 M.

10. Das **Reichsbeamtengesetz** von **J. Pieper. 2. Aufl.** 1901. 4 M. 50 Pf.

Reichsbeamtengesetz von 1907 siehe Nr. 82.

11. **Zivilprozeßordnung mit Gerichtsverfassungsgesetz** in der Fassung vom 1. Juni 1910. Von **R. Sydow.** Fortgeführt von **L. Busch. 13. Aufl.** 8°. 1910. 7 M.

12. **Strafprozeßordnung und Gerichtsverfassungsgesetz** nebst den Gesetzen, betr. die Entschädigung der im Wiederaufnahmeverfahren freigesprochenen Personen und die Entschädigung für unschuldig erlittene Untersuchungshaft. Von Dr. **A. Hellweg,** Reichsgerichtsrat. **16. Aufl.** von Professor Dr. **Kohlrausch.** 1912. 3 M.

13. **Konkursordnung und Anfechtungsgesetz.** Von **R. Sydow.** Fortgeführt von **L. Busch. 11. Aufl.** 1911. 2 M. 80 Pf.

14. **Gerichtsverfassungsgesetz** mit Einführungsgesetz. Herausgegeben von **R. Sydow.** Fortgeführt von **L. Busch. 9. Aufl.** 1905. Mit Nachtrag, enthaltend die Novelle vom 1. Juni 1909. 1 M. 50 Pf.

15. Das **Deutsche Gerichtskostengesetz** nebst den Gebührenordnungen für Gerichtsvollzieher, Zeugen und Sachverständige. Von **R. Sydow.** Weiter bearbeitet von Reichsgerichtsrat **L. Busch** und Gerichtsassessor **Arno Busch. 9. Aufl.** 1912. 2 M. 60 Pf.

16. **Rechtsanwaltsordnung.** Von **R. Sydow. 5. Aufl.** von Justizrat **M. Jacobsohn.** 1907. Mit Nachtrag, enthaltend die Bestimmungen vom 22. Mai 1910. 1 M. 20 Pf.

17. Die **Deutsche Gebührenordnung für Rechtsanwälte und das Preußische Gebührengesetz** vom 27. September/6. Oktober 1899. Von **R. Sydow.** Fortgeführt von **L. Busch. 10. Aufl.** 1911. 2 M. 70 Pf.

18. **Reichsstempelgesetz** vom 15. Juli 1909. (Börsen-, Lotterie- [Spiel- und Wette], Frachturkunden-, Fahrkarten-, Kraftfahrzeug-, Tantieme, Scheck- und Grundstücksübertragungssteuer.) Mit den gesamten Ausführungsbestimmungen. **10. Aufl.** von Geh. Regierungsrat **P. Loeck.** 1910. Mit Nachtrag, enthaltend die Änderungen vom 14. Febr. 1911. 8°. 6 M.

19. Die **Seegesetzgebung.** Von Dr. **W. E. Knitschky. 4. Aufl.** bearbeitet von Oberlandesgerichtsrat **Otto Rudorff** in Hamburg. 1908. Mit Anhang, enthaltend die Bestimmungen von 1909. 6 M.

20. **Krankenversicherungsgesetz.** Von weil. Dr. **E. von Woedtke. 11. Aufl.** von Geh. Reg.-Rat Dr. **G. Eucken-Addenhausen.** 1905. 3 M.

21. Die **Konsulargesetzgebung.** Von Professor Dr. **Ph. Zorn. 8. Aufl.** bearbeitet von Reg.-Assessor Dr. **K. Zorn.** 1911. 4 M. 50 Pf.

22. **Patentgesetz.** Nebst Ausführungsbestimmungen, völkerrechtlichen Verträgen und der Patentanwalts-Ordnung. **7. Aufl.** bearbeitet von **R. Lutter,** Geh. Reg.-Rat im Kaiserl. Patentamt. 1908. 2 M. 80 Pf.

23. **Gewerbe-Unfallversicherungsgesetz.** Von weil. Dr. **E. von Woedtke. 9. Aufl.** von **Franz Caspar,** Direktor im Reichsamt des Innern. 1907. 2 M. 50 Pf.

24. **Aktiengesellschaft und Kommanditgesellschaften auf Aktien.** Von Kammergerichtsrat Dr. **H. Keyßner** und Justizrat Dr. **H. Veit Simon. 6. Aufl.** von Amtsrichter **L. Keyßner.** 1911. 3 M.

25. **Brausteuergesetz.** vom 15. Juli 1909. Von **A. Düffe,** Oberzollrevisor. **2. Aufl.** 1910. 3 M.

26. Die Reichsgesetzgebung über **Münz- und Notenbankwesen,** Papiergeld, Prämienpapiere und Reichsschulden. Von Dr. jur **R. Koch,** Präsident des Reichsbankdirektoriums. **6. Aufl.** 1910. 4 M.

27. Die Gesetzgebung, betr. **das Gesundheitswesen** im Deutschen Reich. Von Dr. jur. **E. Goesch** und Dr. med. **J. Karsten.** 1888. 1 M. 60 Pf.

28. **Bau-Unfallversicherungsgesetz.** Vom 30. Juni 1900. Von **R. Chrzescinski,** Kaiserl. Regierungsrat. **3. Aufl.** 1900 2 M.

29. **Erwerbs- und Wirtschaftsgenossenschaften.** Von **L. Parisius** und Dr. **H. Crüger. 13. Aufl.** von Dr. **H. Crüger.** 1910. 1 M. 50 Pf.

30. **Invalidenversicherungsgesetz** vom 13. Juli 1899. Von weil. Dr. **E. von Woedtke. 10. Aufl.** von Regierungsrat **H. Follmann.** 1906. 4 M. (Vergriffen!)

31. **Gewerbegerichtsgesetz.** Von Stadtrat **L. Mugdan. 7. Aufl.** bearbeitet von **W. Cuno,** Oberbürgermeister zu Hagen i. W. 1911. 2 M. 50 Pf.

32. Reichsgesetz, betr. die **Gesellschaften mit beschränkter Haftung.** Von **L. Parisius** und Dr. **H. Crüger. 12. Aufl.** von Dr. **H. Crüger.** 1912. 1 M. 80 Pf.

33. **Vereins- und Versammlungsrecht.** Von Dr. **E. Ball. 2. Aufl.** von Dr. **F. Friedenthal.** 1907. 2 M. 50 Pf.

Reichs-Vereinsgesetz vom 19. April 1908 siehe Nr. 88.

34. Die **Abzahlungsgeschäfte.** Gesetz vom 16. Mai 1894. **3. vermehrte Aufl.** besorgt von Dr. **E. Wilke,** Landgerichtsrat. 1910. 1 M. 25 Pf.

35. Die **Reichs-Eisenbahngesetzgebung.** Von **W. Coermann,** Kaiserl. Amtsrichter. 1895. 2 M. 25 Pf.

36. Gesetze, betr. die **privatrechtlichen Verhältnisse der Binnenschiffahrt und der Flößerei.** Von **E. Löwe,** Landgerichtsrat. **4. Aufl.** 1909. 3 M.

37. Gesetz gegen den **unlauteren Wettbewerb.** Von Justizrat **A. Pinner. 6. Aufl.** 1912. 1 M. 50 Pf.

38/39. **Bürgerliches Gesetzbuch nebst Einführungsgesetz** von Dr. **A. Achilles.** In Verbindung mit Professor Dr. **André,**

Kammergerichtsrat **Ritgen**, Reichsgerichtsrat Dr. **Strecker**, Senatspräsident Dr. **v. Unzner** herausgegeben von Geh. Ober-Justizrat **Greiff**. 7. **Aufl.** 8°. 1912. 7 M.

40. Gesetz, betr. die **Pflichten der Kaufleute bei Aufbewahrung fremder Wertpapiere (Depotgesetz).** Mit Erläuterungen. Von **F. Lusensky**, Geh. Ober-Regierungsrat. 2. **Aufl.** 1905. 1 M.

41. **Börsengesetz.** In der Fassung der Novelle vom 8. Mai 1908. 2. **Aufl.** Von Wirkl. Geh. Ober-Regierungsrat **Th. Hemptenmacher**, Staatskommissar an der Berliner Börse. 1908. 2 M.

42. **Grundbuchordnung** nebst den preußischen Ausführungsbestimmungen. Mit Einleitung. Von Prof. Dr. **O. Fischer.** 5. **Aufl.** 1909. 2 M.

43. **Zwangsvollstreckung in das unbewegliche Vermögen** im Reiche und in Preußen. Mit Einleitung, Kosten- und Gebührentabellen. Von Dr. **J. Krech**, Kaiserl. Geh. Regierungsrat und Professor Dr. **O. Fischer.** 6. **Aufl.** 1910. 2 M.

44. Das Reichsgesetz über das **Auswanderungswesen** vom 9. Juni 1897. Von Professor Dr. **Felix Stoerk.** 1899. 2 M. 25 Pf.

45. Das **Entmündigungsrecht** unter Berücksichtigung der für Preußen geltenden Vorschriften nebst der preußischen Justiz-Ministerial-Verfügung vom 28. November 1899. Von Landgerichtsrat Dr. **P. Koll** in Cöln. 1900. 1 M. 50 Pf.

62. Gesetz über **private Versicherungsunternehmungen.** Von **H. Könige,** Reichsgerichtsrat. **2. Aufl.** 1910. 4 M. 20 Pf.

63. **Gesetzestafel des Deutschen Reichsrechts.** Systematisch geordnete Nachweisung des z. Z. geltenden Reichsrechts. Ergänzungsband zu der Guttentag'schen Sammlung Deutscher Reichsgesetze. Von **Hugo Bruhns,** Syndikus. 1902. 8°. 2 M. 50 Pf.

64. Gesetzsammlung betr. den **Handel mit Drogen und Giften.** Reichsgesetzliche Bestimmungen und Anhang mit den landesgesetzlichen Verordnungen sämtlicher Bundesstaaten. Von Rechtsanwalt **H. Sonnenfeld,** Syndikus der Berliner Drogisten-Innung. **2. Aufl.** 1912. 4 M.

65. Das **Weingesetz** in der Fassung von 1909. Mit Ausführungsbestimmungen von Dr. **Georg Lebbin,** Nahrungsmittelchemiker. **2. Aufl.** 1909. 2 M. 50 Pf.

66. Die **Eisenbahn-Gesetzgebung.** Von **W. Pietsch,** Rechnungsrat im Reichs-Eisenbahn-Amt. 1902. 5 M.

67. **Militär-Strafgesetzbuch.** Von **Romen** und **Rissom.** In Vorbereitung.

68. Das **Fleischbeschaugesetz.** Vom 3. Juni 1900. Von Dr. **Georg Lebbin,** Nahrungsmittelchemiker und Rechtsanwalt Dr. **Georg Baum.** 1903. 4 M.

69. Reichsgesetz über die **Naturalleistungen der bewaffneten Macht im Frieden** nebst den in Preußen geltenden Bestimmungen. Von Regierungsassessor Dr. **Walter v. Hippel.** 1903. 1 M. 25 Pf.

70. Das **Reichs-Haftpflichtgesetz**, vom 7. Juni 1871. Von Regierungsrat Dr. **G. Eger.** 1903. 3 M.

71. **Kinderarbeit in gewerblichen Betrieben**, vom 30. März 1903. Von **H. Spangenberg**, Oberverwaltungsgerichtsrat. **2. Aufl.** 1904. 1 M. 60 Pf.

72. **Unfallversicherungsgesetz für Land- und Forstwirtschaft** von weil. Dr. **E. von Woedtke**, fortgesetzt von **Alfred Radtke**, Geh. Regierungsrat und Senatspräsident im Reichsversicherungsamt. **2. Aufl.** 1904. 4 M. 50 Pf.

73. **Entschädigung für unschuldig erlittene Verhaftung und Bestrafung.** Nebst Anhang, enthaltend die dazu gehörigen Nebengesetze über Schadensersatz. Von Dr. jur. **A. Romen**, Wirkl. Geh. Kriegsrat. 1904. 2 M.

74. Die **Kaufmannsgerichte** nebst den preuß. Ausführungsbestimmungen. Von Professor Dr. **Max Apt. 3. Aufl.** 1905. 2 M.

75. Reichsgesetz über die **Konsulargerichtsbarkeit.** Von Dr. jur. **A. F. Vorwerk**, Rechtsanwalt in Schanghai. 2. Ausgabe, mit dem Schutzgebietsgesetz und der Ausführungsverordnung, betr. die Rechtsverhältnisse in den Schutzgebieten. 1908. 2 M.

76. **Die Rechtshilfe im Verkehr mit den ordentlichen Gerichten nach deutschem Reichsrecht.** Von Landrichter Dr. **A. Friedländer.** 1906. 1 M. 80 Pf.

77. **Das Reichserbschaftssteuergesetz.** Vom 3. Juni 1906. Von **Ulrich Hoffmann**, Rechnungsrat im Königl. Preuß. Finanzministerium. **2. Aufl.** 1911. 5 M.

78. **Zigarettensteuergesetz.** Vom 15. Juli 1909. Von Dr. **Cuno,** Regierungsassessor. **2. Aufl.** in Vorbereitung, nach Erlaß der sämtlichen Ausführungsbestimmungen.

79. **Die Militärpensionsgesetze** vom 31. Mai 1906 nebst Ausführungsbestimmungen. Zum Gebrauch für Heer, Marine und Schutztruppe von Dr. jur. **A. Romen,** Wirklicher Geheimer Kriegsrat.

a) I. Teil: Offizierpensionsgesetz. 1907. 3 M. 50 Pf.

b) II. Teil: Mannschaftsversorgungsgesetz. 1908. 3 M. 50 Pf.

80. Reichsgesetzgebung über **gerichtliche Registerführung.** Von **Otto Lindemann,** Geh. Justizrat. 1906. 3 M.

81. Gesetz, betr. **Urheberrecht an Werken der bildenden Künste und der Photographie.** Von Dr. **Ludwig Fuld,** Rechtsanwalt. 1907. 1 M.

82. **Reichsbeamtengesetz** in der Fassung vom 18. Mai 1907 und seine Ergänzungen von Geheimrat Professor Dr. **Adolf Arndt.** 1908. 3 M.

83. Reichsgesetz über **den Versicherungsvertrag** nebst Einführungsgesetz. Von Dr. **Paul Hager** und Dr. **E. Bruck. 2. vermehrte und verbesserte Auflage.** 1910. 5 M.

84. **Sammlung kleinerer privatrechtlicher Reichsgesetze** von Oberlandesgerichtsrat **Georg Müller.** 1908. 6 M. 50 Pf.

85. **Scheckgesetz** mit Einleitung usw. Von Prof. Dr. **Max Apt. 5. Aufl.** Mit Postscheckordnung vom 6. Nov. 1908 und im Anhang „Besteuerung des Schecks". 1909. 2 M.

Postscheckordnung vom 6. Nov. 1908. Apart mit Erläuterungen und Ausführungsbestimmungen. (30 Pf.)

86. **Die Auslieferungsverträge des Deutschen Reiches** von Landrichter **A. Cohn.** 1908. 4 M.

87. **Gesetz zum Schutz der Warenbezeichnungen.** Von Geh. Reg.-Rat, Mitglied des Patentamts Dr. **Freund** und Rechtsanwalt **Magnus. 5. Aufl.** 1909. 3 M. 50 Pf.

88. **Vereinsgesetz** vom 19. April 1908. Von Dr. jur. **A. Romen,** Wirkl. Geh. Kriegsrat. **3. Aufl.** 1912. 2 M. 50 Pf.

89. **Vogelschutzgesetz** vom 30. Mai 1908 nebst den das Flugwild betr. Bestimmungen der Preußischen Jagdordnung von Dr. jur. **Leo von Boxberger.** 1908. 1 M.

90. Die Haager Abkommen über das **Internationale Privatrecht** von Dr. **G. A. E. Bogeng.** 1908. 2 M. 20 Pf.

91. **Eisenbahn-Verkehrsordnung** vom 23. Dez. 1908. Mit Ausführungsbestimmungen. Von Regierungsassessor bei der Eisenbahndirektion Breslau Dr. **Ernst Blume.** 1909. 2 M. 50 Pf.

92. Gesetz, betr. den **Verkehr mit Kraftfahrzeugen.** Von Amtsrichter **R. Kirchner. 2. Ausgabe** ergänzt durch die Bundesratsverordnung vom 3. Febr. 1910 und das Internationale Uebereinkommen vom 11. Okt. 1909. 1910. 3 M.

93. Gesetz über die **Sicherung der Bauforderungen** von Justizrat Dr. **E. Harnier. 3. Aufl.** 1912. 1 M. 60 Pf.

94. **Haftpflicht der Reichs- und Staats-Beamten** von Dr. **H. Delius. 2. Aufl.** 1909. Mit dem Nachtrag, enth. das Gesetz über die Haftung des Reichs für seine Beamten vom 22. Mai 1910. 3 M. 50 Pf.

95. Die Berner Uebereinkunft über **internationales Urheberrecht** von Dr. **Herm. Dungs**, vortrag. Rat im Reichsjustizamt. 1910. 1 M.

96. **Branntweinsteuergesetz** vom 15. Juli 1909. Unter Berücksichtigung der für das Reich erlassenen Ausführungsbestimmungen. Von Geh. Reg.-Rat **Johs. Rath**, vortrag. Rat im Reichsschatzamt. 1910. 3 M. 50 Pf.

97. **Schutzgebietsgesetz** nebst der Verordnung betr. die Rechtsverhältnisse in den Schutzgebieten, dem Gesetz über die Konsulargerichtsbarkeit sowie den Ausführungsbest. und ergänzenden Vorschriften. Von **Johs. Gerstmeyer**, Wirkl. Legationsrat und vortrag. Rat im Reichskolonialamt. 1910. 3 M.

98. **Sechs Haager Abkommen** über **Internationales Privatrecht.** Von Dr. **Herm. Dungs**, vortrag. Rat im Reichs-Justizamt. 1910. 1 M. 50 Pf.

99. **Die Abkommen der Haager Friedenskonferenz** von Dr. jur. **Hans Wehberg.** 1910. 3 M.

100. Gesetz über den **Absatz von Kalisalzen.** Von Geh. Bergrat **Carl Voelkel.** 1910. 2 M. 40 Pf.

101. **Zuwachssteuergesetz** vom 14. Februar 1911. Von Dr. **W. Cuno**, Regierungsrat im Reichsschatzamt. 1911. 3 M. 60 Pf.

102. **Urheberrecht an Mustern und Modellen** u. Ges. betr. Schutz v. Gebrauchsmustern von Reg.-Rat **Johs. Neuberg**, Mitgl. d. K. Patentamts. 1911. 2 M. 40 Pf.

103. **Reichs-Viehseuchengesetz** vom 26. Juni 1909 nebst Ausführungsvorschriften u. dem preuß. Ausführungsgesetz. Von Landrat Dr. **Walter v. Hippel.** 1912. 3 M.

104. **Versicherungsgesetz** für Angestellte vom 20. Dez. 1911. Von Rechtsanwalt **O. Bernstein** und Dr. **J. Kupferberg.** Im Druck.

105. **Das Geldwesen in den deutschen Schutzgebieten.** Von **W. Hintze,** Geheimer exped. Sekretär im Reichskolonialamt. 1912. 2 M.

106—109. **Reichs-Versicherungs-Ordnung nebst Einführungsgesetz:** 4 Bände.

106. Erstes, fünftes und sechstes Buch. **Gemeinsame Vorschriften. — Beziehungen der Versicherungsträger zu einander und zu anderen Verpflichteten — Verfahren.** Bearbeitet von Dr. **K. Lippmann,** Reg.-Rat, Geh. Rat Dr. **L. Laß** und **H. Siefart,** vortrag. Räte im Reichsamt des Innern. 1912. Im Druck.

107. Zweites Buch. **Krankenversicherung.** Von Geh. Reg.-Rat **H. Siefart,** vortrag. Rat im Reichsamt des Innern. 1912. Im Druck.

108. Drittes Buch. **Unfallversicherung.** Von Geh. Reg.-Rat **A. Radtke,** Senatsvorsitzender im Reichsversicherungsamt. 1912. Im Druck.

109. Viertes Buch. **Invaliden- und Hinterbliebenenversicherung.** Bearbeitet von Geh. Ober-Regierungs-Rat **B. Jaup,** vortragender Rat im Reichsamt des Innern und **H. Follmann,** Geh. Reg.-Rat im Reichsversicherungsamt. 1912. Im Druck.

Guttentag'sche Sammlung

Preußischer Gesetze.

Text-Ausgaben mit Anmerkungen. Taschenformat.

---

1. Die **Verfassungs-Urkunde** für den Preußischen Staat. Mit Einleitung, vollständigem Kommentar. Von Prof. Dr. **Adolf Arndt. 7. Aufl.** 1911. 4 M.

2. Preußische **Beamten-Gesetzgebung.** Enthaltend die wichtigsten Beamtengesetze in Preußen. Von **C. Pfafferoth. 4., neubearb. Aufl.** 1905. Mit Anhang: Abänderung vom 27. Mai 1907. 2 M.

3. **Die Aufnahme des Nottestaments** durch die bestellten Urkundspersonen. Anweisung mit Musterbeispielen und Abriß des Erbrechts von Amtsgerichtsrat **C. Kurtz.** 1904. 1 M. 50 Pf.

4. **Gebührenordnung** für **Notare** vom 25. Juli 1910. **4. Aufl.** bearbeitet von Justizrat **Rausnitz.** 1910. 2 M. 20 Pf.

5. Gesetz vom **24. April 1854 (betr. die außerehel. Schwängerung).** Von Dr. **Schulze.** 1873. 75 Pf.
   Gültiges Recht siehe: Reichsgesetze Nr. 58.

6. Die Preuß. **Ausführungsgesetze und Verordnungen zu den Reichs-Justizgesetzen.** Von **R. Sydow. 3. vermehrte Aufl.** 1895. 2 M. 40 Pf. Siehe Seite 24, B u s ch - E y l a u, Ausführungsgesetze.

7. Allg. **Gerichtsordnung** und Preuß. **Konkursordnung.** Von **F. Vierhaus.** Vergriffen.

8. **Vormundschaftsordnung.** Von **F. Schultzenstein.**
   Gültiges Recht siehe: Reichsgesetze Nr. 47.

9. Die Preußische **Grundbuchgesetzgebung.** Von Prof. Dr. **Fischer.** Vergriffen. Siehe: Reichsgesetze Nr. 42.

10. **Einkommensteuergesetz.** Von **A. Fernow,** Geh. Ober-Finanzrat. **7. Aufl.** 1908/9. Mit Nachtrag, enth. die Bestimmungen v. 22. März und 26. Mai 1909. 3 M. 25 Pf.

11. **Gewerbesteuergesetz.** Von **A. Fernow,** Geh. Ober-Finanzrat. **5., vermehrte Aufl.** 1910. 3 M.

12. **Allgemeines Berggesetz** für die Preußischen Staaten vom 24. Juni 1865. Von **W. Westhoff** und **W. Schlüter. 2. Aufl.** 1907. Mit Nachtrag von 1909. 5 M.

13. **Ergänzungssteuergesetz** (Vermögenssteuergesetz). Von **A. Fernow,** Geh. Ober-Finanzrat. **4. vermehrte Aufl.** 1907. 2 M. 40 Pf.

14. **Kommunalabgabengesetz.** Vom 14. Juli 1893 und Gesetz wegen Aufhebung direkter Staatssteuern. Von Dr. **F. Adickes,** Oberbürgermeister. **5. Aufl.** Bearbeitet von Stadtrat Dr. **Woell.** 1911. 2 M. 40 Pf.

15. Die **Kreisordnungen** für den Preußischen Staat. Von **O. Kolisch,** Landgerichtsrat. 1894. 4 M.

16. **Konzessionierung gewerblicher Anlagen.** Preuß. Ausführungs-Anweisung zu §§ 16 u. ff. der Gewerbe-Ordnung. Von Dr. **W. v. Rüdiger,** Geh. Regierungs- u. Gewerberat. **2. Aufl.** 1901. 2 M.

17. Preußisches **Gerichtskostengesetz.** Vom 25. Juli 1910. Mit Kostentabellen. Von Dr. **P. Siméon, Kammer**gerichtsrat. **6. Aufl.** 1910. 3 M. 60 Pf.

18. Preußisches **Stempelsteuergesetz** vom 30. Juni 1909. Mit sämtlichen Ausführungsbestimmungen. Von **P. Loeck**, Geh. Regierungsrat. **7. Aufl.** 8°. 1911. 7 M.

19. Das **Jagdscheingesetz.** Mit ausführlichen Erläuterungen. Von **F. Kunze**, Wirklichem Geh. Ober-Regierungsrat. **2. Aufl.** 1899. 2 M.

20. Die **preußischen Erbschaftssteuergesetze.** Unter Berücksichtigung der Novelle vom 31. Juli 1895. Von **U. Hoffmann**, Rechnungsrat im Königl. preuß. Finanzministerium. 1905. 4 M.

(**Reichs**-Erbschaftssteuergesetz s. Reichsgesetze Nr. 77).

21. Gesetz über die **Handelskammern.** Von **F. Lusensky**, Geh. Regierungsrat. **2. Aufl.** 1909. 3 M.

22. Gesetz, betr. **Anstellung und Versorgung der Kommunalbeamten.** Von Dr. **W. Ledermann**, Magistratsassessor zu Berlin. 1899. 1 M. 25 Pf.

23. **Ausführungsgesetz zum Bürgerlichen Gesetzbuche.** Von Kammergerichtsrat Dr. **P. Siméon. 2. Aufl.** 1905. 1 M. 80 Pf. Siehe auch Busch-Eylau S. 24.

24. Die **Hinterlegungsordnung** in der Fassung des Ausführungsgesetzes zum BGB. vom 20. Sept. 1899 nebst Ausführungsbestimmungen. Von Regierungsrat Dr. **Georg Bartels. 2. Aufl.** 1908. 2 M.

25. **Preußische Kommunalbeamtengesetzgebung.** Von Magistrats-Assessor Dr. **Fr. Kremski**, Berlin. 1901. 3 M.

26. Gesetze über das **Diensteinkommen der Lehrer und Lehrerinnen, Ruhegehalt und Fürsorge für Hinterbliebene.** Tabelle zur Berechnung der Ruhegehalts-, Witwen- und Waisenbezüge. Von Dr. **Ed. Cremer**, Beigeordneter. 1900. 2 M. 40 Pf.

27. Gesetz, betreffend die **Warenhaussteuer.** Von Geh. Ober-Finanzrat Dr. **G. Strutz.** 1900. 1 M. 20 Pf.

28. Gesetz über die **Fürsorgeerziehung Minderjähriger.** Von Landgerichtsdirektor Dr. **P. F. Aschrott. 2. umgearbeitete Aufl.** 1907. 2 M. 80 Pf.

29. Gesetz, betr. **die ärztlichen Ehrengerichte, das Umlagerecht und die Kassen der Aerztekammern.** Von Amtsgerichtsrat Dr. **F. Fidler.** 1901. 1 M. 50 Pf.

30. Das **Preußische Staatsschuldbuch** und **Reichsschuldbuch.** Von Wirkl. Geh. Ober-Finanzrat **J. Mücke.** 1902. 2 M.

31a. **Die geltenden Preußischen Gesindeordnungen.** Herausgegeben in zwei Bänden von **Stephan Gerhard**, Rechtsanwalt in Berlin. 1902.

Band I: Gesindeordnung für die altpreußischen Provinzen vom 8. Nov. 1810, mit Erläuterungen unter Berücksichtigung der Ergänzungsgesetze und der Rechtsverhältnisse der Gesindevermieter, sowie die Gesindeordnungen für Neuvorpommern und Rügen und für die Rheinprovinz. 2 M. 50 Pf.

31b. **Band II:** Gesindeordnungen für Hannover, Schleswig-Holstein, Hessen-Nassau und den Regierungsbezirk Hohenzollern. 2 M. 50 Pf.

Siehe auch Seite 25: Ratgeber von Grieben.

32. **Die Städteordnung für die sechs östlichen Provinzen** Preußens vom 30. Mai 1853. Von Dr. jur. **Walter Ledermann**, Stadtrat zu Berlin. 8°. 1902. 6 M.

33. **Rentenguts- und Anerbenrechts-Gesetzgebung in Preußen.** Von Landgerichtsrat **M. Peltasohn** und Rechtsanwalt **Bruno Peltasohn.** 1903. 3 M.

34. Sammlung der wichtigsten **preußischen Strafgesetze** nebst Anhang: Gesetz betr. polizeiliche Strafverfügungen vom 23. April 1883. Von **Otto Lindemann**, Geheimen Justizrat. 1912. **2. Aufl.** 3 M. 50 Pf.

35. **Geschäftsordnung für Gerichtsvollzieher.** Gerichtsvollzieherordnung und Gebührensätze von Amtsgerichtssekretär **Emil Exner.** 1904. 3 M. 50 Pf.

36. **Polizeiverordnungen in Preußen.** Von **Otto Lindemann**, Geheimen Justizrat. 1912. **2. Aufl.** 2 M. 50 Pf.

37. Gesetz über die **Enteignung von Grundeigentum** vom 11. Juni 1874. Von Oberlandesgerichtsrat **O. Meyer. 2. Aufl.** 1911. 2 M. 25 Pf.

38. **Kreis- und Provinzial-Abgabengesetz.** Vom 23. April 1906. Von **Fr. Schmidt**, Gemeindevorsteher. 1906. 1 M. 25 Pf.

39. Gesetz, betr. die **Unterhaltung der öffentl. Volksschulen.** Von Dr. **A. Marcks**, Reg.-Rat. 1906. 2 M.

40. **Verwaltungsstrafverfahren** bei Zuwiderhandlungen gegen die Zollgesetze und indirekte Reichs- und Landesabgaben, sowie die Bestimmungen über die Schlacht- und Wildpretsteuer vom 26. Juli 1897. Von Dr. **Richard Katzenstein**, Gerichtsassessor. 1907. 3 M. 60 Pf.

41. Die **preußischen Jagdpolizeigesetze.** Von **Fr. Kunze,** Wirkl. Geh. Oberregierungsrat und **R. Kühnemann,** Rechtsanwalt. **2. Aufl.** 1907. 3 M. 60 Pf.

42. Die Gesetzgebung über die **Allgemeine Landesverwaltung** und über die **Zuständigkeit der Verwaltungs- und Verwaltungsgerichtsbehörden.** Von Rechtsanwalt Dr. **Karl Friedrichs.** 1908. 3 M.

43. Gesetz betr. die **Zulassung einer Verschuldungsgrenze** für land- und forstwirtschaftlich benutzte Grundstücke vom 20. August 1906 nebst Ausführungsvorschriften. Von Dr. jur. **R. Leweck,** Syndikus der Ostpreuß. Landschaft. 1908. 2 M. 40 Pf.

44. **Quellenschutzgesetz** vom 14. Mai 1908 nebst den Ausführungsbestimmungen von **Carl Voelkel,** Geheimer Bergrat. 1909. 1 M.

45. **Rechtsverhältnisse der Juden in Preußen** von Dr. jur. **Max Kollenscher,** Rechtsanwalt. 1910. 2 M. 40 Pf.

46. **Austritt aus der Landeskirche** vom 14. Mai 1873. Von Gerichtsassessor **Hrch. Chr. Caro.** 1911. 2 M. 40 Pf.

47. Gesetz, betr. die **Feuerbestattung** vom 14. Sept. 1911 nebst Ausführungsanweisung von Amtsgerichtsrat Dr. **W. Lohmann.** 1911. 1 M. 50 Pf.

48. **Zweckverbandsgesetz für Großberlin** vom 19. Juli 1911 nebst Abdruck des allgemeinen Zweckverbandsgesetzes. Von Magistratsräten Dr. **Ludw. Brühl,** Dr. **Kurt Gordan** und Stadtrat Dr. **Walter Ledermann** in Berlin. 1912. 4 M.

49. **Gesetze gegen die Verunstaltung landschaftlich hervorragender Gegenden** vom 2. Juni 1902 und 15. Juli 1907 mit den ergangenen Ausführungsanweisuugen. Von Regierungsrat **Otto Goldschmidt.** 1912. 2 M. 50 Pf.

Struckmann-Koch, Zivilprozeßordnung für das Deutsche Reich nebst den auf den Zivilprozeß bezüglichen Bestimmungen des Gerichtsverfassungsgesetzes und den Einführungsgesetzen. In den neuen Fassungen mit der Novelle von 1910. Kommentar. Herausgegeben unter Mitwirkung von **R. Rasch**, Landgerichtspräsident in Altona, Dr. **P. Koll**, Senatspräsident beim Oberlandesgericht in Cöln, Dr. **Flechtheim**, Rechtsanwalt beim Oberlandesgericht in Cöln. **9., umgearbeitete Auflage.** 1910. Lex.-8°. 24 M., geb. 26 M.

Pinner, Kommentar zum Gesetz **gegen den unlauteren Wettbewerb** vom 7. Juni 1909. **2. Aufl.** Herausgegeben von Justizrat **Albert Pinner** und Rechtsanwalt Dr. **Erich Eyck.** 1910. Gr.-8°. 5 M. 50 Pf., geb. 6 M. 50 Pf.

Deutsches Nahrungsmittelrecht für Juristen, Mediziner, Chemiker und Gewerbetreibende von Dr. **Georg Lebbin,** Nahrungsmittelchemiker und Dr. **Georg Baum,** Rechtsanwalt. 1907. 8°. Zwei Bände. Erster Teil: **Handbuch des Nahrungsmittelrechts.** Von Dr. **Georg Lebbin** und Dr. **Georg Baum.** Preis geb. 8 M. Zweiter Teil: **Amtliche Untersuchungsmethoden für Chemiker.** Zusammengestellt von Dr. **Georg Lebbin.** Preis geb. 8 M.

Kommentar zum Börsengesetz. Im Auftrage des Centralverbandes des Deutschen Bank- und Bankiergewerbes bearbeitet von Dr. **H. Rehm,** Dr. **H. Trumpler, Heinrich Dove,** Dr. **Ernst Neukamp,** Dr. **R. Schmidt-Ernsthausen,** Dr. **James Breit.** Mit Vorwort von Dr. **J. Rießer.** 1909. Gr.-8°. 12 M., geb. 13 M.

Patentgesetz und Gesetz, betr. den **Schutz von Gebrauchsmustern.** Von Justizrat Dr. **A. Seligsohn. 4., neubearbeitete Auflage.** 1909. Gr.-8°. 12 M., geb. in Leinen 13 M.

Die Rechtsverhältnisse der öffentlichen Anleihen. Von Geh. Regierungsrat Dr. **G. S. Freund.** Gr.-8°. 7 M., geb. 8 M.

Die Preußischen Ausführungsgesetze, Verordnungen und ministeriellen Verfügungen zu dem Bürgerlichen Gesetzbuche und den Reichs-Justizgesetzen nebst anderen zugehörigen Gesetzen. Von **L. Busch. 2. Aufl.** von Landrichter **O. Eylau.** 8°. Preis geb. 4 M. 50 Pf.

Preußische Bürgerliche Gesetzsammlung. Sammlung der noch geltenden Landesgesetze privatrechtlichen Inhalts. Herausgegeben von den Gerichtsassessoren **D. Fischer** und Dr. **F. Schroeder.** 8°. 2 Bände Preis geb. in ganz Leinen 20 M.

Erster Band: **Das Allgemeine Landrecht mit den Einführungs-Patenten.** Preis 6 M.

Zweiter Band: **Gesetze von 1773—1902.** Preis 14 M.

Preußisches Baupolizeirecht. Mit Kommentar der Baupolizeiverordnung für die Vororte von Berlin. Vom 28. Mai 1907. Von Gemeindebaurat **Carl Saß.** 8°. Preis 6 M.

Straßen- und Baufluchtliniengesetz. Kommentar für den praktischen Gebrauch mit zeichnerischen Darstellungen von Gemeindebaurat **Carl Saß.** 8°. Preis kartonniert 3 M.

Fluchtliniengesetz. —Das Gesetz, betreffend die **Anlegung** und **Veränderung** von Straßen und Plätzen in Städten und ländlichen Ortschaften vom 2. Juli 1875 von Friedrichs. **6., völlig neu bearbeitete Auflage.** Von Senatspräsident Dr. jur. **Hugo von Strauß und Torney.** In Vorbereitung.

Die Invaliden- und Hinterbliebenenversicherung nach der **Reichsversicherungsordnung.** Eine systemat. Zusammenstellung der gesetzl. Bestimmungen von Dr. **Richard Freund,** Vorsitzendem der Landes-Versicherungsanstalt Berlin. 1911. 2 M., geb. 3 M.

Wie leitet man eine Versammlung? Geschäftlicher Handweiser für Vorsitzende. Von einem Mitgliede des deutschen Reichstages und des preußischen Abgeordnetenhauses. **2. Aufl.** 1908. kart. 1 M.

Praktischer Ratgeber für Dienstherrschaften nach dem Preuß. Gesinderecht unter Berücksichtigung der neueren Entscheidungen bearbeitet von **H. Grieben,** Verwaltungsdirektor a. D. und Bürgermeister. 1908. 1 M.

Das Recht der Handlungsgehilfen und Handlungslehrlinge. Von Rechtsanwalt **Hugo Horrwitz. 2. Aufl.** Geb. 3 M.

Die Registratur. Von **Hermann Kollrack. 2. Aufl.** 1906. 8°. Kart. 1 M. 40 Pf.

Die Pflichten des Waisenrates. Ein praktischer Leitfaden für Waisenräte und Verwaltungsbeamte. Von **F. Baum,** Geh. Justizrat und Vormundschaftsrichter. 8. **vermehrte und verbesserte Auflage.** 1906. 8°. 60 Pf.

Der Vormund, Gegenvormund, Pfleger und Familienrat. Nach dem Bürgerlichen Gesetzbuch, dem Reichsgesetz über die Angelegenheiten der freiwilligen Gerichtsbarkeit und dem Ausführungsgesetz zum BGB. Ein praktischer Leitfaden. Von **F. Baum,** Geh. Justizrat und Vormundschaftsrichter. 1899. 8°. 50 Pf.

Schlagwort-Register.

R. = Nummer der Sammlung Deutscher Reichsgesetze.
P. = Nummer der Sammlung Preußischer Gesetze.
S. = Seite.

Schlagwort-Register. (R. = Reichsgesetz, P. = preuß. Gesetz.)

Schlagwort-Register. (R. = Reichsgesetz, P. = preuß. Gesetz.)

Schlagwort-Register. (R. = Reichsgesetz, P. = preuß. Gesetz.)

Schlagwort-Register. (R. = Reichsgesetz, P. = preuß. Gesetz.)

 Nr. 8. VI. 1912. 60 000.

FSC
www.fsc.org
MIX
Papier | Fördert
gute Waldnutzung
FSC® C083411

Kolibri 360 GmbH
Ferdinand-Jühlke-Straße 7
99095 Erfurt, Deutschland
produktsicherheit@kolibri360.de